古代歷史文化研究輯刊

五 編

王明蓀 主編

第24冊

袁世凱政府與中日二十一條交涉

呂慎華 著

國家圖書館出版品預行編目資料

袁世凱政府與中日二十一條交涉／呂慎華 著 — 初版 — 新北市：花木蘭文化出版社，2011〔民100〕

目 2+192 面；19×26 公分

（古代歷史文化研究輯刊 五編：第24冊）

ISBN：978-986-254-437-2（精裝）

1. 中日二十一條交涉

618   100000595

ISBN-978-986-254-437-2

9 789862 544372

古代歷史文化研究輯刊

五 編 第二四冊   ISBN：978-986-254-437-2

袁世凱政府與中日二十一條交涉

作　　者　呂慎華
主　　編　王明蓀
總 編 輯　杜潔祥
印　　刷　普羅文化出版廣告事業
出　　版　花木蘭文化出版社
發 行 所　花木蘭文化出版社
發 行 人　高小娟
聯絡地址　新北市永和區中正路五九五號七樓之三
　　　　　電話：02-2923-1455／傳眞：02-2923-1452
電子信箱　sut81518@gmail.com
初　　版　2011年3月
定　　價　五編 32 冊（精裝）新台幣 56,000 元

袁世凱政府與中日二十一條交涉

呂慎華　著

作者簡介

呂慎華，1974 年出生，台中人，國立中興大學歷史研究所博士，目前擔任國立中央大學歷史研究所兼任助理教授、國立聯合大學通識教育中心兼任助理教授，主要研究領與為近代中外關係史與中國近現代史，致力於清末民初外交、重心則為袁世凱相關研究。

提　　要

　　中日二十一條交涉為民初袁世凱政府時期最受人注目的外交活動，也是「五九國恥」一詞的由來，日本是此為解決中日懸案的方法，中國則視此為晚清以來喪權辱國之最，以及袁世凱藉以交換日本支持實施帝制的條件。

　　然而，在袁世凱主導之下，中國政府以拖延戰術為主要談判策略，以選擇適當談判代表與日本交涉、與英美俄等重要關係國密切聯繫、運用中外輿論力量對日本形成壓力、鼓動中國民眾反日風潮、甚至利用日本內部不合等為輔助策略，採取多頭並進方式，以加強中國政府抗拒二十一條要求之立場。

　　由談判過程來看，袁世凱的交涉策略執行得相當成功，縱然談判結果於第一號山東問題、第二號關於南滿問題部分等，事實上已為日本勢力範圍地區之權利讓步較多，然對於第三號漢冶萍公司條款涉及長江中游利益及第四號、第五號等涉及中國主權獨立之條款則始終不允讓步，為中國爭取到足夠的時間以引起列強同情與介入，也使日本內部意見產生分歧，成功促使加藤態度軟化，撤回第五號中除福建問題外其餘條款，並迫使日本不得不以最後通牒形式要求中國接受要求，而最後通牒較日本所提原案內容而言，已爭回甚多權利，又以種種方式限制日本新獲權利的行使，迫使日本以發動九一八事件為中日懸案的解決方案。並非如過去所宣傳一般，對第五號除福建一款以外的二十一條要求全盤接受，也並無證據支持交換日本支持稱帝條件之說。

目

次

第一章　前　言

　　中日甲午戰爭之後，日本國力迅速發展，取代中國成爲東亞大國；日俄戰爭後更繼承俄國在南滿洲權利，亦同時躋身世界強權之一，並積極在中國擴張勢力。對日本而言，日本係以十萬兵員、數十億戰費爲代價接收原屬俄國的旅大租借地，然中俄原租約即將於 1923 年到期，日本繼承時間所剩無幾，頗不願如期歸還〔註 1〕；日本對漢冶萍公司投資甚多，該公司所屬產業幾已全數抵押日款，日方因此理所當然將該公司視爲日本資產，努力確立對該公司控制權，希望將其改爲中日合辦〔註 2〕；其餘如布教權、軍械交易、開發福建、開發東部內蒙古等無不努力爭取或介入〔註 3〕，但面對清季以來列強在中國逐漸形成之「均勢」狀態，日本並不能在中國自由行動，而必須以門戶開放、機會均等原則爲前提與列強相互協調，融入列強在華競逐行列〔註 4〕。至歐戰發生，歐洲列強爲因應戰事而將遠東兵力撤回，在東亞勢力相對萎縮，日本乃先以英日同盟之名出兵攻取膠澳，驅逐德國勢力，繼而乘中國要求撤廢山東戰區時機，向中國提出結合元老、陸軍、財閥、政黨、以及民間右翼浪人等各種團體意見所形成之對華二十一條要求，謀求徹底解決中日現存懸案〔註 5〕。

〔註 1〕 若槻禮次郎，《古風菴回顧錄》（東京都：讀賣新聞社，昭和 25 年 3 月 25 日），頁 217。

〔註 2〕 洪聖斐，《孫文與三井財閥》（台北：文英堂出版社，1998 年 3 月初版），頁 51-52。

〔註 3〕 日本在華擴張情形，參見李毓澍，《中日二十一條（上）》（台北：中央研究院近代史研究所民國 71 年 5 月再版），頁 1-141。

〔註 4〕 米慶餘主編，《日本百年外交論》（北京：中國社會科學出版社，1998 年 8 月第一版），頁 6-7。

〔註 5〕 二十一條要求形成過程，參見李毓澍《中日二十一條交涉》，上冊，頁 157-216。

　　1915 年 1 月 18 日，日本駐華公使日置益（1861-1926）向大總統袁世凱（1859-1916）呈遞日本政府關於解決中日懸案的一系列要求，計分五號、二十一條。此後直到中國於該年 5 月 9 日接受日本最後通牒爲止，中日雙方歷經二十五次正式會議，袁世凱採取拖延戰術，於幕後指導中國對日本進行交涉，迫使日本以最後通牒形式強迫中國接受要求，而最後通牒較日本原案已減輕甚多。

　　二十一條要求事件爲日本大陸政策的第一個頂點，日本雖視此爲解決中日懸案之必要手段，而事實上卻因此產生更多懸案，日本大陸政策一方面引起中國抵抗，同時亦引起日本與歐美帝國主義的衝突，日華、日英、日美利益衝突因二十一條要求交涉而表露無遺，日本雖暫時在中國取得相對優勢，但歐戰結束後，於 1919 年舉行之巴黎和會，乃至 1921 年舉行之華盛頓會議對中國問題的討論，則使日本勢力再度受到列強壓制，但日本帝國主義並未被永久壓抑，因而有九一八事變，甚至七七事變的發生〔註6〕。

　　二十一條要求爲日本自甲午戰爭以來侵略中國之集大成者，同時對此後遠東局勢造成深遠影響，在中外關係史上具有關鍵性地位，中外學者對此事件論述及評價亦復不少。日本學者研究成果方面，早期學者如吉野作造於 1915 年 6 月出版之《日支交涉論》中，肯定二十一條要求是確保日本在中國優勢的必要條件，以國家利益觀點解釋二十一條要求對日本的重要性，同時一一解說各款要求的正當性與合理性，認爲二十一條要求爲「日本爲求生存的最低限度要求」，對於元老因顧忌英國政府而做出讓步則表達極度不滿，認爲日本政府顯然失職〔註7〕。松本忠雄於 1915 年 9 月出版之《日支新交涉に依る帝國の利權》中，以 1915 年 5 月 25 日之「中日條約及附屬換文」爲綱，依次論述二十一條要求各款緣起，以及日本政府對於各款要求的法理地位。松本忠雄認爲此次中日交涉困難所在原因在於治外法權一項。日本若輕易拋棄此一權利，即使日人在滿洲內地取得居住、土地權利，亦無法善加利用，因此日本必須堅持。對中國而言，雖然列強在波斯、暹邏、土耳其等國亦享有治外法權，但僅限於都市內，而二十一條要求所涉及之治外法權實施範圍則及於所要求地域，中國必以世界上無此先例拒絕，因而治外法權問題爲本次中日交涉最困難之處。由於中

〔註 6〕堀川武夫，《極東國際政治史序說──二十一箇條要求の研究》（東京：有斐閣，昭和 33 年），頁 401-402。

〔註 7〕關於吉野作造的觀點及其《日支交涉論》內容，參見黃自進，《吉野作造對近代中國的認識與評價：1906-1932》（台北：中央研究院近代史研究所，民國 84 年 1 月出版），頁 121-136。

日雙方各有其堅持，日本採取最後通牒手段，希望迅速獲得解決也就不難想像。松本認爲二十一條要求交涉時雖極爲棘手，費時之久亦出乎意料，交涉期間日本政府不能一致對外，或者是未能全面達成目的原因之一，但日本政府面對艱難環境仍堅持貫徹主張之決心則令人感動，而其結果則在相當程度上使日本權利獲得伸張、爭取日本國民發展空間、以及促進中日親善〔註8〕。

近期學者，如堀川武夫於 1959 年出版《極東國際政治史序說──二十一箇條要求の研究》一書，認爲二十一條係日本自甲午戰爭以來所發展大陸政策之第一個頂點，而日英、日華、日美外交在遠東的衝突亦圍繞二十一條而展開，日本帝國主義雖於歐戰後一度因巴黎和會、華盛頓會議而趨於消沈，但隨後之九一八事變、七七事變則可視爲日本所做之反撲〔註9〕。堀川武夫大量運用日本方面所藏資料進行論述，對於二十一條要求之於日本、乃至當時國際關係發展之意義亦提出詳細論證，「條分縷析，極富參考價值」〔註10〕，惟以較少參考其他國家相關檔案之故，於日本以外各國態度或未能盡其實。

山根幸夫於 1982 年完成之〈二十一箇條交涉と日本人の對應〉一文中，

〔註8〕 松本忠雄，《日支新交涉に依る帝國の利權》（東京市：清水書店，大正 4 年 9 月 14 日發行）。此外，該書並邀請當時主持對華交涉之日本外相加藤高明作序。加藤表示日本於歐戰期間，基於英日同盟關係，出兵攻佔德國在遠東根據地，日本乘處置日德戰後山東問題之際，鞏固日本將來在遠東地位，以確保東洋和平，乃對中國政府提出二十一條要求，希望維持兩國共通利益，且將對華要求與門戶開放、機會均等原則並未抵觸之事實屢次對列強聲明。山東爲日本以極大犧牲、許多戰費所取得之戰果，但由中國現有狀況推測，中國缺乏預防將來德國索取相似權利之力量，則日本犧牲將毫無意義，日本因而提出防止德國勢力復活之措施。南滿、東蒙有不可分割關係，且中外共認日本於甲午、日俄戰後在南滿洲擁有優越地位，由於中國政府不願承認，因此惹起種種紛爭，影響兩國感情，鞏固日本地位成爲緊要與妥當之事，日本乃乘此機會要求中國確認日本所應享有之地位。日本保護漢冶萍公司日本資本家利益時，亦希望該公司健全發展，因而有漢冶萍要求之提出。中國沿岸不割讓係在中國領土保全大原則之下提出。而爲更加敦促中日親善，及一併解決中日兩國懸案，以增加兩國親善，維護共同利益，故而提出第五號諸要求，勸告中國實行。雙方交涉過程不免有曲折，但日本仍本諸互讓妥協精神，希望交涉圓滿解決，且能達成大部分要求。雖然對於此次中日交涉有著各式各樣的輿論，然並不能否認當時存在之妨害兩國親善關係之障礙已獲解決，兩國合親關係更加敦厚，遠東和平亦更穩固等結果。參見頁 1-9。

〔註9〕 堀川武夫，《極東國際政治史序談──二十一箇條安求之研究》，頁 401-402。

〔註10〕 中央研究院近代史研究所《六十年來的中國近代史研究》編輯委員會，《六十年來的中國近代史研究（下冊）》（台北：中央研究院近代史研究所，民國 78 年 6 月出版），頁 450。

介紹日本早期對於二十一條要求的評價。中日交涉結束後，日本朝野對於交涉評價差距甚大，包括首相大隈重信（1838-1922）、外相加藤高明（1860-1926）等均標榜對華交涉獲得成功，然這種現象只出現在政府當局，至於日本政友會、國民黨、國民外交同盟會等在野組織雖認同二十一條款的提出，但對於政府交涉拙劣則攻擊最力，對於撤回第五號一事亦頗不滿，一致認為對華交涉徹底失敗，徒然令日本政府蒙受重大屈辱。至於時人則除吉野作造外，對於二十一條要求多持負面評價，認為日本於對華交涉中幾乎一無所獲，日本地位及威信於此次交涉中大受打擊，而日本侵略主義式的對華交涉則明顯傷害中國人民感情，造成中日友好關係上無法彌補的傷痕，日本高壓政策令中國人民抗日情緒趨於激昂，同時亦對日本國際地位產生不利影響，而相較於日本的失敗，袁世凱則獲得相當成功。山根幸夫認為二十一條要求反映日本露骨的侵略意圖，其結果則使中國對日本產生不信任與排斥日本態度，也令日本對華侵略政策更加強化，二十一條要求事件成為日本於北伐期間出兵山東、九一八事變、以及七七事變等對華侵略出發點〔註11〕。

衛藤瀋吉於 1992 年出版之〈中國的國際關係（1911-1931）〉一文中，認為中國自歐戰開始後即陷於孤立無援狀態，英、美、俄等國均不願因中國問題而與日本交惡，日本外務省把握時機，向袁世凱提出十四條「要求」及七條「願望」。在中日談判過程中，袁世凱耗盡日本人的耐心，令美國政府對於日本的要求及談判態度日益不安，開始對日本施加壓力，東京方面終於放棄第五號。作者認為二十一條要求與往昔列強在華擴張權利方式並無太大差異，其與眾不同之處在於日本外交感覺的遲鈍與笨拙，日本依據帝國主義外交方式提出對華要求，但並未發覺此種外交方式已經不合時宜，徒然刺激中國及美國人民反日情緒，日本顯然取得一個代價過於高昂的勝利〔註12〕。

〔註11〕山根幸夫，〈二十一箇條交涉と日本人の對應〉，《佐久間重男教授退休紀念中國史‧陶磁史論集》（東京都：燎原株式會社，1983 年），頁 307-329。山根幸夫所提及者包含政界、學界、以及其他對於民間輿論有影響力之人物，包含犬養毅、仲小路廉、內藤湖南、松岡康毅、林毅陸、柏原文太郎，如勿堂、神田正雄、稻葉君山、今井喜幸、浮田和民、石橋坦山、寺尾亨等人。時人意見大致為：政府交涉不得其法；要求條件甚為粗雜，提出前未經審慎研究與整合；以脅迫方式對待中國並非良策；以兵力威壓中國無法收效；最後通牒令日本外交喪失轉圜空間，增加兩國猜疑及引起中國的厭惡；以及日本在最後通牒中讓步，有損顏面等六項。

〔註12〕衛藤瀋吉，〈中國的國際關係（1911-1931）〉，收入費正清主編、章建剛等譯，

　　中國早期相關著作中，最具代表性者爲《天津大公報》記者王芸生於 1933
年出版之《六十年來中國與日本》。該書第六卷中收集甚多交涉當時之檔案、
電報、以及其他原始文件等珍貴史料，性質雖較接近史料輯，但作者仍於卷
末提出評論。王芸生對於袁世凱過度相信「交換利益」、以致不能防止日本提
出要求，以及袁世凱日後之稱帝等「事前之撥弄與事後之忘形」有所批評，
然認爲中國政府於談判進行時之「外交政策頗爲正確，技術上亦多可取之
處」，對於談判結果持肯定態度〔註 13〕。張忠紱於 1936 年出版之《中華民國
外交史》一書，則以《六十年來中國與日本》中所收史料爲主要基礎，對於
二十一條要求進行論述，論述範圍延伸至中日兩國間因《中日條約及附屬換
文》所引發之新爭執與懸案〔註 14〕。

　　至於海峽兩岸近期研究成果與評價方面，台灣學者李毓澍曾有《中日二
十一條交涉（上冊）》一書發表，該書充分採用日本資料，於二十一條要求背
景及形成過程論證甚爲詳細，亦運用中央研究院所藏之《外交檔案》等第一
手史料，惟傾向於認爲袁世凱係以尋求日本支持其帝制爲目的而對日妥協，
亦認爲王芸生所採錄之檔案史料不無問題，而花費甚大篇幅進行史料考證工
作，雖「充分採用外交檔案等第一手史料，卻在英、日文資料運用上稍欠圓
熟」〔註 15〕，同時該書僅完成上冊，論述及於 3 月 9 日中日第八次會議而止，
未能令讀者窺見事件全貌〔註 16〕。陳劉潔貞（Chan Lau Kit-Ching）於 1978 年
出版之 *Anglo-Chinese Diplomacy, 1906-1920-- in the careers of Sir john Jordan
and Yuan Shih-kai* 一書中亦曾論及中日二十一條交涉，認爲日本趁歐戰爆發後
英國在遠東勢力虛弱機會，在武力脅迫下向中國提出二十一條要求。日本故
意對英國隱匿其中部分重要條款，希望在英國發覺前迫使中國接受，並盡最

　　　　《劍橋中華民國史》第二部（上海：上海人民出版社，1992 年第 1 版），頁
　　　　84-129。討論二十一條部分爲頁 104-113。
〔註 13〕王芸生，《六十年來中國與日本》第六卷，（天津：大公報社，民國 22 年 8 月
　　　　10 日初版）。
〔註 14〕張忠紱，《中華民國外交史》（台北：正中書局，民國 73 年 10 月台初版第五
　　　　次印刷）。
〔註 15〕中央研究院近代史研究所《六十年來的中國近代史研究》編輯委員會，《六十
　　　　年來中國近代史研究》，下冊，頁 450。
〔註 16〕李毓澍，《中日二十一條交涉》上冊，（台北：中央研究院近代史研究所，民
　　　　國 71 年 5 月再版）中央研究院近代史研究所檔案館所藏《外交檔案》中，中
　　　　日間關於二十一條交涉之會議記錄止於第八次，此或爲李氏論述僅及第八次
　　　　會議之原因。

大努力以避免國際注意；中國則除盡可能將談判時間拖長，以等待國際干預外，並將談判結果向列強洩漏，企圖引起國際同情，同時袁世凱又派遣日籍顧問有賀長雄（1860-1921）拜訪日本政府元老，以為釜底抽薪之計。在交涉過程中，英國外交部確定其態度為「暫時不與日本正面衝突」，英國駐華公使朱邇典（Sir. John Jordan,1852-1925）亦接受此政策，努力克制對日本的不滿，同時力促袁世凱接受最後通牒，以避免損及英日戰時在遠東地區的合作基礎、袁世凱政權的鞏固、以及英國在長江流域的既得利益。對袁世凱而言，二十一條交涉是一場重大的外交勝利，同時令其個人威望獲得加強；對朱邇典而言，其圓滑的處理方式則令英國外交部大為讚賞〔註 17〕。大陸學者則迄無專書加以研究。

至於專文方面，郎維成之〈再論日本大陸政策和二十一條要求〉〔註18〕、吳天威之〈日本向袁世凱所提「二十一條」與新發現的孫中山「日中盟約」——為紀念「五九國恥紀念日」七十七周年〉等〔註 19〕，雖均以專文進行討論，然或欲坐實袁世凱以接受最後通牒最為交換日本支持帝制條件之說，或以孫中山之崇高理想與人格為由替「日中盟約」一案辯護，或僅針對日華交涉期間美國的態度進行研究，或著重說明二十一條交涉結束後日本內部的反應，或關心中日交涉期間孫中山「聯日制袁」的態度問題，運用之原始檔案材料雖遍及中、英、日、美四國外交檔案，但皆各有所重，而未能全面論述。

歐美對於二十一條交涉的評價，時間最早者當屬英國外交部於 1915 年 4 月 27 日獲悉日本最後修正案內容後所做評論，認為南滿部分條款已較原案減輕，第三號漢冶萍公司部分條款亦有所改善，整體而言，中國此次交涉看起來已經獲得勝利〔註 20〕。至於近期外國學者如英國學者 Peter Lowe 於 1969 年所出版之 *Great Britain and Japan ,1911-15: A Study of British Far East Policy*

〔註17〕 Chan Lau Kit-Ching, *Anglo-Chinese Diplomacy,1906-1920-- in the careers of Sir john Jordan and Yuan Shih-kai*, Hong Kong, Hong Kong University Press1978., pp. 82-85.

〔註18〕 郎維成，〈再論日本大陸政策和二十一條要求〉，收入中華民國史料研究中心編《近百年中日關係論文集》（台北：中華民國史料研究中心，民國 81 年 6 月初版），頁 167-175。

〔註19〕 吳天威，〈日本向袁世凱所提「二十一條」與新發現的孫中山「日中盟約」－為紀念「五九國恥紀念日」七十七周年〉，《傳記文學》第 60 卷第 5 期（台北：傳記文學雜誌社，民國 81 年 5 月）頁 31-34。

〔註20〕 英國公共檔案局藏《英國外交部檔案》（Foreign Office Files ni the Public Record Office, Kew, London），Jordan to Grey,27Apr1915, FO371/2323[50863/15]。

一書中，認為袁世凱在談判過程中的拖延戰術運用得相當完美，不僅取得列
強同情、迫使日本撤回第五號要求，同時也使日本國際聲望大幅滑落，袁世
凱成功擊敗日本最優秀的外交家加藤高明，英國在遠東利益則因外相格雷
（Edward Grey, 1862-1933）的巧妙運作而獲得保全，中日兩國亦因此而避免發
生戰爭〔註21〕；華裔美籍學者李田意（Tien-yi Li）於 1969 年出版之 *Woodrow
Wilson's China Diplomacy, 1913-1917* 一書中，以英、美檔案資料為主，以《六
十年來中國與日本》為輔，以美國政府觀點為中心論述二十一條要求交涉，
認為袁世凱於交涉期間運用耐心，堅持不議第五號，終於挽回這些足以令中
國成為日本保護國之條款，而日本以最後通牒迫使中國接受，也成為日後中
國在巴黎和會中要求廢除「民四條約」之理由〔註22〕；戚世皓（Madeleine Chi）
於 1970 年所出版之 *China Diplomacy, 1914-1918* 一書，亦運用中、日、英、美
各國檔案資料，對於二十一條要求事件進行論述，認為以中國當時軍力而言
考量，中國之外交技巧或當予以讚揚，但袁世凱並未於談判中力圖自保，亦
未能因此認清列強並無義務保護中國，而於談判完成後推行帝制，因而招致
失敗〔註23〕；美國學者 Ernest P. Young 於 1977 年所出版之 *The Presidency of
Yuan Shih-k'ai, Liberalism and Dictatorship in Early Republican China* 一書中，
認為袁世凱拖延時日、逐條交涉的外交手段極為高明，中國外交官在袁世凱
指導下成功對日交涉，雖然中國的讓步使日本在南滿、東蒙的地位獲得加強，
但日本的要求卻已被大幅度削弱〔註24〕。此外，戚世皓之〈袁世凱稱帝前後
（1914-1916 年）日本、英國、美國檔案之分析與利用〉一文，則以英、日、
美等國外交檔案記載為本，研究二十一條與洪憲帝制之間有無關聯〔註25〕。
上開著作均能運用相關國家檔案史料進行研究，惟以均非專門論述二十一條

〔註21〕 Peter Lowe, *Great Britain and Japan, 1911-15: A Study of British Far East Policy*,
London, 1969, pp.220-266.

〔註22〕 Tien-yi Li, *Woodrow Wilson's China Policy, 1913-1917*（New York, Octagon
Books, 1969, pp.139-162.

〔註23〕 Madeleine Chi, *China Diplomacy, 1914-1918*, Cambridge, Mass., East Asian
Research Center, Harvard University, 1970, pp.28-61.

〔註24〕 Ernest P. Young, *The Presidency of Yuan Shih-k'ai, Liberalism and Dictatorship in
Early Republican China*, Michigan: The University of Michigan Press, 1977,
pp.186-192.

〔註25〕 戚世皓，〈袁世凱稱帝前後（1914-1916 年）日本、英國、美國檔案之分析與
利用〉，《漢學研究》第 7 卷第 2 期（台北：漢學研究中心，民國 78 年 12 月），
頁 205-223。

要求著作之故，多未能深入進行研究，且又各自以其本國觀點為中心，加之以或受限於語文能力、或受限於資料不易取得，上述研究均採英、美兩國檔案為主要資料，而未能深入運用中、日兩當事國檔案，故較難由其中發現二十一條交涉事件之完整面貌。

總體而論，二十一條交涉在日本人之間產生正反不一評價，早期日本學者及政界人士多肯定要求條件本身對於日本而言並無不宜之處，而對於交涉過程與結果大多持負面看法，認為中國在無實力與日本對抗的情形下而能成功使日本撤回第五號要求代表，日本對華交涉事實上已經失敗，特別對最後通牒的提出頗不能諒解，甚至日本官方亦有此感覺〔註26〕；近期研究則對於二十一條所造成之影響著墨較多，對於成敗問題則存而不論，或傾向於認為日本所獲致者為有限的成功。海峽兩岸研究民初袁世凱外交之學者不少，早期研究較能以寬大態度面對交涉結果，而近期研究則多持負面評價，率多歸結於袁氏有稱帝意圖，為遂一己私欲而對外忍讓。英、美等國學者則對袁世凱所運用之外交手段及其種種努力與成果較持肯定態度，亦不認為袁世凱係因帝制問題對日本讓步。要之，外國學者對於中國於二十一條要求交涉期間之表現與結果較為肯定，而海峽兩岸學者則較為嚴厲。筆者認為，海峽兩岸學者對於袁世凱政府處理中日二十一條交涉結果始終不能給予肯定，相當程度上係受民族主義立場及黨派觀點影響。自中日開始進行交涉起，以孫中山為首之中華革命黨人即不斷指責袁世凱以此為交換日本支持帝制條件〔註27〕，而台海兩岸政權均自詡承繼孫中

〔註26〕 如日本大本營陸軍部對於二十一條要求事件之評價中，則認為日本要求確實過於苛刻，雖中日兩國主張於最後議案階段極為接近，但最後通牒所帶給中國人民的惡感無法消除，使中國人民仇視日本，在各地造成排日運動。而日本在華擴張亦使外國獲得攻擊日本、挑撥中日感情機會。參見日本防衛廳戰史室編纂、天津市政協編譯委員會譯校，《日本軍國主義侵華資料長編》（成都：四川人民出版社，1987年1月第1版），頁102-105。

〔註27〕 孫中山於3月10日令中華革命黨黨務部部長居正發出第八號通告，宣傳「此次交涉之由來，實由夫己氏（袁世凱）欲稱帝，要求日本承認。日本政府預先得相當之報酬要求，夫己氏隱許諾之，故有條件之提出」，復於4月再發一通告，表示袁世凱要求「日本政府首先承認改共和國為君主國，並承認袁氏為帝」、以及「日本政府驅逐居留日本之革命黨」，日本因袁氏要求而提出二十一條。孫中山個人則於中日交涉結束後向北京學生表示「……（袁世凱）乃乘間僭帝而求助於日本，。此次交涉，實由彼請之……」。總之，孫中山與其擁護者始終認為袁世凱以二十一條交換日本承認帝制。參見中華民國史事紀要編輯委員會，《中華民國史事紀要——民國四年（1915）一至十二月份》（台北：中華民國史料研究中心，民國70年6月出版），頁237-239、頁395-402；〈覆北

山與廣州政府，故始終認爲袁世凱賣國求榮，爲鞏固權位、取得列強對帝制的支持而不惜出賣中國權益，再加以檔案開放速度緩慢，以致無法以客觀立場、充分利用第一手資料，對此事件進行深入研究。

　　總而言之，面對此一重大課題，迄今仍無一以各相關國家外交檔案爲主、以中國政府立場爲中心，深入研究中國政府於中日交涉期間種種努力之專門著作。二十一條交涉爲中外各界所矚目，除中、日兩國外交檔案外，主要相關國家如英、美、俄等國亦存有相當豐富之第一手史料可供運用。此外，袁世凱人際關係堪稱廣闊，除其同僚舊部、以及本身所培養之北洋軍閥人物外，亦有不少外籍朋友或顧問，如英國駐華公使朱邇典、美國駐華公使芮恩施（Paul Reinsch,1869-1923）、外籍顧問莫理循（George E. Morrison,1862-1920）、古德諾（Frank J. Goodnow,1859-1939）、有賀長雄、坂西利八郎（1871-1950）等人，因此除中國方面資料外，外國亦保存不少相關資料。故本文除運用中國、日本、英國、美國、俄國等國之外交檔案，採取「多元檔案互證研究法（Multi-Archival Method Approach）」進行論述之外，亦配合各相關人員回憶錄、傳記、日記、年譜，以及中國相關人員之往來信函、文牘等，作爲原始史料基礎，同時以當時之報紙、雜誌爲輔，重新研究二十一條交涉時期之中國外交，探討中國談判策略的形成與運用、以及列強的反應與態度，企圖藉由此一重要對外交涉事件，探討袁世凱政府所抱持的基本態度及其運用策略，以客觀立場重新加以研究，還本事件以原貌，掌握袁世凱外交策略之意義與得失。

　　本文除前言、結論外，分爲三章進行論述。首章爲緒論；第二章敘述中日雙方針對二十一條要求所進行之初步交涉，研究自 1915 年 1 月 18 日日本駐華公使日置益向袁世凱遞送二十一條要求起，至 2 月 22 日中日第三次會議召開前，中國及歐美各國對日本提出二十一條要求之初步反應。自日置益對袁世凱面遞二十一條要求之後，袁世凱即召開緊急會議，決定談判方針爲盡量拖延談判進度、始終堅持中外成約及維護中國主權、以及第五號不予商議等原則，並於談判開始前撤換外交總長孫寶琦、起用陸徵祥，又於中日前兩次會議上發表中國對此一要求事件之大綱意見，堅持不得損及中國主權及各

京學生書〉，1915 年 5 月，中國社會科學院近代史研究所中華民國史研究室、中山大學歷史系孫中山研究室、廣東省社會科學院歷史研究室合編，《孫中山全集》第三卷（北京：中華書局，1964 年 6 月第一版），頁 175。

國成約，迫使日本提出新修正案，並展開下一階段之談判。此外，袁世凱亦巧妙運用新聞媒體，將日本對華要求一事逐步向外透露，以引起各國注意，促使英、美、俄三國分別發現日本對各國隱瞞之第五號條款，並開始關心中日交涉發展情形，惟各國在事態明朗前均持觀望態度。本章並著重討論袁世凱所決定之談判方針與開議前後預作布置情形。

第三章探討 1915 年 2 月 22 日中日第三次會議起，至 4 月 17 日第二十四次會議之前中日雙方交涉經過，採逐條敘述方式討論中日兩國政府對二十一要求各款的實質談判。中日談判展開後，袁世凱主要策略為採取拖延戰術，於各議題上堅持中外成約及中國主權、反覆磋商，一再遷延時日，即使面對日本增兵壓力仍不肯輕易讓步；輔助談判策略則分途進行，一方面派遣金邦平（1881-1946）赴日運動政界人士、有賀長雄赴日與元老進行秘密協商，希望藉助日本政界與元老之力量對日本外相加藤高明產生牽制作用，利用日本內部不和以減輕中國壓力；一方面將歷次會議內容告知英、美、俄等國，希望各國因保護在華利益而對日本產生壓力，促使日本態度軟化；另一方面則利用輿論、如十九省將軍上書、不禁止報紙刊登中日交涉相關消息、積極鼓動中外報紙刊登親華言論、以及不取締抵制日貨運動等，積極營造舉國一致對日氣氛，多頭並進以削弱日本政府立場。本章探討談判實際進行時中國於會內會外所做出之種種努力，以瞭解其作用。

第四章敘述自中日兩國分別提出最後修正案，至簽訂條約與換文其間雙方之交涉過程及英、美兩國態度。自 1915 年 2 月 2 日舉行第一次會議以來，中日雙方歷經二十四次會議，日本仍未獲得滿意的答覆，因鑑於中國始終不肯多做讓步，反而努力藉輿論及元老對日本政府施加壓力，而元老已有意出面干涉、國際輿論亦有同情中國趨勢，外務省乃提出最後修正案，希望在局勢轉為對日本不利前，從速結束中日交涉。日本最後修正案雖較原案已有相當讓步，惟中國則仍一本初衷，以堅持成約及維護中國主權為前提提出最後對案，日本發覺已無法循外交途徑解決此案，乃決定提出最後通牒，惟以元老出面干涉之故，故撤回第五號中除福建一款外之其他要求。中國為免中日決裂而引發戰爭，於日本決定提出最後通牒後仍力謀挽回，於得知最後通牒內容較最後修正案為輕時，決定等待日本發出最後通牒，並努力促使英、美、俄等國介入調停，美國雖期望各國共同支持中日續議，以謀進一步限制日本擴張、維護美國在華商業機會；惟各國均以維護在華利益計，均視最後通牒

為最佳解決之道，中國無法獲得外援，又無力與日本相抗，乃決定接受最後通牒，惟於雙方商議約文內容時仍力謀補救，除明文限制旅大租借地範圍外，亦限制日人在南滿商租土地期限為三十年，僅可無條件續租、不許購買土地，此外亦爭取到南滿、東蒙條約第二至五款延期三個月實施，相較於日本原案，中日條約及附屬換文內容顯然較接近中國第一次修正案所希望獲致之結果。本章將討論中國於談判後期所做出之種種外交努力，並略述中國政府於條約簽訂後所採取之補救措施，如索取日本出兵山東期間所造成之損害賠償、頒佈〈懲辦國賊條例〉、以及為限制日人在南滿、東蒙權利所召開之滿蒙善後會議，同時總結探討日本原案於中日條約及其附屬換文間之異同。第五章則為結論。

第二章 相互試探與形成對策
——中日雙方的初步接觸
（1915 年 1 月 18 日至 2 月 22 日）

　　1914 年 8 月 4 日英國對德宣戰，正式加入歐戰戰圈，日本以英日同盟為名，亦於 15 日對德國提出最後通牒，要求德國於一週內撤退其遠東艦隊或解除其武裝，並將膠澳租借地無條件交付日本，德國未予理會。23 日，日本向德奧兩國宣戰，隨即出兵山東，中國無力阻止，僅能宣布嚴守中立，並劃山東省濰縣以東地區為戰區。嗣後英日會攻青島，德駐青島守軍於 11 月 7 日投降。

　　歐戰令列強在遠東之均勢消失，對日本而言，可藉此機會擴張在華勢力，對中國而言，山東戰事則為繼日俄戰爭後日本第二次與外國在中國境內發生戰爭。日俄戰爭後日本與清廷簽訂「會議東三省事宜正約」，當時清廷簽約代表之一正是時任直隸總督兼北洋通商大臣的袁世凱。及至日本出兵山東，袁世凱預期日本必將循此例向中國要求繼承德國在山東權利，故不時向外交總長孫寶琦（1867-19）詢問日本是否提出新交涉〔註 1〕。山東戰事結束後，日本仍未將兵力撤回，中國乃於 1915 年 1 月 7 日照會英國駐華公使朱邇典以及日本駐華公使日置益，聲明撤廢山東戰區，為日置所拒。不久，日置即當面向袁世凱呈遞二十一條要求。

〔註 1〕李毓澍，《中日二十一條交涉》上冊，（台北：中央研究院近代史研究所，民國 71 年 5 月再版），頁 272-273。

第一節　中國談判方針的確定

　　1915 年 1 月 8 日,日本外相加藤高明訓令日置益開始進行對華交涉〔註2〕,11 日又追加三項補充說明,要求日置應對中國進行逐號交涉、避免逐條討論;儘量堅持第二號甲案,若必不得已提出乙案時,事先需向外務省請訓;同時,在將日本政府對於膠州灣的最後處置方案告知中國前亦必須請訓〔註3〕。12 日,加藤再度發出一項補充訓令,要求日置警告中國不得以直接或間接方式洩漏消息,務必使此次中日交涉保持在絕對機密狀態下進行〔註4〕。日置於 1 月 18 日下午四時與書記官高尾亨前往大總統府謁見袁世凱,外交部次長曹汝霖(1877-1966)亦在座,在短暫寒暄過後,日置即向袁世凱表示,為鞏固中日兩國邦誼、增進共同利益起見,日本已擬妥一系列方案,請中國全面接受。二十一條要求分為五號,第一號為山東問題、第二號為南滿與東蒙問題、第三號為漢冶萍公司問題、第四號為中國沿岸不割讓他國問題、第五號則涵蓋全中國(見附件一)。日置並就各條要求內容向袁世凱詳細解說,除宣示日本此舉目的在解決中日懸案、確保日本在滿蒙之既有地位外,並強調日本在滿蒙地位具有不可動搖的基礎,同時暗示日本政府的態度將不會因為政府改組而改變,中國若遲遲不肯接受,將促使中日關係更形惡化,此外亦要求袁世凱需絕對保守秘密。袁世凱當時並未對要求內容做出任何反應,僅表示將認真研究,而由外交總長負責與日本商議〔註5〕。

〔註 2〕 〈加藤外務大臣ヨリ在中國日置公使宛(電報)〉,大正 4 年 1 月 8 日,日本外務省編,《日本外交文書・大正四年第三卷上冊》(東京都:外務省,昭和 44 年 3 月 20 日發行),第 132 號文書,頁 107。

〔註 3〕 〈加藤外務大臣ヨリ在中國日置公使宛(電報)〉,大正 4 年 1 月 11 日,日本外務省編《日本外交文書・大正四年第三卷上冊》,第 134 號文書,頁 111。第二號甲乙案問題,加藤高明對於第二號第二、三兩條提出兩種方案,甲案第二條為「日本國臣民在南滿州及東部內蒙古,為蓋造商工業應用之房廠、或為耕作,可得其需要土地之租借權或所有權」、第三條則為「日本國臣民得在南滿州及東部內蒙古任便居住往來,並經營商工業等各項生意」;乙案第二條為「中國政府約定,為外國人居住貿易起見,中國政府應主動在本約附屬書中載明,在南滿州及東部內蒙古開設這類城市」,第三條則為「中國政府約定,兩締約國臣民採用合辦的方法,在南滿州和東部內蒙古經營農業和附屬工業時,中國政府予以承認」。參見小幡酉吉傳記刊行會編,《小幡酉吉》(東京都:小幡酉吉傳記刊行會,昭和 32 年 11 月 6 日),頁 101-103。

〔註 4〕 〈加藤外務大臣ヨリ在中國日置公使宛(電報)〉,大正 4 年 1 月 12 日,日本外務省編《日本外交文書・大正四年第三卷上冊》,第 136 號文書,頁 113。

〔註 5〕 〈在中國日置公使ヨリ加藤外務大臣宛(電報)〉,大正 4 年 1 月 19 日,日本

日置辭去後，當晚袁世凱即召集國務卿徐世昌（1855-1939）、外交總長孫寶琦、外交次長曹汝霖、稅務處督辦梁士詒（1869-1933）等人至總統府舉行會議，商討如何因應日本要求。次日，軍事顧問坂西利八郎覲見，據坂西所述，袁世凱對日本要求顯得甚為激憤，頗不以日本視中國為保護國之態度為然，並表示中國雖願於可讓之處儘量讓步，但不能讓之處即無從讓步，態度甚為堅定；同日曹汝霖亦往訪日置，對日置不經外交部，直接與大總統交涉之違反國際公法行為頗有微詞，對日本所提出之非份要求亦表示失望〔註6〕。由袁世凱的語氣加以推測，1月18日晚間會議時應當已做出與日本展開談判的決議，但政府高層則對於何者可談、何者不可談顯然尚未定案。此後一連數日，袁世凱先後召集徐世昌、孫寶琦、曹汝霖、陸軍部長（1865-1936）段祺瑞、司法總長章宗祥（1879-1962）、政事堂左丞楊士琦（1862-1918）、右丞錢能訓（1869-1924）等人研商對日談判方針〔註7〕。其間，曹汝霖並與外交部參事顧維鈞

外務省編《日本外交文書‧大正四年第三卷上冊》，第137號文書，頁113。當時日館覲見人員除駐華公使日置益外，應尚另有他人。據王芸生所編《六十年來中國與日本》一書所收曹汝霖1月23日致陸宗輿信函所示，日置當時尚帶同小幡參事官、高尾（亨）書記官覲見；另據《小幡酉吉》一書，則當時隨行人員僅高尾書記官一人；又據1月19日北京順天時報第二版報導，則稱日置益帶同船津（辰一郎）書記官覲見。因缺乏官方檔案正式紀錄，因而隨行迄今無從查考，然據《小幡酉吉》一書所記，小幡於1914年12月26日由北京返國，-1915年1月23日始回到北京來看，小幡當日應未隨同覲見。又由日方最後決定由日置、小幡、高尾三人為談判代表，談判中又曾遣高尾居中與外交部聯絡的情形來看，船津此時之重要性應不及高尾，故當日隨同覲見人員以高尾亨之可能性為最高，順天時報之報導當係誤傳。參見王芸生，《六十年來中國與日本》第六卷（天津：大公報社，民國22年8月10日初版），頁103。小幡酉吉傳記刊行會編，前揭書，頁111。

〔註6〕〈在中國日置公使ヨリ加藤外務大臣宛（電報）〉，大正4年1月20日，日本外務省編《日本外交文書‧大正四年第三卷上冊》，第140號文書，頁116上。

〔註7〕截至目前為止，仍缺乏足夠的直接證據證實袁世凱確曾召集會議商討對日方針，僅能就當時其他資料加以側面瞭解。官方資料中，1月20、23兩日外交部發陸宗輿電報中均有政府現正討論日本要求之記載；人物傳記中，如《小幡酉吉》亦有1月19-21日袁世凱一連三天與徐世昌、楊士琦、錢能訓、段祺瑞、孫寶琦等人會商的記載；報刊中，如《申報》1月22日刊載東方通信社1月21日電訊，指稱「北京電云：中日交涉，袁大總統特開會議討論一切」；《大公報》1月21日刊載袁世凱於19日下午召集孫寶琦、曹汝霖、段祺瑞、徐世昌進行特別外交密議，1月22日刊載袁世凱將駐日公使陸宗輿於21日所發關於中日國際上一切重要關係、並舉出關於互相提攜上一切要件之電報交外部討論。（外交檔案中收有1月21日陸宗輿致外交部電報一封，內容為建議政府處

（1888-1985）、章祖申（1879-1925）、政事堂參議伍朝樞（1887-1934），以及總統府日籍顧問有賀長雄、美籍顧問古德諾等人共同起草一份說帖，詳陳對於二十一條要求各款之意見及對策。說帖中將各號各款分別說明，詳述日本要求對中國主權所造成的危害，並對其中部分條款提出談判時應注意事項〔註8〕。此外某官員亦於21、22日左右呈送袁世凱一份意見書，詳述日本要求與英、法、俄三國關係，認為三國此時雖無意瓜分中國，然為利益計，一旦中日之間達成協議，三國必以保護機會均等為由提出相應要求；開議必招致瓜分，然拒絕開議必與日本兵戎相見。為此，該要員建議將會議地點移往日本，可以函電往還為由盡量拖延時間；若日本出兵，中國只可採守勢，一面消耗日本國力、一面靜待歐戰終結或美國調停，即使事後割地賠款，亦較瓜分為勝〔註9〕。由袁世凱對該函批註「援引均沾，需留意；移日，意恐做不到」來看，袁氏已經注意到一旦中國對日本讓步之後各國援引最惠國待遇條款群起效尤的可能性，而對

理二十一條之方針，該報所指當初為此封）電報，24日刊載袁世凱於21日晚間九時召徐世昌入府商討陸宗輿、施肇基本日所發關於國際上密要交涉之電報。（此處所指陸徵祥電報當與該報1月22日新聞所指電報為同一封）。1月25日刊載袁世凱於24日與徐世昌密議良久，內容包括籌備外交諸事項、1月26日刊載袁世凱自1月21日起每日分召國務卿、政事堂左右丞、外交、內務、陸軍、司法各總長商討中日重要外交問題。凡此種種，皆可見袁世凱與接獲二十一條要求之後，確曾連日召開會議商討對策。參見〈發駐日本陸公使電〉，1915年1月20日；〈發駐日本陸公使電〉，1915年1月23日；〈收駐日本陸公使電〉，1915年1月21日，《外交檔案》03-33/84-（1）。小幡酉吉傳記刊行會編《小幡酉吉》，頁111。《申報（上海）》，1915年1月22日。《大公報（天津）》，1915年1月21日、1月24日、1月25日、1月26日。

〔註8〕曹汝霖等人說帖見王芸生，《六十年來中國與日本》第六卷，頁95-102，該說帖僅見於王芸生書，而不見於其他官方所刊布史料中，因此李毓澍視其為偽造文件，然王書出版於1933年，其時顧維鈞、伍朝樞皆尚未辭世，並未聞兩人對於該說帖有所辯駁，顧維鈞於其回憶錄中敘述參與二十一條談判時，雖未提及曾參與起草此說帖，但亦未曾否認此事，因此，曹汝霖等人草擬該說帖一事當無疑問，參見李毓澍《中日二十一條交涉》，上冊，頁331-339。顧維鈞，《顧維鈞回憶錄》第一分冊，（北京：中華書局，1982年版），頁121-127。又說帖之內容與袁世凱硃批頗有相合之處，硃批又為袁氏最後決定之基本原則，故該說帖應成於硃批之前，袁氏硃筆批註前當曾參考說帖意見。袁世凱硃批原件現存天津市歷史博物館，見北洋軍閥史料編委會編，《北洋軍閥史料‧袁世凱卷》（天津：天津古籍出版，1992年）下冊，頁287-319。

〔註9〕〈收大總統府機要局鈔交函〉，1915年2月1日，《外交檔案》（台北南港：中央研究院近代史研究所檔案館藏）03-33/84-（2）。該函於1月24日由大總統府機要局鈔交外部，外交部存檔日期為2月1日，擬稿人無從查考。

拖延談判雖贊成，但並不認爲日本會同意將談判地點移往日本。

在凝聚內部共識之時，外交部亦徵詢駐外使節意見。1 月 20 日，外交部致電駐日公使陸宗輿，告以日本向中國所提條件之要旨〔註 10〕，次日陸宗輿即覆電建議政府先不請外國調停、避免洩漏消息，並預先決定討論其中一款以安撫日本〔註 11〕；24 日，陸宗輿再度致電外交部，說明東京輿論界已經開始注意日本對華條件，而俄國並未表示反對，此時若中國可以就其中損害較小條件加以讓步，應可避免日俄聯合，同時再次主張不請他國調停〔註 12〕。

然袁世凱早在確定談判方針前即開始將日本對華要求相關消息逐漸洩漏。1 月 21 日，上海《申報》刊登東方通訊社 20 日東京消息一則，表示中日兩國爲東洋和平之目的，必須確定國際關係，故已在北京展開交涉〔註 13〕；次日又刊登東方通訊社 21 日消息一則，表示中日兩國新交涉已於本月 18 日開始，目的在一掃兩國間懸案，且東京主要新聞皆確定中國政府能以開闊胸襟解決此問題〔註 14〕。由於日本政府及駐華使館此時俱尙未洩漏中日交涉消息〔註 15〕，而據芮恩施所述，1 月 19 日北京某日本報紙通訊員曾拜訪美國駐華使館某秘書，表面上是希望美方能提供日置與袁世凱會談內容，事實上可能是受日置所託，探詢中國是否有將消息洩漏〔註 16〕；至 22 日，東京朝日新聞發佈號外，刊載日本對華所提條件，後爲日政府收回銷毀〔註 17〕，據陸宗輿所述，朝日新聞之消息來源爲駐北京通訊員〔註 18〕，中日交涉事項此時僅中日兩國政府及使館知曉，故東方通訊社及朝日新聞之消息來源當即爲中國政府官員〔註 19〕。日本政府雖

〔註 10〕 〈發駐日本陸公使電〉，1915 年 1 月 20 日，《外交檔案》03-33/84-（1）。

〔註 11〕 〈收駐日本陸公使電〉，1915 年 1 月 21 日，《外交檔案》03-33/84-（1）。

〔註 12〕 〈收駐日本陸公使電〉，1915 年 1 月 24 日，《外交檔案》03-33/84-（1）。除現存外交檔案中所收往來電報之外，當時報刊對外交部徵詢駐外使節意見亦有所報導，如《大公報》載袁世凱於 1 月 20 日親擬關於中日邦交上最緊要之要件十餘條致陸宗輿，令其詳細答覆，參見〈大總統密詢陸使之要件〉，《大公報（天津）》，1519 年 1 月 21 日。

〔註 13〕 〈東方通信社電〉，《申報（上海）》，1915 年 1 月 21 日第二版。

〔註 14〕 〈東方通信社電〉，《申報（上海）》，1915 年 1 月 22 日第三版。

〔註 15〕 〈收駐日本陸公使電〉，1 月 21 日，《外交檔案》03-33/84-（1）。

〔註 16〕 Paul S. Reinsch, *An American Diplomat in China*, Garden City, N.Y., Doubleday, Page & Company,1922, p.131.

〔註 17〕 轉引自李毓澍《中日二十一條交涉》，上冊，頁 274。

〔註 18〕 陸宗輿稱「朝日新聞北京電已將滿、蒙、山東條件，大致喧傳」。〈收駐日本陸公使電〉，1915 年 1 月 24 日，《外交檔案》03-33/84-（1）。

〔註 19〕 雖然日本報紙對中日交涉事項及條件已多有刊載及討論，甚至順天時報亦於 1

於提出要求時，曾嚴厲警告袁世凱不得洩密，但對消息持續洩漏則並無太大舉動，直至22日上海《時事新報》駐北京通訊員亦刊登日本為解決中日懸案提出之對華要求二十四款、包含屬預約性質的山東問題數條之後，加藤始訓令日置注意報紙言論，並調查是否為中國政府所洩漏〔註20〕。

袁世凱向日本新聞界透露消息之後，亦開始透露消息予在北京的外國記者。美聯社駐華記者辛普森於1月23日告知駐華美使芮恩施，表示已得到關於二十一條要求全部要點的確切情報，而兩天之後，《泰晤士報》北京通訊員亦發現中日之間不尋常的關係〔註21〕。由《順天時報》1月24日所刊載、袁世凱近來特別注意新聞，每日必閱覽由內史處呈選之中外報紙來看〔註22〕，自1月20日以來中國政府持續向包括日本記者在內之外國輿論界所洩漏之消息，當係出自袁世凱所授意，而袁世凱亦因此別關注媒體言論，以確定其策略是否奏效。陸宗輿對中國政府持續洩漏消息之舉應頗知詳情，為免激怒日本，乃於1月24日再度致電外交部，希望政府勸告各報及參政院力持鎮靜，不空起鬨〔註23〕。

除向新聞界透露消息之外，袁世凱亦決定將日本對華要求告知列強駐華外交人員，以爭取國際支持。英國在中國之條約利益及商業利益超越其他國家，二十一條要求中第三號第二條漢冶萍公司附近各礦不許他人開採、以及第五號第五條允許日本在長江中下游建造鐵路等，均直接侵犯英國在華條約利益，其他各款亦多有違反各國在華機會均等原則之處，一旦全數實現，英國所受損失無形中較其他有約國為大。且袁世凱與時任北京外交團領銜公使的英國公使朱邇典私交甚篤，無論就任何角度來看，英國都應該是袁世凱最先告知的對象，然英日同盟會攻青島使得袁世凱心生顧忌，懷疑英國與日本

月23日刊載東京1月22日下午8點所發特電一則，稱日置已將具體條款遞交中國政府之時，檢視同時期的華北大報──《天津大公報》，對日本要求卻無所刊載。推其所以，袁世凱首先選擇日本媒體透露消息，一方面應為日本大選在即，希望藉此激起在野黨反政府聲浪，以削弱日本政府立場，更可藉日本輿論瞭解朝野對二十一條是否真有共識，便於日後談判；另一方面，發佈、刊登消息者均為日本媒體，即使加藤有所詰責，屆時仍可以反責日方不能切實封鎖媒體消息，使責任歸於日本。順天時報報導見〈日本對華之方針〉，1915年1月24日，《順天時報（北京）》第八版。

〔註20〕〈加藤外務大臣ヨリ在中國日置公使宛（電報）〉，大正4年1月22日，日本外務省編《日本外交文書・大正四年第三卷上冊》，第141號文書，頁117下。

〔註21〕 Paul S. Reinsch, *An American Diplomat in China*, pp.131-132.

〔註22〕〈大總統之注意報紙〉，《順天時報（北京）》，1915年1月24日第七版。

〔註23〕〈收駐日本陸公使電〉，1915年1月24日，《外交檔案》03-33/84-（1）。

之間是否已經有某種默契存在〔註24〕，其他與中國有條約關係的大國中，僅美國尚未被捲入戰爭，且對中國向來持門戶開放、機會均等主義，不希望任何國家獨佔中國權益，損害自己在中國發展的機會，二十一條要求中有數條與美國對華外交政策精神相抵觸，當不易爲美國所接受，因此袁世凱即選定美國爲首先洩漏消息對象。美國公使芮恩施曾表示早在1月22日即已由某中國官員處得知日本要求內容，並曾就此事訪問中國的一位總長〔註25〕，次日芮恩施將此消息電告美國國務卿布萊恩（William Jennings Bryan,1860-1925）〔註26〕，此後中國即不斷將二十一條要求內容逐步告知芮恩施〔註27〕。

由袁世凱所批「援引均沾，須留意」字樣，可知袁氏瞭解消息洩漏之後，中國可能面臨列強爲維持既得利益，授引惠國得過條款，要求一體適用中日新約，而袁氏之所以仍願冒險洩密，除試探日本朝野是否眞對二十一條有一致態度之外，同時亦藉此瞭解各國反應，若各國政府及輿論反應傾向支持中國，中國自可於其中選擇有利之處加以著手，以削弱日本立場；若各國眞有群起效尤之意，由於此消息並非由中日兩國政府公佈，中國尚可以官方立場否認媒體傳言，增加轉圜空間。

除對外透露消息、爭取外國支持外，袁世凱亦決定更換外交總長，以因應即將展開的中日談判。1月20日，日置將二十一條要求條款正式遞交外部，並將內容面告孫寶琦，與其交換意見〔註28〕，此時中國政府正就日本要求研

〔註24〕 袁世凱當時除不選擇英國爲首先透露消息之對象外，甚至不向英籍顧問莫理循徵詢意見，參見〈致蔡廷幹函〉，1915年1月28日，（澳）駱惠敏編；劉桂梁等譯；嚴四光、俞振基校，《清末民初政情內幕：泰晤士報駐北京記者袁世凱政治顧問喬·厄·莫理循書信集》下卷，（上海：知識出版社，1986年5月第1版第1次印刷），頁392-393。

〔註25〕 Paul S. Reinsch, *An American Diplomat in China*, p.131.

〔註26〕 Minister Reinsch to the Secretary of State,23Jan1915, United States. Dept. of State , *Papers　Relating to the Foreign Relations of the United States*（U.S.F.R.）, File No. 793.94/209.

〔註27〕 參見 Minister Reinsch to the Secretary of State, Peking,24,26,27,29Jan1915, U.S.F.R., FileNo. 793.94/210, 793.94/211, 793.94/214, 793.94/215. 其中，「二十一條（Twenty-one Demands）」字樣出現於1月24日電報中。

〔註28〕 〈在中國日置公使ヨリ加藤外務大臣宛（電報）〉，大正4年1月25日，日本外務省編《日本外交文書·大正四年第三卷上冊》，第140號文書，頁116。日置所補遞之二十一條要求原文，今不見於《外交檔案》中，僅李毓澍《中日二十一條交涉》上冊一書有原檔影印文件，並稱外交部檔案中該文件信封有「日使所交條款，1月20日」字樣，再輔以2月2日中日雙方第一次會議時日置所言「此次本國政府提出條件之理由，本公使已於謁見大總統時詳細陳明，並面

商對策，孫寶琦未經允許，逕自向日置發表政府對二十一條要求之初步意見〔註29〕，此舉可能使日置誤以爲中國已經就此事準備完成，進而要求中國展開談判，令中國處於不利地位，行爲顯然失當。爲免中國日後談判空間受到拘束，袁世凱乃決心逕行撤換外交總長。曹汝霖通曉日語，日置面交二十一條要求時曹氏亦在場，直接由日置口中得知日本對要求內容的解釋，袁世凱欲另尋一外交人才主持對日談判，曹氏本爲相當適合人選。然曹汝霖爲清末留日學生出身，被時人視爲親日派，由其主持對日交涉不免落人口實，因此袁世凱選擇由大總統府外交顧問陸徵祥接任外交總長。推其原因，除避嫌外，陸徵祥自清末以來即長期擔任駐外人員，外交資歷完整，在外交界素有聲望，由其出掌外交不易引發爭議；又由於陸徵祥不諳日文，於會議進行時雙方言詞轉譯之間，可以耗去不少時間，產生拖延談判進度的作用；再加上陸徵祥於民國初年中俄外蒙談判中極力維護中國權益，表現相當稱職〔註30〕，是以袁世凱選擇以陸徵祥爲主、曹汝霖爲輔的安排與日本進行談判〔註31〕。

至24日左右，中國方面已大致擬妥談判策略，在綜合各相關部會意見之後，袁世凱將二十一條要求中文譯本以硃筆逐條詳細批註，擬出今後對日談判的基本原則，並決定談判策略爲採取逐條討論方式，設法拖延談判進度，而對於第五號所列諸條則以有礙主權爲由，堅持不予討論〔註32〕。對日談判基本方針確立後，曹汝霖於25日往訪日置，告以中國政府經審慎研究後，決定與日本展開談判，並建議於每週六舉行會議，日置原則上表示同意，但希望保留隨時增開會議權利〔註33〕。日置向加藤請示，加藤認爲如此則談判進

告孫總長」一語，則可推知1月20日日置確曾親赴外部補遞條款，並與孫寶琦當面交換意見，參見〈總長與日置使第一次會議問答〉，1915年2月2日，《外交檔案》03-33/84-（2）。

〔註29〕〈曹汝霖1月23日致陸宗輿信函〉，王芸生，《六十年來中國與日本》第六卷，頁103-104。

〔註30〕陸徵祥參與中俄外蒙交涉情形，參見張啓雄，《外蒙主權歸屬交涉，1911-1916》（台北：中央研究院近代史研究所，民國84年11月出版），頁101-148。

〔註31〕除上述原因外，筆者認爲袁世凱心中恐或另有一層考量。陸徵祥出身外交體系，並非袁世凱北洋嫡系，在當時盛傳袁世凱欲稱帝的政治環境中，由不具北洋嫡系身份、亦非親日派的陸徵祥代表進行對日交涉，不論結果爲何，在相當程度上或可避免中國國內對於中日交涉產生「條件交換」的印象。

〔註32〕北洋軍閥史料編委會編，《北洋早期史料・袁世凱卷》，下冊，頁287-319。

〔註33〕〈在中國日置公使ヨリ加藤外務大臣宛（電報）〉，大正4年1月25日，日本外務省編《日本外交文書・大正四年第三卷上冊》，第151號文書，頁122。

度緩慢，易洩漏機密，引起外國干涉，要求日置促使中國盡可能連日商議，且須先於原則上表明是否接受要求全文〔註34〕，日置於 27 日赴外部交涉，曹汝霖表示中國完全同意迅速解決此案之態度，但以部務繁忙，總、次長無法專門處理中日談判爲由，希望日本能體諒中國難處〔註35〕，加藤接獲報告後知連日開議不可行，乃退求其次，要求日置嚴格督促中國進行交涉，並隨時決定日期續行談判，勿使會議中斷、令中國有喘息機會〔註36〕。

袁世凱於 1 月 27 日正式發佈命令，任命陸徵祥爲外交總長〔註37〕，孫寶琦則調升爲審計院長〔註38〕，陸徵祥於 28 日就任〔註39〕、與孫寶琦交接完畢〔註40〕、並於次日拜會外交團後，隨即開始籌備中日會議事宜。原本中國希望雙方各組五人代表團參與會議，然日置以奉訓進行秘密談判之故，堅持人數不應過多，雙方乃約定各自組成三人代表團〔註41〕，並決定 2 月 2 日下午 3 時於外交部迎賓大樓召開第一次會議。

第二節　籌備會議的召開

2 月 2 日下午三時，日本駐華公使日置偕同使館參贊小幡酉吉、書記官高尾亨前赴外交部迎賓大樓，與中國代表外交總長陸徵祥、次長曹汝霖、外交部總務廳秘書施履本展開第一次會議。雙方首先就會議形式進行討論，陸徵祥希望每次會議皆製作議事錄以備日後參考，爲日置所拒，乃議定以普通交涉辦法辦理，只待最後有結果時再簽押文件。日置旋即再度表明日本政府立場，謂提出二十一條爲日本既定方針，目的純爲中日親善、鞏固邦交、消除誤會、確立日本在滿洲優越地位起見，與歐戰、山東戰事、取消戰區並無關

〔註34〕　〈加藤外務大臣ヨリ在中國日置公使宛（電報）〉，大正 4 年 1 月 26 日，日本外務省編《日本外交文書・大正四年第三卷上冊》，第 152 號文書，頁 122。

〔註35〕　〈在中國日置公使ヨリ加藤外務大臣宛（電報）〉，大正 4 年 1 月 27 日，日本外務省編《日本外交文書・大正四年第三卷上冊》，第 153 號文書，頁 122-123。

〔註36〕　〈加藤外務大臣ヨリ在中國日置公使宛（電報）〉，大正 4 年 1 月 28 日，日本外務省編《日本外交文書・大正四年第三卷上冊》，第 153 號文書，頁 123。

〔註37〕　〈大總統策令〉，《政府公報》，1915 年 1 月 28 日，頁 909。

〔註38〕　〈大總統策令〉，《政府公報》1915 年 1 月 28 日，頁 909。

〔註39〕　〈外交總長陸徵祥就任日期通告〉，《政府公報》1915 年 2 月 1 日，頁 41。

〔註40〕　〈外交總長陸徵祥呈報就任日期文並批令〉，《政府公報》1915 年 2 月 3 日，頁 120。

〔註41〕　顧維鈞，《顧維鈞回憶錄》第一分冊，（北京：中華書局，1982 年版），頁 122。

係，且日本視此為正當要求，必欲達到目的而後可，不因內閣改組而使政策有所改變；陸徵祥則依據條約上最惠國條款之意義，對日本在滿洲有優越地位說法提出反駁，亦表示中日之間可隨事隨時商議，日本以諸多條件相逼有違親善意旨。

隨後，日置即明白表示日本政府希望談判從速逐號進行，且要求陸徵祥就每號於主義上表示同意與否，陸徵祥則以每號中各條事件不同為由，堅持應逐條商議，雙方僵持不下。日置先就第一號要求陸徵祥表示意見，原擬以此誘使陸徵祥逐號發表意見，陸徵祥仍就第一號各條提出意見，甚至提出第一號第一條修正案，迫使日置不得不針對問題一一回答。日置亟欲得知中國對二十一條全體之大綱意見，陸徵祥提議於一週後發表全體意見、不為日置接受後，雖同意於 2 月 5 日進行第二次會議時發表意見，卻仍堅持逐條提出修正案、或以議一號條文時提出下一號條文修正案方式發表中國意見，在日置一再堅持、甚至以每日開議相逼下，始同意於第二次會議時逐號發表大綱意見〔註 42〕。日置雖能體諒陸徵祥因接任未久、對二十一條要求尚無法完全瞭解的處境，但也已察覺到中國有意藉此理由拖延會議進行速度，為求從速解決，日置將會議情形摘要電告加藤，除決定加強要求中國加快談判進度外，亦有意要求中國任命專門談判委員〔註 43〕。加藤為任命專門談判委員將使事權分散、令中國更能藉層層請示之際拖延談判進度，對此項提議並不表贊同，惟同意日置向陸徵祥提出嚴重警告，告以必要時將越過外交部直接與袁世凱進行交涉，以壓迫中國加快談判速度〔註 44〕。

次日，陸宗輿往見加藤，加藤將對華要求逐一說明，並稱此次所提出者實為最小限度之要求，日本目的在增近日華親善，條件已甚為寬大，為維持

〔註 42〕〈總長與日置使第一次會議問答〉，1915 年 2 月 3 日，《外交檔案》03-33/84-（2）。陸徵祥提出之第一號第一條修正案為「中國政府聲明，日後日本國政府擬向德國協定之所有德國在山東省內，依據條約，除膠澳外，對於中國政府享有之一切利益等項處分，概行承認。又日本國政府言明，中國政府承認前項利益時，日本以膠澳交付中國，並允認中國將來得加入大會議」。此款與外交部現存中國第一次修正案底稿中第一號第一條內容大致相符。

〔註 43〕〈在中國日置公使ヨリ加藤外務大臣宛（電報）〉，大正 4 年 2 月 3 日，日本外務省編《日本外交文書・大正四年第三卷上冊》，第 159 號文書，頁 126 下-128 下。

〔註 44〕〈加藤外務大臣ヨリ在中國日置公使宛（電報）〉，大正 4 年 2 月 3 日，日本外務省編《日本外交文書・大正四年第三卷上冊》，第 161 號文書，頁 132 下。

東洋永久和平，中日之間實有訂約解決懸案必要，此次要求爲日本既定政策，
將來即使內閣改選也將不會有任何變動，一旦消息外洩以致引起日本輿論注
意，則中日交涉將更難善了。此外，加藤亦明白表示各省將軍通電反對一事
對日本而言無足輕重，希望中國方面不可妄圖利用民氣，至於中國視之甚重
的青島稅關、撤廢山東戰區等問題皆爲小事，可在中日交涉結束後順利解決。
其間，加藤以提出革命黨問題對陸宗輿施壓，謂革命黨人對中國新政體、或
袁世凱有何革命計畫，目前尚難預料，若中日果然親善，革命紛擾之時日本
可出力相助。陸宗輿對加藤的疑慮一一辯解，再三強調袁世凱係誠心誠意與
日本交涉，並無意延宕會議進度〔註45〕。陸宗輿察覺加藤對談判進行緩慢已
有所不滿，乃建議外部可以一二具體條件，如以旅大延期交換日本歸還青島
等項進行交涉，以安撫日本情緒〔註46〕。值得注意的是，加藤僅對陸宗輿解
釋一至四號條文內容，第五號諸條則略去不談。加藤於 1 月 25 日知照英國駐
日大使格林（Conyngham Greene, 1854-1934）之對華要求內容範圍僅涵蓋前四
號，一旦陸宗輿私下與格林接觸，使格林獲知日本要求並不止於此，則日本
將難以對英國解釋，若僅對陸宗輿提起前四號內容，使其產生日本並不在意
第五號談判與否的印象，即使陸宗輿眞與格林交換意見，所談者亦將盡可能
集中在前四號，如此則可透過陸宗輿取信於格林，令其相信日本對中國提出
之要求確實僅止於通告英國部分。然陸宗輿並不瞭解加藤用意，電告外部時
以爲加藤僅將第五號視爲希望條件，對之重視程度不如前四號〔註47〕，再加
上日置於第一次會議時所述第五號爲勸告性質、不必非形諸文字不可之語〔註
48〕，遂使中國拒議第五號的決心更加堅定。

　　2 月 5 日下午三時，雙方依約在外交部進行第二次會議。日置首先就報載

〔註45〕　〈加藤外務大臣、在本邦中國公使會談〉，大正 4 年 2 月 3 日，日本外務省編
　　　　　《日本外交文書・大正四年第三卷上冊》，第 160 號文書，頁 128 下-132 上。
　　　　　〈收駐日本陸公使電〉，1915 年 2 月 5 日，《外交檔案》03-33/84-（2）。
〔註46〕　〈收駐日本陸公使電〉，1915 年 2 月 5 日，《外交檔案》03-33/84-（2）。
〔註47〕　〈收駐日本陸公使電〉，1915 年 2 月 5 日，《外交檔案》03-33/84-（2）。
〔註48〕　2 月 2 日第一次會議時，日置雖曾明白表示「第五號雖係勸告，亦必形之文
　　　　　書」，但也並未堅持中國應即行辦理，僅稱「第五號之勸告事件，貴國政府果
　　　　　能即時辦理，自無用文書之必要，如將來再行舉辦，則應有形式上之憑證」，
　　　　　參見〈總長與日置使第一次會議問答〉，1915 年 2 月 3 日，《外交檔案》03-33/84-
　　　　　（2）。就中國立場觀之，日置此言可有兩種解釋：其一爲第五號由中國自行
　　　　　辦理，不必以文書約定；其二爲第五號可留待日後辦理，僅需給予日本相當
　　　　　承諾。總之，日置此言無異承認第五號可日後再議，並不要求中國立即接受。

中日交涉情形向陸徵祥詰問，希望中國方面能嚴重取締報紙言論，陸徵祥則以順天時報 1 月 19 日即刊載日置與袁世凱會談重大案件爲由，將消息洩漏責任推卸予日本媒體，日置雖不滿意，亦無法再追問。

日置旋即要求陸徵祥就二十一條全體提示大綱意見，陸徵祥以 1905 年中日北京會議時即採逐條討論方式，聲明中國雖應日本要求提出逐條說明大綱，但於討論細節時仍將逐條提出修正案，此後陸徵祥即按日置要求逐條說明意見。第一號第二款山東沿岸不割讓以事關主權爲由刪除，中國擬於日後補提一款；第三款建造煙濰鐵路以抵觸中德間成約爲由，聲明須解決此點始可商辦；第四款山東增開商埠則可商議，但另有修正意見。第二號第一款延長租約可商議，但各約期限不同，尚待細商；第二至四款土地所有權、雜居權、採礦權則聲明須先解決抵觸成約問題，但中國仍須提出修正案；第五款南滿東蒙諮詢權、第六款聘用顧問可商議；第七款吉長路經營權則認爲不可行。此外，第二號各款中凡提及東部內蒙古部分全數刪除。第三號則以漢冶萍公司爲商人所有，政府之間訂約合辦並不適宜，且該公司已經借有日款，並無訂約必要，應予刪除。第四號亦以事關主權主權爲由，認爲無可商議。第五號第一款聲明中國擬於必要時自行聘用顧問，不受外國強迫；第二款土地所有權侵犯中國領土權；第三款合辦警察侵犯中國行政權；第四款採辦或合辦軍械無可商議；第五款諸路線抵觸或約，無法商議；第六款福建優先權範圍太廣，恐各國群起效尤，無法商議；第七款布教權則因中國已經立法保障信教自由，認爲不必定入約中，總之，第五號諸條中國認爲全數不能商議。其間，陸徵祥並以日置對袁世凱所說明，第一、二號爲訂定條約、第三、四號爲互換文件、第五號爲勸告爲由，認爲除前二號外可不必重視，甚至表明中國希望日本取消第五號。日置於陸徵祥發表完畢後，立即要求中國提出全部條款之書面修正案，陸徵祥則以中國對外條約關係複雜爲由，希望日置能寬容時日，雙方約定於 2 月 9 日、至遲於 10 日中午提出全文修正案﹝註 49﹞。

兩次會議或果可謂相當有限，中日雙方除各自表達本國政府立場、並約定由中國提出全文修正案外，事實上並未正式議及任何一款條文。由現存會議記錄中可知雙方爭執的焦點在談判進行以及修正案提出方式，日本利在從速解決，故日置始終堅持中國必須先就全部內容表示同意與否，始得進行細

﹝註 49﹞ 〈總長與日置使第二次會議問答〉，1915 年 2 月 5 日，《外交檔案》03-33/84-（2）。

部討論，並希望中國能提出全文修正案，以免遷延時日；中國則利在拖延，故陸徵祥遵循袁世凱指示，始終堅持進行逐條討論，希望修正案可採「議及一條，提出一條」的方式提出，以達到拖延時間的目的〔註50〕。兩次會議結果，對中國而言，陸徵祥表面上似乎難以抗拒日本的強大壓力，被迫做出許多讓步，無法堅持逐條提出修正案、逐條討論的主張，雖然約定於五日後必須提出全文修正案，但由陸徵祥於第一次會議時提出之第一號第一條修正案內容，與袁世凱針對日本1月18日原案之硃批精神相符看來，中國方面的對案於一月下旬袁世凱硃批完成時已初步形成〔註51〕，故陸徵祥的讓步就實際層面而言無異於化被動為主動，使實質談判開始時間延後，成功爭取從容部署的時間；日本則因急於速決，又過於堅持中國須先發表全案意見而後談判之原則，反而忽略及早要求中國就條文進行實質談判、邊談邊修的重要性，起初即有陷於被動的情形出現。另外值得注意的是，陸徵祥於兩次會議中數度引用中外間成約、國際慣例、甚至中國過去與日本的交涉經驗，質疑日本要求的法理地位，以日本要求中頗有妨礙中外間既有條約為由，對大部分要求加以拒絕，堅持需不與成約相抵觸始可考慮進行談判〔註52〕，這種堅持成約的原則成為此後歷次會議中國不變的基本立場。

〔註50〕陸徵祥拖延會議進度的方式甚多，除表示自己因上任未久、準備不足之外，在文字上亦字斟句酌。此外，依顧維鈞所述，陸徵祥於每次會議寒暄完畢後即命依中國待客之禮獻茶，並盡量拖長飲茶時間，使得談判時間相對縮短，參見顧維鈞，《顧維鈞回憶錄》第一分冊，頁123。

〔註51〕袁世凱針對日本1月18日原案之硃批，第一號第一條為「只可依據條約，此外應不在內」、「青島聲明交還中國，應在此內聲明除去，並聲明一切辦法應按德人一律」，陸徵祥所提之口頭修正案則為「中國政府聲明，日後日本國政府擬向德國政府協定之所有德國在山東省內依據條約，除膠澳外，對於中國政府享有之一切利益等項處分，概行承認。又日本國政府言明，中國政府承認前項利益時，日本以膠澳交付中國，並允認中國將來得加入大會議」，兩者文字精神一致。又此口頭修正案與2月12日正式向日本提出之第一次修正案語氣幾無二致，僅文字加以美化，更可證中國當於開議前即已擬妥部分修正案。

〔註52〕如第一號第一條日本繼承德國在山東權利，陸徵祥即認為戰爭結束前訂約，恐有礙中國中立地位與中德關係，並引日俄戰爭時，中日於日俄媾和後始議約為例加以駁斥；第三條則提出中德間已有借用德款修造煙濰鐵路成議；第二號第二條土地租借權與所有權、第三條內地雜居權、第四條採礦權等皆以與中外既有條約抵觸為由加以拒絕。參見〈總長與日置使第一次會議問答〉，1915年2月3日，《外交檔案》03-33/84-（2）。〈總長與日置使第二次會議問答〉，1915年2月5日，《外交檔案》03-33/84-（2）。

日置於 2 月 6 日將會議內容摘要電告加藤，亦對兩次會議以來中國方面的態度進行分析。中日兩國在第一次會議時互相試探對方底線，日置希望陸徵祥先就全案發表意見，以瞭解中國基本立場；陸徵祥則反以膠澳歸還問題來試探日本態度，迫使日置不得不略過敏感的膠澳問題，因此日置對陸徵祥在兩次會議中展現的談判技巧頗為稱道。日置同時肯定中國有避免與日本正面衝突的決心，但亦認為中國方面對第一、二兩號原案提出許多修正條件，三至五號要求又採取全部不擬開議的態度，將使日後談判進行更加困難〔註 53〕。除此之外，日置認為中國方面不肯妥協的態度全然違反日本政府之期望，為避免中國於 2 月 10 日提出日本所無法接受的修正案，因此擬於 2 月 8 日對陸徵祥提出嚴重警告，告以日本政府對第二次會議時中國所提口頭修正案無法接受，日置不能將修正案內容告知東京，希望中國能以誠意進行協商，免生事端〔註 54〕。

總合兩次會議結果，陸徵祥提出之口頭意見與日本原案之間存有相當差距，即以第二號諸條中國方面擬將涉及東部內蒙古部分全數刪去而言，中國基本立場為南滿州與東部內蒙古毫無關係，若依日本原案通過，則日人在東蒙可任意經營生計，任便居住往來、購地置產，久而久之，無異以東蒙為日本殖民地，而他國若援引最惠國待遇要求同等權利，中國將無立場拒絕〔註 55〕。然依加藤的看法，就現實狀況而言，南滿、東蒙在地理上為一完整區域，在歷史、行政、交通方面亦有密切關係，日本在奉天省西部因移民漸多，已有部分人口移入東蒙，使東蒙日漸開發，中國隨時有在該地設置行政區的可能，而東蒙納入條約之中亦可免去因南滿、東蒙界線不明所引發的種種弊端；就法理地位而

〔註 53〕〈在中國日置公使ヨリ加藤外務大臣宛（電報）〉，大正 4 年 2 月 6 日，日本外務省編《日本外交文書・大正四年第三卷上冊》，第 164 號文書，頁 134-136。

〔註 54〕〈在中國日置公使ヨリ加藤外務大臣宛（電報）〉，大正 4 年 2 月 6 日，日本外務省編《日本外交文書・大正四年第三卷上冊》，第 167 號文書，頁 137 上 -138 下。

〔註 55〕〈曹汝霖等之說帖〉，王芸生，《六十年來中國與日本》第六卷，頁 98。除條約關係外，袁世凱出身行伍，東蒙戰略地位亦當為其考量重點。1913 年 10 月 5 日〈滿蒙五路秘密換文〉已許借用日資修築四平街經鄭家屯至洮南府、開原至海龍城、長春至洮南府等由奉天、吉林連接東蒙路線，此三線一旦修成，再依日本原案第二號要求，許日人在東部內蒙古任便居住、營生，則日本勢力將隨鐵路深入東蒙。一旦有變，日軍可由旅順軍港及赤峰——北京線海陸夾擊，北京將無險可守。故堅持排除東蒙，除可避免日本勢力擴張之外，亦可使北京免於遭受陸上攻擊之險。參見陳豐祥，《近代日本的大陸政策》（台北市：金禾出版社，民國 81 年 12 月初版 1 刷），頁 217-218。

言，日本在善後大借款議事錄中聲明保留在南滿、東蒙具有特殊關係的紀錄，中國並無異議；1914 年 6 月 13 日日本外務省針對錦州——朝陽線、北京——赤峰線所發表的公開聲明中提及日本在南滿、東蒙夙有特殊利益，中國亦未否認；1913 年 10 月 5 日中日訂定滿蒙五路借款合同，顯示中國已經瞭解日本在東蒙亦享有與南滿相等的特殊地位，因此中國方面於情於理都不應將東蒙排除在外〔註 56〕。面對中國的堅定態度，加藤雖然認為對中國提出警告固不失為壓迫中國就範的方法，但時機應在中國提出修正案之後，屆時日置可先駁斥修正案內容，提出其中理由不明確處，再聲明日本對修正案內容感到失望，如陸徵祥仍缺乏誠意，則可以直接與袁世凱交涉相要脅〔註 57〕。

　　日置於 2 月 8 日往訪陸徵祥，警告中國必須及早以誠意進行談判，陸徵祥仍採取一貫的態度，反覆申說中國已經於不可能商議之處設法籌議，並非毫無誠意相商，希望日本能體諒中國難處〔註 58〕。日置認為中國當已相信日本政府的決心，但也發現中國拖延談判進度的用意甚為明顯，等待中國提出修正案徒然浪費時間，認為日本若能採取強硬態度壓迫中國，當可使中國提出最接近原案的修正案，有助於日後進行談判。雖然日置希望能強硬到底，等到中國對原案大部分同意時始行開議，但亦憂慮中國不合作的態度影響談判進度，故仍於中國提出修正案期限前夕向加藤請訓，詢問日本政府對各號各條讓步限度，是否可依中國修正案內容開始談判；以及是否該向中國表明日本對歸還膠澳的態度，使中國瞭解日本亦有讓步之處〔註 59〕。中國方面亦已發覺日本對拖延戰術已感不耐，態度日趨強硬，同時陸宗輿又以日本國內所傳、日政府將以武力迫使中國就範消息報部，袁世凱除於大總統府召開會議討論對策外，復命曹汝霖於 2 月 10 日往訪日置，除提出第一、二號對案外，並表示為尊重日本政府立場，第三號漢冶萍公司條於主義上可允許中日合辦、修正案隨後送達，第四號沿岸不割讓可同意由中國自行宣布，無提出修

〔註 56〕　〈加藤外務大臣ヨリ在中國日置公使宛（電報）〉，大正 4 年 2 月 7 日，日本
　　　　　外務省編《日本外交文書・大正四年第三卷上冊》，第 169 號文書，頁 138-140。
〔註 57〕　〈加藤外務大臣ヨリ在中國日置公使宛（電報）〉，大正 4 年 2 月 8 日，日本
　　　　　外務省編《日本外交文書・大正四年第三卷上冊》，第 170 號文書，頁 140-141。
〔註 58〕　〈在中國日置公使ヨリ加藤外務大臣宛（電報）〉，大正 4 年 2 月 9 日，日本
　　　　　外務省編《日本外交文書・大正四年第三卷上冊》，第 174 號文書，頁 144。
〔註 59〕　〈在中國日置公使ヨリ加藤外務大臣宛（電報）〉，大正 4 年 2 月 9 日，日本
　　　　　外務省編《日本外交文書・大正四年第三卷上冊》，第 175 號文書，頁 145-146。

正案必要，惟仍拒談第五號，再三要求日本撤回，並希望能早日展開談判。日置發現中國對於日本出兵一事似頗懷疑懼，甚至爲此改變先前拒不妥協的態度，認此爲壓迫中國良機，乃再度提出警告，聲明中國所提第一、二號對案與日本政府立場相去甚遠，無法接受，同時再度要求中國必須於主義上允許對第五號進行商議〔註 60〕。加藤對日置努力壓迫中國讓步頗表讚許，亦表示日本政府目前正研究是否有讓步餘地，令日置除需認眞研究中國所提對案之外，亦需使中國政府切實明白日本政府的意向〔註 61〕。日置命小幡於 11 日往見曹汝霖，曹汝霖仍堅持僅允議至第四號，小幡乃以中國政府決心拒議第五號回報，日置爲免談判持續拖延，向加藤提出三項建議：撤回第五號中較不重要條款，誘使中國同意談判；頒發動員令，配合日本國內輿論，壓迫中國進行談判；先進行前四號談判，第五號則相機提出，以適當高壓手段迫使中國就範〔註 62〕。

　　面對日置一再施壓，外交部除努力與日置周旋之外，亦於 2 月 9 日連發三電予陸宗輿，除說明近日中日交涉情形之外，並訓令陸宗輿盡快與加藤會面，一方面瞭解日置的強硬態度究竟是其個人行爲或出自加藤授意，一方面向加藤轉達中國政府的誠意，希望日本緩議、或撤回第五號，因適逢日本舉辦慶典，陸宗輿乃與加藤約定於 12 日進行會談〔註 63〕。12 日，陸宗輿赴外務部與加藤會談，告以中國已經同意就第一、二號進行交涉，三、四號亦於主

〔註 60〕〈在中國日置公使ヨリ加藤外務大臣宛（電報）〉，大正 4 年 2 月 10 日，日本外務省編《日本外交文書・大正四年第三卷上冊》，第 176 號文書，頁 146-148。

〔註 61〕〈加藤外務大臣ヨリ在中國日置公使宛（電報）〉，大正 4 年 2 月 10 日，日本外務省編《日本外交文書・大正四年第三卷上冊》，第 178 號文書，頁 148。

〔註 62〕〈在中國日置公使ヨリ加藤外務大臣宛（電報）〉，大正 4 年 2 月 12 日，日本外務省編《日本外交文書・大正四年第三卷上冊》，第 180 號文書，頁 153-154。

〔註 63〕〈收駐日本陸公使電〉，1915 年 2 月 10 日，《外交檔案》03-33/85-（1）。外交部發與陸宗輿電報今不見於《外交檔案》，僅《六十年來中國與日本》中收錄一封，內容爲庫朋斯齊轉陸宗輿告日本通告俄國之中日交涉條文，以及五日會議時日置所稱一、二號訂約、三、四號換文、五號係勸告條件等語，參見王芸生，《六十年來中國與日本》，頁 140。然由 2 月 10 日陸宗輿致外交部電報內容「……昨日三電敬悉。明日爲祭日，約定十二日見加藤」，再輔以《日本外交文書》2 月 12 日陸宗輿與加藤會談記錄，陸宗輿所言「累次接獲電報，告知陸徵祥與日置交涉情形」記載，可推知外交部於九日發陸宗輿三電，當係向陸氏說明近日交涉時，日置一再壓迫情形，並令其約見加藤。參見〈加藤外務大臣、在本邦中國公使會談〉，大正 4 年 2 月 12 日，日本外務省編《日本外交文書・大正四年第三卷上冊》，第 179 號文書，頁 149。

義上可以同意，惟第五號各條係中國性命所在，希望加藤能體諒中國政府立場；加藤則提出質疑，認為第五號各條目前中國皆與各國實行，日本並非首開先例，且日本政府於其他四號要求上亦無危及中國安全之處。加藤且就中國第一號第一條修正案提出歸還膠澳、支持中國加入和會、以及第二號排除東蒙一事提出看法，認為膠澳係日本犧牲人力物力、自德國手中奪回，將來日本自會權衡兩國利益，選擇最適當時機歸還中國；中國並未與任何國家發生戰爭，要求加入和會誠屬可笑；至於東蒙，加藤則以為南滿東蒙有密切關係，中國既已將外蒙權利許予俄國，自無立場排除日本要求東蒙權利。陸宗輿再三申說中國政府已允議至無可再讓地步，加藤仍不為所動，甚至一度以日本國內所傳，合併中國論調暗示日本決心，並稱第五號亦必須以條約形式加以實現〔註64〕。會後加藤隨即將摘要內容告知日置，認為中國即將提出修正案，陸宗輿將此次會談內容報部後，當可影響中國政府決定，要求日置仍須盡力促使中國提出第五號對案〔註65〕。

　　陸宗輿與加藤會晤之時，曹汝霖亦奉命往訪日置，面交中國政府修正案，並聲明此次修正案包含前三號，係中國政府基於尊重日本政府立場所做之最大讓步，第四號中國政府擬自行宣布，與日本互換文書，第五號則仍無法允議〔註66〕。中國修正案並不包含第四、第五號，亦將前三號中部分明顯損害中國權益條文刪除，另行提出新條款以取代原條款。日置於2月13日將修正案全文電告加藤，加藤除要求日置就其中第一號第三條中德煙濰鐵路借款協議細目、第二號第二條安奉鐵路期限何以不明訂延長期限、第七條「東三省現行各條約」所指為何、以及中國為何難允第五號開議等項，要求中國詳細解釋外，並令日置向陸徵祥表示，中國所提修正案與日本政府希望相差懸殊，顯見中國政府缺乏誠意，若中國仍不思改善、表示誠意，則恐有使危險局面就此展開之虞〔註67〕。日置於2月15日再度與陸徵祥會晤，陸徵祥僅反覆申說自己與中國政府立場困難，如第五號允議恐將引起民心動搖，亦將無顏面

〔註64〕　〈收駐日本陸公使電〉，1915年2月5日，《外交檔案》03-33/98-（2）。
〔註65〕　〈加藤外務大臣ヨリ在中國日置公使宛（電報）〉，大正4年2月12日，日本外務省編《日本外交文書・大正四年第三卷上冊》，第181號文書，頁153-154。
〔註66〕　〈在中國日置公使ヨリ加藤外務大臣宛（電報）〉，大正4年2月12日，日本外務省編《日本外交文書・大正四年第三卷上冊》，第182號文書，頁154。
〔註67〕　〈加藤外務大臣ヨリ在中國日置公使宛（電報）〉，大正4年2月13日，日本外務省編《日本外交文書・大正四年第三卷上冊》，第184號文書，頁158-159。

對袁世凱與中國國民，卻仍不明確說明困難所在。會晤歷時兩小時，並無進展，日置相信中國雖未斷然拒絕，然拒談第五號決心已甚難動搖，乃以必須先請示本國政府後才能有進一步動作爲由，試探陸徵祥對於日本延緩開議的態度，陸徵祥雖略顯不安，惟仍不改堅定態度〔註68〕。

　　約在 2 月 13 日收畢修正案全文後至 2 月 15 日日置會晤陸徵祥左右，加藤亦努力籌思折衷之道，一方面須不背離日本原案，一方面又須放寬條件，誘使中國接受。日本閣議於 2 月 16 日通過以中國修正案爲藍本、參照日本原案修改而成的新修正案，對於全案仍大致採取日本原案精神，僅於其中部分條款參照中國修正案、或將原案語氣改爲較柔和，對於第五號要求仍舊堅持。依加藤的看法，此修正案爲日本政府考量中國立場所做出之最後讓步，第五號部分已然放寬，其他四號亦已經納入中國政府意見，僅於第二號保留日本原案第二、三兩條原意、以及加入東蒙而已，將來對華交涉之時是否直接以此修正案提示中國，或經由談判達成此修正案所示日本最小限度要求，則聽由日置相機行事。此外加藤亦表示若中國確實重視膠澳歸還問題，則日置可酌情於適當時機提出，以促使中國接受日本修正案，惟提出前必須先請訓，否則不得對中國做出任何形式的承諾〔註 69〕。日置接獲新修正案後，認爲雙方認知仍有相當差距，第一號以下（特別是第二號）或無法循一般交涉方法達成目標。爲免損及日本對中國之威信及打破僵局，日置擬將中國所提修正案直接退回，迫使中國提出更具誠意之對案，同時亦擬警告中國必須承諾就第五號進行商議〔註 70〕。加藤對日置強硬的態度頗不以爲然，認爲在談判結束前並不能預測中國可讓步至何種程度，外交手段未盡之前即採取強硬手段實爲不智之舉〔註 71〕，訓令日置可考慮先將日本一至四號修正案告知中國，

〔註68〕〈在中國日置公使ヨリ加藤外務大臣宛（電報）〉，大正 4 年 2 月 16 日，日本外務省編《日本外交文書・大正四年第三卷上冊》，第 188 號文書，頁 162-163。《六十年來中國與日本》收有 2 月 17 日外交部致陸宗輿電報一封，內容與日置所報告會談內容相符，惟該電報稱日置係 16 日訪外交部，與日置所報日期不符，此電報當係 16 日寫就、17 日拍發，參見王芸生，《六十年來中國與日本》，頁 141-142。

〔註69〕〈加藤外務大臣ヨリ在中國日置公使宛（電報）〉，大正 4 年 2 月 16 日，日本外務省編《日本外交文書・大正四年第三卷》，上冊，第 190 號文書，頁 164-168。

〔註70〕〈在中國日置公使ヨリ加藤外務大臣宛（電報）〉，大正 4 年 2 月 17 日，日本外務省編《日本外交文書・大正四年第三卷上冊》，第 193 號文書，頁 169-170。

〔註71〕〈加藤外務大臣ヨリ在中國日置公使宛（電報）〉，大正 4 年 2 月 18 日，日本外務省編《日本外交文書・大正四年第三卷上冊》，第 196 號文書，頁 171-172。

惟談判時亦須努力完成第五號內容，先逐一詢問中國態度爲何、並加以批駁，取其接近日本原案者用之〔註72〕。

　　外交部將2月15日日置到部，質詢中國爲何不議第五號情形電告陸宗輿時，亦同時訓令陸宗輿與加藤會晤，將中國立場委婉告知加藤〔註73〕。陸宗輿於2月18日往見加藤，加藤表示第五號並非無理要求，即以第五、六兩條而言，如中國不向外國借款修築福建境內鐵路及其他鐵路，則此等條款於中國並無損害，其餘如顧問、教堂地權等問題，日本希望訂約理由僅爲確保其他國家已經享有之權利而已，中國政府拒議第五號，又不肯明示理由，徒然使中日交涉更加困難，〔註74〕。據陸宗輿觀察，加藤於第五號較重視鐵路問題，似希望中國能商議其中一、二條路線，以顧全日本政府顏面〔註75〕。曹汝霖於2月18日奉陸徵祥之命再訪日置，仍一再申說中國難處，促日置速開談判，日置此時尚未收到加藤於同日所發出之進一步指示，不願對此表示意見，僅再度強調中國同意談判第五號與否爲主要關鍵〔註76〕。加藤訓電到後，日置得知加藤有意採取先重開談判，後再徐徐誘導中國，使朝向日本原案精神修正的方式，並不贊成對中國採取更進一步的強硬行動，而中國當地輿論界對日本對華要求報導亦越來越多，爲免情勢轉爲對日不利，乃決心接受曹汝霖提議，與中國重開談判。日置原本希望能於20日即行開議，適逢當日爲外交部舉辦慈善音樂會，因而雙方決定延後於22日重開會議。

　　日置雖決心開議，仍擔憂中國將日置同意開議視爲日本已經接受中國不議第五號立場，故仍擬於開議之時先行表明日本政府並未放棄第五號，同時希望加藤能進一步向陸宗輿施壓〔註77〕，日置仍將繼續努力使中國同意討論

〔註72〕〈加藤外務大臣ヨリ在中國日置公使宛（電報）〉，大正4年2月18日，日本外務省編《日本外交文書・大正四年第三卷上冊》，第197號文書，頁172。

〔註73〕王芸生，《六十年來中國與日本》，頁141-142。

〔註74〕〈加藤外務大臣、在本邦中國公使會談〉，大正4年2月18日，日本外務省編《日本外交文書・大正四年第三卷上冊》，第198號文書，頁172-174。〈大正4年2月18日加藤外務大臣ヨリ在中國日置公使宛（電報）〉，日本外務省編《日本外交文書・大正四年第三卷上冊》，第199號文書，頁174上-175上。

〔註75〕《六十年來中國與日本》，頁142-143。

〔註76〕〈在中國日置公使ヨリ加藤外務大臣宛（電報）〉，大正4年2月18日，日本外務省編《日本外交文書・大正四年第三卷上冊》，第200號文書，頁175上-175下。

〔註77〕〈在中國日置公使ヨリ加藤外務大臣宛（電報）〉，大正4年2月19日，日本外務省編《日本外交文書・大正四年第三卷上冊》，第201號文書，頁

第五號〔註78〕。日置於 2 月 20 日派遣高尾往訪曹汝霖，希望在談判重開之前說服中國討論第五號，曹汝霖僅表示中國允議至第四號已為極大讓步。曹汝霖於 2 月 21 日上午往見日置，除再度要求日本政府讓步之外，並以個人身份表示，中國政府明白第五號要求對日本的重要性，他日若遇適當時機，則應有商議餘地。日置則再度宣示日本政府堅持必須商議第五號決心，聲明將於下次會議中提出保留意見〔註79〕。

第三節　英、俄、美的初步反應

（1）英國

加藤雖訓令日置於遞交要求時，明白警告袁世凱不得將消息外洩，但亦瞭解此類兩國間之重大交涉終不可能完全保密，故於日置提出條件後不久，即於東京外交團之間散佈中國將與德國結盟、排斥日本勢力消息，以使列強產生危機意識，認為日本對中國提出條件並無不合理之處〔註80〕。英國在華利益為列強之最，故加藤於 1913 年初返國就任外相之前，曾兩度與英國外相格雷會晤，表明日本希望鞏固在滿蒙的既有地位，以及延長日本在滿洲的權益，獲得格雷默許〔註81〕。以甚為重視英國態度之故，加藤訓令日置向中國提出二十一條之時，亦同時於 1 月 8 日訓令駐英大使井上勝之助（1861-1929）於中日交涉開始後相機告知英國，日本為維持山東現狀，向中國提出山東問題四款〔註82〕、滿蒙問題五款（包括延長關東州及南滿、安奉鐵路租借期限；日人在南滿、東蒙享任便居住權；許日本在特定地區採礦；南滿、東蒙舉借外債築路，或以該地區租稅為擔保舉外債築路時須先經日本同意；中國聘請政治、財政、軍事顧問時須先經日本同意；吉長鐵路經營及管理權委託日本

175-176。

〔註78〕　〈在中國日置公使ヨリ加藤外務大臣宛（電報）〉，大正 4 年 2 月 21 日，日本外務省編《日本外交文書・大正四年第三卷上冊》，第 206 號文書，頁 179-180。

〔註79〕　〈在中國日置公使ヨリ加藤外務大臣宛（電報）〉，大正 4 年 2 月 21 日，日本外務省編《日本外交文書・大正四年第三卷上冊》，第 207 號文書，頁 180-181。

〔註80〕　〈收駐日本陸公使電〉，1915 年 1 月 22 日，《外交檔案》03-33/84-（1）。；〈收駐日本陸公使電〉，1915 年 1 月 23 日，《外交檔案》03-33/84-（1）。

〔註81〕　李毓澍《中日二十一條交涉》，上冊，頁 157-159。

〔註82〕　〈加藤外務大臣ヨリ在英國井上大使宛（電報）〉，大正 4 年 1 月 8 日，日本外務省編《日本外交文書・大正四年第三卷上冊》，第 483 號文書，頁 539。

等項）、漢冶萍公司於將來適當時機改由中日合辦、以及中國沿海港灣島嶼不租予或讓與他國等，共計十一款條件，除要求井上向格雷聲明日本對中國並無領土野心，且須表示日本對華要求與中國門戶開放、列強機會均等、以及列強在華條約利益並無妨礙之外，亦令其提醒格雷，英國政府曾表示對日本在南滿採取必要處置（包括延長關東州及南滿、安奉鐵路租借期限）並無異議，也不反對日本取得膠州灣〔註83〕。雖然井上對於訓令中包含漢冶萍公司、及沿海港灣島嶼不割讓等兩款頗覺不妥，亦認為為避免觸及英國利益範圍，日本對華要求應以山東、南滿、東蒙等問題為限〔註84〕，但加藤仍堅持須依1月8日訓令內容通告英國〔註85〕。

　　日置向袁世凱遞交二十一條要求後，加藤於20日致電井上，令就8日訓令內容通告英國〔註86〕，井上於兩日後會晤格雷，送交訓令中提及的日本對華要求十一條英譯本送交格雷，並告知中日已在北京展開談判，日本意在確保既得利益，無意與列強在華利益相衝突。格雷表示其中部分要求（如延長旅大租借期限）確為加藤於駐英大使任內即已知會，但英國對於其他要求則必須加以研究，此外，格雷對英國如何在中日談判中自處亦感到憂心〔註87〕。加藤亦於25日將相同條款以備忘錄形式通告英國駐日大使格林，強調此次日本對華要求為加藤長久以來之願望，其立足點在中日親善，且其內容尚未完全符合日本國內某些政黨希望〔註88〕，向格林暗示日本要求並無不合理之處。

　　就加藤1月8日訓令中所提及的對華要求內容來看，第一部份山東問題四款與對中國提出之版本大致相同，僅第四條略有出入，致送英國者為中國應在山東增開商埠，致送中國者則為應開山東主要城市為商埠，並有「其應開地方，

〔註83〕　〈加藤外務大臣ヨリ在英國井上大使宛（電報）〉，大正4年1月8日，日本外務省編《日本外交文書・大正四年第三卷上冊》，第 482 號文書，頁537-539。

〔註84〕　〈加藤外務大臣ヨリ在英國井上大使宛（電報）〉，大正4年1月10日，日本外務省編《日本外交文書・大正四年第三卷上冊》，第485號文書，頁540。

〔註85〕　〈加藤外務大臣ヨリ在英國井上大使宛（電報）〉，大正4年1月11日，日本外務省編《日本外交文書・大正四年第三卷上冊》，第486號文書，頁540下-541上。

〔註86〕　〈加藤外務大臣ヨリ在英國井上大使宛（電報）〉，大正4年1月20日，日本外務省編《日本外交文書・大正四年第三卷上冊》，第487號文書，頁541。

〔註87〕　Grey to Greene,22Jan1915,FO371/2322[10464/15]。

〔註88〕　Greene to Grey,25Jan1915,FO371/2322[9499/15]。

另行協定」之語；第二部分南滿、東蒙問題五款則與對華提出者甚有出入，略去前言中日本在南滿東蒙享優越地位之語；第一款中未提及延長租借期限；第二款分為兩項，實際上包含致送中國版本中第二號第二、四兩條，第一項略去取得土地條件，第二項則略去「擬開各礦，另行商訂」之語；其餘三款則與致送中國版本第二號第五條、第六條、第七條相同，僅略去吉長鐵路委託經營管理期限為九十九年之語；第三部分第一款與致送中國版本第三號第一款略同，但僅提及將來將該公司改由中日合辦；第二款則與致送中國版本第四號相同（見附件四）。由此觀之，加藤自始即不欲對英國隱瞞日本已對華提出要求，但亦並非全盤告知英國。加藤於接任外務大臣之時即有解決中日間懸案之決心，然第五號要求除第五條鐵路權利直接觸及英國在華利益，第一號聘用顧問、第三號合辦警察、第四號採買軍械、第六號福建優先等條款或違反列強在華機會均等原則、或侵害中國主權獨立，若直接告知英國，則恐引起類似清末三國干涉還遼之國際干涉，致使日本要求無法如願。將部分較無關係之條款要求通知英國，除可減少英國疑慮外，亦能在表面上善盡英日盟約所定相互告知義務，若能順利迫使中國儘速對全部要求大體表示同意，即便英國日後發覺日本並未告知所有要求條件，由於中國已經表示同意，亦較能削弱英國反對立場。

　　日置於 1 月 24 日急電加藤，謂此次中日進行交涉，英國駐華公使朱邇典必來詢問，日置考慮以加藤 8、10 兩日訓令井上通告英國政府之內容答覆，但若朱邇典得知尚有第五號存在，以及第五號中所含修築鐵路要求時，將如何回覆〔註 89〕。加藤一方面要求日置注意朱邇典是否已由袁世凱處得知二十一條要求全文，一方面要求日置於朱邇典提出第五號問題時，答以此號要求係中日間多年來之懸案，僅勸告中國於此時一併解決，並非要求〔註 90〕。井上於 22 日將日本對華要求條款告知英國外相格雷後，加藤亦於 25 日將相同條款備忘錄致送英國駐日大使格林，並稱亦訓令日置告知朱邇典，但直至 27 日為止，朱邇典仍未自日置處獲得該備忘錄，同時日置亦未主動告知任何中日談判消息〔註 91〕，朱邇典向英國外交部請示是否應主動向日置索取備忘錄

〔註89〕〈在中國日置公使ヨリ加藤外務大臣宛（電報）〉，大正 4 年 1 月 24 日，日本外務省編《日本外交文書・大正四年第三卷上冊》，第 146 號文書，頁 120 上。

〔註90〕〈加藤外務大臣ヨリ在中國日置公使宛（電報）〉，大正 4 年 1 月 25 日，日本外務省編《日本外交文書・大正四年第三卷上冊》，第 148 號文書，頁 120 下-121 上。

〔註91〕時《朝日新聞》增刊號雖已為日本政府收回銷毀，然加藤並不清楚朱邇典是

副本〔註92〕，經格雷同意後〔註93〕，乃於1月29日與日置會晤，但日置仍未將備忘錄副本交予朱邇典，僅口頭解釋其內容。就朱邇典的看法，日本要求對英國利益應不致產生重大損害，但英國仍必須注意其中數項可能損及英國利益之條款，如南滿東蒙關、鹽兩稅已經抵押借款，故在該地所聘日籍顧問不應包含關、鹽兩稅人員；日本繼承德國在山東權利部分，不應超過津浦鐵路山東段範圍；關於漢冶萍公司之條款最可能直接損及英國利益，但英國並無立場介入民間公司事務。爲避免利益受損，朱邇典建議格雷將中、英之間所有關於長江流域事務之成約通告日本，使日本能避免觸及英國利益範圍〔註94〕。英國雖陷身歐戰，無暇顧及遠東事務，然以在華利益甚大之故，對日本對華要求仍甚爲關心，而列強對英國動向亦甚爲關注，朱邇典時爲北京外交團領銜公使，又與袁世凱素來交好，其態度更爲北京外交界所關注，此時北京輿論界對中日交涉報導日多，日本使館方面又對路透社訪員表示已將要求備忘錄致送英國，故朱邇典常被中國及各國公使詢及英國是否知曉中日交涉事，朱邇典雖一概答以尚未獲本國政府通知，唯亦認爲應不必再保持沈默〔註95〕，格雷雖同意朱邇典可針對中日交涉一事與他國公使交換意見，但希望避免令他國得知日本已將要求內容照會格雷〔註96〕。

否已經得知其內容，而朱邇典與袁世凱素有交情，一旦獲悉日本通告英國僅四號十一條款，或有可能即向袁世凱探詢是否屬實，徒然使袁氏有隙可乘，加藤之所以遲遲不欲將備忘錄致送朱邇典，原因當即在此。

〔註92〕 Jordan to Grey,27Jan1915, FO371/2322[9938/15]。
〔註93〕 Grey to Jordan,27Jan1915, FO371/2322[9938/15]。
〔註94〕 Jordan to Grey,29Jan1915, FO371/2322[11320/15]。此外，朱邇典亦認爲如日本欲在山東修築鐵路，則以煙台至濟南一線對英國較爲有利。英國艦隊撤回歐洲後，威海衛對英國已失去戰略意義，若日本願意歸還膠澳，英國或亦能以無條件歸還威海衛同時施惠予中日雙方。外交部次官艾斯頓（Bilby F. Alston）對此提議雖表贊同，但戰爭部認爲威海衛爲英國在太平洋西岸唯一軍事基地，亦爲英國插足遠東事務根據地，就軍事觀點而言，戰爭部不能同意歸還威海衛，殖民部則認爲威海衛對英國商務發展而言並無多大利益，歸還與否不致在英國國內引起爭議，因此希望外交部登基於外交政策考量做出決定。因各部會意見紛歧，外交部決定俟海軍部提出意見後始決定處理方式。參見War Office to F.O.,13Feb1915, FO371/2322[17184/15]；Colonial Office to FO, 17Feb1915, FO371/2322[18714/15]。
〔註95〕 Jordan to Grey,4Feb1915, FO371/2322[13343/15]。格雷對朱邇典與庫朋斯齊交換意見一事頗不以爲然，認爲在英國外交部審愼評估完成之前，不應就此發表任何意見。
〔註96〕 Grey to Jordan, 6Feb1915, FO371/2322[13343/15]。英日之間有同盟關係，格雷

俄國在華勢力範圍為北滿，亦曾與日本密約劃分東西內蒙古，日北對華要求牽涉南滿、東蒙，直接衝擊俄國勢力範圍，故俄國對此事亦甚為注意，而格雷由英國駐俄大使布坎南（George Buchanan,1854-1924）處得知俄國外長沙佐諾夫（Serge Sazonov,1860-1927）已將俄國駐華公使庫朋斯齊得知日本要求包含控制中國外交權、指定日本人在政府各部門擔任顧問、獨佔採礦權等項告知法國後〔註97〕，隨即於 2 月 4 日與俄國駐英大使本肯多夫（Alexander Benckendorff,1849-1917）會面，格雷此時仍不願俄國得知日本已將要求條款通告英國，故僅對本肯多夫表示俄國所得消息與英國所知相較似嫌誇大，但英國會進行調查〔註98〕。次日格雷即致電格林，要求格林與加藤會面，告以英國政府對日本預備將要求內容知照其他列強頗感欣慰，基於英日同盟關係，英國認為應首先與日本磋商，故尚未向外界透露備忘錄內容〔註99〕。格林與加藤會晤後，加藤表示已將要求備忘錄送予俄、法兩國〔註100〕，亦將於2月8日、9日分別告知美國政府及駐日美使古斯禮（George Wilkins Guthrie, 1848-1917）〔註101〕。2月8日加藤向赴日訪問之泰晤士報北京訪員福來薩（Fraser）承認確有未告知各國之「希望條款（Requests）」存在後，格林乃於11日再度與加藤聯絡，詢問日本是否隱瞞部分條件未通告各國，加藤雖仍堅稱所有要求確已告知各國，但亦提及此外尚有些許「希望條款」，認為目前日本並無義務將中日交涉情形通知英國，故尚未告知格雷。格林認為「要求條款（Demands）」與「希望條款（Requests）」實質上皆為對華要求，本身並無分別，加藤不顧英日同盟立場，在未知會英國前即對華提出要求的作法事實上已經對英日同盟關係造成損害〔註102〕。

英國外交部自於1月22日接獲日本通告對華交涉條件備忘錄後，即開始

此舉或有避免其他列強誤認日本行動已經英國默認之意。

〔註97〕 Buchanan to Grey,4Feb1915, FO371/2322[13332/15]。

〔註98〕 Grey to Greene,4Feb1915, FO371/2322[13332/15]。

〔註99〕 Grey to Greene, 5Feb1915, FO371/2322[13343/15]。

〔註100〕 Greene to Grey, 6Feb1915, FO371/2322[14528/15]。法國駐日大使私下告知格林，加藤於送交對華要求備忘錄時亦同時希望得到法國支持，法使則建議加藤應同時尋求英國支持，參見 Greene to Grey,14Feb1915, FO371 / 2322 [17458 / 15]。

〔註101〕 Greene to Grey, 6Feb1915, FO371/2322[14525/15]。

〔註102〕 Greene to Grey,10Feb1915, FO371/2322[16280/15]。中國即將於 12 日送交第一次修正案，故加藤稱尚無將「希望條款」告知英國必要，當係希望中國能在日本壓力下同意就第五號進行談判，此後即使英國仍有異議，日本亦有立場排拒。

就其內容進行研究，格雷決定以備忘錄形式將英國意見祕密照會井上，要求
朱邇典向格林索取加藤致送之備忘錄副本，並就該備忘錄提供意見〔註103〕。
依格雷的構想，備忘錄中將首先敘述英日同盟精神，表明英國認同日本積極
參與對華事務，但須注意不違反維持中國主權領土完整原則，並隨即聲明：
英國認同日本繼承德國在山東權利之要求，然日本必須明白第一號第二條可
能損及英國權利；英國亟欲瞭解日本所界定之東部內蒙古範圍，以瞭解英國
在該地有無利益；第二號第四條聘請顧問一事，英國相信日本無意改變東三
省海關人員現狀；以及英國認同日本確立漢冶萍公司地位之用心，但日本必
須承認英國在長江流域利益，而各國軍隊撤出漢口之後，日本駐軍需以維持
漢冶萍公司正常運作為上限〔註104〕。朱邇典除修正部分文字外，大致上表示
贊同，但亦建議為免中國產生誤解，如英國欲將致日備忘錄內容告知中國，
應由英國駐華使館以官方立場告知為宜〔註105〕，亦獲格雷首肯〔註106〕。

　　二十一條要求中第三號漢冶萍公司中日合辦、第五號第五條長江流域興
建鐵路等要求，直接觸及英國在長江流域利益，外交界又盛傳日本提出要求
之前，已先取得英國默許、得在長江流域自由行動，中國方面基於英日有同
盟關係之故，雖不排除其可能性，然仍難以相信英國願意放棄長江流域龐大
利益，而日置嚴囑警告中國需保守秘密之舉又足以啟人疑竇，故中國政府於
一月下旬擬定對日談判原則之後，復於 1 月 30 日致電駐英公使施肇基，告以
日置提出二十一條要求，並令施肇基以個人名義，向英國外交部探詢，外傳
英國已同意日本在長江流域得自由行動一事是否屬實〔註107〕，經英國外務次
官艾斯頓否認〔註108〕，袁世凱始相信英國對日本要求中，有侵犯長江流域利
益之處並不知情，惟日置已經懷疑輿論界所傳日本對華要求，實為中國所刻
意洩漏，此時若直接將二十一條全文告知朱邇典，或難避免英國直接向日本
質詢，使日本警覺中國已有向英國求助之意，徒增日後談判困難，故 2 月 5
日中日第二次會議過後，袁世凱命令英籍顧問莫理循秘密與朱邇典聯繫，以

〔註103〕Grey to Jordan, 6Feb1915, FO371/2322[13343/15]。
〔註104〕Grey to Jordan, 9Feb1915, FO371/2322[14524/15]。
〔註105〕Jordan to Grey,10Feb1915, FO371/2322[16013/15]。
〔註106〕Sino-Japan Negotiations: Japanese Demands,11Feb1915, FO371/2322[16013/15]。
〔註107〕〈外交部致駐英公使施肇基電〉，1 月 30 日，中國第二歷史檔案館編，《中華
　　　　民國史檔案資料匯編》第三集《外交》（淮陰：江蘇古籍出版社，1991 年 6
　　　　月第一版），頁 562。
〔註108〕〈收駐英施公使電〉，1915 年 2 月 2 日，《外交檔案》03-33/84-（2）。

口頭方式告以日本要求共分為二十一條，除南滿、東蒙相關條件外，亦包含長江流域鐵路權利、以及範圍涵蓋全中國之顧問聘用權，袁世凱相信日本事先並未與英國磋商，日置與陸徵祥之間已經四度會議，日置始終堅持中國需先就全體條文表示接受後始能進行細部商議〔註109〕。

　　延至 2 月 8 日，日置始將要求備忘錄面交朱邇典，內容與井上致格雷者相同，均未包含第五號要求。朱邇典雖已經莫理循告知 21 條完整內容，然並不認為日置在明知英國已經注意日本對華要求條文時，還能對英國隱瞞真相，故認為就日置所交備忘錄內容而言，北京各界傳聞當係謠言。然朱邇典亦注意到，日本對南滿要求幾乎完全背離英日同盟精神，且容易引起俄國在北滿做出相同要求，但中國以確立日本在南滿地位換取歸還山東，仍不失為良策，而中日交涉對各國在華權益影響層面，則需視袁世凱政權是否因接受、或拒絕條件而產生動搖，朱邇典希望有機會與日置就英日同盟架構下、英國對華政策交換意見，格雷則同意朱邇典可就日後英日在華工業合作事宜，與日置進行磋商〔註110〕。截至 1915 年 2 月初，英國方面仍不完全相信日本寧願違背英日同盟精神、對英國隱瞞部分要求，直到 9 日顧維鈞致電朱邇典，詢問英國方面是否已經得知全部要求內容，在朱邇典表示英國已經日本告知後，私下向朱邇典及英國駐華使館中文翻譯解釋，日本要求確為五號二十一條時，格雷始完全相信日本確對英國隱瞞部分實情，並表示英國當務之急在確實瞭解要求內容及日本態度〔註111〕；莫理循將袁世凱令蔡廷幹轉譯成英文之二十一條要求條款摘要致送朱邇典後，朱邇典不再懷疑日本對華要求遠比通知各國者為多，但樂觀相信其中部分要求當為談判手段，將來日本主要目的達成後應會撤回，英國外交部則傾向於先援引 1913 年南京事件，中、英國將處理方式完全通知日本之例，要求日本亦應將實情告知英國。格雷則認為僅以中日合辦警察一條即已使中國獨立遭受危害，基於英日盟約第一條，英國有權以提出質疑或發表聲明方式要求日本對此加以注意〔註112〕。

　　朱邇典於 2 月 16 日取得二十一條完整文本英譯本〔註113〕，隨即應外部

〔註109〕Jordan to Grey, 6Feb1915, FO371/2322[14524/15]。
〔註110〕Jordan to Grey, 8Feb1915, FO371/2322[15040/15]。
〔註111〕Jordan to Grey, 9Feb1915, FO371/2322[15504/15]。
〔註112〕Jordan to Alston,10Feb1915, FO371/2322[16114/15]。
〔註113〕Japanese Demands on China,19Feb1915, FO371/2322[19478/15]。

要求將日本未告知英國部分加以摘要報告〔註114〕，格雷認為有必要進一步瞭解日本日本是否真欲堅持這些條款，應訓令格林除向加藤探明這些「希望條款」真意外〔註115〕，亦需對加藤聲明，格雷相信日本樂於將要求中與英國在華利益相衝突部分與英國磋商，以及英國政府希望日本不強迫中國接受任何有損主權獨立或領土完整之條款，以免違背英日同盟精神〔註116〕。此時加藤已發覺英國得知第五號確實存在〔註117〕，自知無法再隱瞞，乃訓令井上將第五號「希望條件」內容告知格雷，並說明日本政府立場〔註118〕。井上於20日會見格雷，說明日本要求確實僅止於1月22日所交備忘錄中所列條款，其餘「希望條款」則為中日間懸案，日本政府雖認為並無與英國商議必要，然仍應將立場告知英國：

①日本無意控制中國，或令中國成為日本保護國，故僅要求中國聘用相當數量之日本顧問，並非要求僅聘用日本顧問。

②土地所有權及布教權係日本基於馬關條約及最惠國待遇所應享之權利，日本僅要求中國如實履行條約而已。

③合辦警察僅限於有迫切需要之特定地方，特別是南滿或東蒙。

④中國向日本採辦軍械已行之有年，日本僅欲確認採購數量。

⑤為尊重英國起見，加藤願放棄南京連接湖南鐵路建築要求。

⑥福建不租讓係基於門戶開放政策。

此外，井上並聲明日本要求中無一語提及長江流域採礦權，僅第三號漢冶萍公司條有涉及而已〔註119〕。

〔註114〕Jordan to F.O.,16Feb1915, FO371/2322[18086/15]。

〔註115〕Jordan to Grey,18Feb1915, FO371/2322[19478/15]。艾斯頓對第三號第二款及「希望條件」進行研究後，除對福建一款不予置評外，認為其餘各款或多或少皆有侵犯中國主權之處，使日本得以在中國取得政治上的擴張，並使中國永遠維持在日本所希望的弱小程度，中國唯一希望在於運用現有豐富資源重組一強大軍隊，但中國若在日本控制之下強大，將可能使「黃禍（Yellow Peril）」成真。

〔註116〕Grey to Greene,20Feb1915, FO371/2322[21624/15]。

〔註117〕〈在英國井上大使ヨリ加藤外務大臣宛（電報）〉，大正4年2月19日，日本外務省編《日本外交文書・大正四年第三卷上冊》，第523號、524號文書，頁574下-575下。

〔註118〕〈加藤外務大臣ヨリ在英國井上大使宛（電報）〉，大正4年2月19日，日本外務省編《日本外交文書・大正四年第三卷上冊》，第525號文書，頁575下-577上。

〔註119〈在英國井上大使ヨリ加藤外務大臣宛（電報）〉，大正4年2月21日，日本

（2）俄國

因袁世凱主動向報界透露相關消息之故，部分國家亦經由報紙注意到中日間正有重大事項進行交涉。1 月 22 日朝日新聞號外發佈後，次日俄國駐日大使馬列夫斯基即往晤加藤，詢問日本要求是否真如報載所言涉及滿洲，經加藤證實〔註120〕，馬列夫斯基乃於 24 日將朝日新聞所刊日本對華要求摘要電告俄國外長沙佐諾夫〔註121〕。由於俄國在華主要勢力範圍在北滿洲及外蒙古，對山東並無太大興趣，沙佐諾夫乃訓令馬列夫斯基，要求加藤開誠布公說明日本對華要求中涉及滿蒙之條款〔註122〕，加藤面對俄國質疑，僅答以中日交涉尚無進展，將於適當時機通知俄國〔註123〕。

俄國於日俄戰爭後曾四度與日本訂立密約，約定俄國以東三省北部及西部內蒙古為勢力範圍、日本以東三省南部及東部內蒙古為勢力範圍，雙方互不侵犯，故自加藤承認日本要求確涉及滿州後，俄國對中日交涉發展情形亦甚注意。《朝日新聞》於 1 月 22 日增刊號刊載日本對華要求後，俄國發現此次日本對華要求中所列第二號關於南滿、東蒙諸條一旦實現，勢將牽動日俄兩國在滿蒙一帶平衡態勢，佐諾夫一方面訓令馬列夫斯基向加藤要求告知對華要求中涉及滿蒙事項，一方面要求庫朋斯齊秘密向陸徵祥探詢相關消息，然陸徵祥僅表示日本確實要求在山東、南滿、東蒙享有優先權而已〔註124〕。此外，庫朋斯齊亦於 24 日下午前往日館，詢問日置關於北京所傳之中日關係緊張、甚或幾近開戰傳聞是否屬實。日置以加藤曾訓令嚴守機密，不敢透露

外務省編《日本外交文書・大正四年第三卷上冊》，第 532 號文書，頁 586。

〔註120〕〈駐東京大使（馬列夫斯基）致外交大臣（沙佐諾夫）電〉，1915 年 1 月 23 日，（蘇俄）帝國主義時代文獻出版委員會，《帝國主義時代的國際關係・沙皇政府和臨時政府檔案》第三輯（莫斯科：蘇聯國家社會經濟出社，1935 年），頁 851；本文所引用俄國外交檔案，全係轉引自中國社會科學院近代史研究所編，《北洋軍閥，1912-1928》第二卷（武漢市：武漢出版社，1990 年）。引用之檔案編號日期為俄國檔案所列，頁碼則為《北洋軍閥，1912-1928》書中頁碼，若僅列日期及頁碼時則為該書編者引用俄文檔案所做之註釋。以下引用俄國檔案資料時皆同。

〔註121〕〈駐東京大使致外交大臣電〉，1915 年 1 月 24 日，中國社會科學院近代史研究所編，《北洋早閥，1912-1928》第二卷，第 75 號文書，頁 851。

〔註122〕〈外交大臣致駐東京大使馬列夫斯基電〉，1915 年 1 月 27 日，中國社會科學院近代史研究所編，《北洋早閥，1912-1928》第二卷，第 88 號文書，頁 851。

〔註123〕中國社會科學院近代史研究所編，《北洋早閥，1912-1928》第二卷，頁 852。

〔註124〕中國社會科學院近代史研究所編，《北洋早閥，1912-1928》第二卷，頁 851。

中日交涉內容，電詢加藤應如何回應〔註125〕，加藤亦以答覆馬列夫斯基的內容訓令日置告知庫朋斯基〔註126〕。庫朋斯齊除向日置詢問中日交涉情形之外，也同時由中國外交部得知不少消息。最初中國方面僅透露日本要求中國承認日本在山東、福建、和內蒙部分地區享有優先權〔註127〕。陸徵祥以外交總長身份拜會庫朋斯齊時，庫朋斯齊亦就日本對華要求中是否包含對中國外交事務有發言權、按日本政府願望向中國政府各部門派遣日本官員、承認日本在山東、滿州、蒙古、福建享有優先權、以及日本有權在中國各地開礦等條件詢問陸徵祥〔註128〕。陸徵祥並未正面答覆，僅證實日本二十一條要求極為苛刻，且堅持中國不得將消息透露給相關大國，但袁世凱仍希望能和平解決問題〔註129〕。庫朋斯齊為刺探英國態度，亦曾於1月29日朱邇典會面，表示其個人相信條款中所提顧問與採礦權等問題，範圍當包含全中國，並不限於南滿，俄國政府對山東條款部分並無意見，唯希望南滿及東蒙條款部分需先與俄國商議〔註130〕。

　　至1月31日，俄國已有報紙大略刊載日本對華要求部分內容，如管理洮南、中日合辦漢冶萍公司、福建優先權、滿州問題、處分膠澳等項，然俄國此時仍無法自官方管道得知詳情〔註131〕，故沙佐諾夫僅能將庫朋斯齊經秘密

〔註125〕〈在中國日置公使ヨリ加藤外務大臣宛（電報）〉，大正4年1月24日，日本外務省編《日本外交文書·大正四年第三卷上冊》，第145號文書，頁119-120。本日上午，法國駐華公使康德亦曾赴日館向日置詢問有關中日交涉具體內容，日置未答覆。

〔註126〕〈加藤外務大臣ヨリ在中國日置公使宛（電報）〉，大正4年1月25日，日本外務省編《日本外交文書·大正四年第三卷上冊》，第150號文書，頁121下。

〔註127〕中國社會科學院近代史研究所編，《北洋早閣，1912-1928》第二卷，1915年1月26日，頁851。

〔註128〕中國社會科學院近代史研究所編，《北洋早閣，1912-1928》第二卷，1915年1月28日，頁852。

〔註129〕〈駐北京公使致外交大臣電〉，1915年1月29日，中國社會科學院近代史研究所編，《北洋早閣，1912-1928》第二卷，第104號文書，頁852。上述條件在1月28日庫朋斯齊致沙佐諾夫電報中。

〔註130〕Jordan to Grey,29Jan1915, FO371/2322[11321/15]。

〔註131〕〈收駐俄劉公使電〉，1915年2月4日，《外交檔案》03-33/84-（2）。庫朋斯齊曾向陸徵祥及朱邇典探詢，朱邇典當時尚未獲悉要求內容，因此雖與庫朋斯基交換意見，並未告知英國政府是否已經知情；陸徵祥則未正面回應，僅告以日本確實提出要求、且警告中國不得洩密而已。參見 Jordan to Grey,29Jan1915, FO371/2322[11321/15]。〈駐北京公使致外交大臣電〉，1915年1月29日，中國社會科學院近代史研究所編，《北洋早閣，1912-1928》第二卷，第104號文

管道由中國政府內部所得、日本要求中尚有控制中國採礦權、顧問權、外交權等未通告他國條款，且嚴屬警告中國不得洩密一事告知法國，又傳聞要求中有涉及英國利益之處，故亦同時訓令駐英大使本肯多夫向格雷探詢英日關係是否生變〔註132〕。本肯多夫於2月4日與格雷會面，格雷以英國所得與各國消息大有出入之故，認為俄國所得消息似有誇大之嫌，但仍表示將進行調查〔註133〕；馬列夫斯基亦於同日與加藤會晤，告以俄國政府對興論界傳聞之日本對華要求感到不安，俄國相信日本有誠意遵守日俄兩國在滿蒙享平行地位之約定，希望日俄能開誠布公各自表述對華立場。加藤僅答以中日談判尚無進展，唯結果當可使日俄共蒙其利，並承諾日後將談判內容知會俄國〔註134〕，為安撫俄國，加藤亦將致送英國之四號十一條要求內容於2月4日告知馬列夫斯基〔註135〕，並加以口頭解釋。馬列夫斯基對日本要求是否抵觸中國門戶開放、列強機會均等原則頗有疑慮，加藤告以上述原則僅以日俄在滿洲所享有者為限，並稱中日已經以友好方式展開談判〔註136〕。值得注意的是，馬列夫斯基以報載福建問題試探，加藤雖表示日本要求僅以通告俄國者為限，加藤希望俄國將該文本僅視作日本要求的扼要說明，而非正式文件，並說明涉及南滿、東蒙部分完全符合俄國政策，此當係加藤為預防俄國日後得知日本要求不僅止於加藤所交條款時，所預留之伏筆。

　　加藤將刪節過後之對華要求十一款告知馬列夫斯基時，同時訓令駐俄大使本野一郎（1862-1918）將相同條款致送沙佐諾夫〔註137〕。沙佐諾夫自本野處收訖日本對華要求條件之後，即於2月6日約見中國駐俄公使劉鏡人，詢問中日交涉情形，並告以俄國並未事先與日本接洽，加藤亦尚未明白告知要求內

書，頁852。

〔註132〕〈外交大臣駐倫敦大使本肯多夫電〉，1915年1月31日，中國社會科學院近代史研究所編，《北洋早閣，1912-1928》第二卷，第111號文書，頁853。

〔註133〕〈駐倫敦大使致外交大臣電〉，1915年2月5日，中國社會科學院近代史研究所編，《北洋早閣，1912-1928》第二卷，第136號文書，頁853。

〔註134〕〈駐東京大使致外交大臣電〉，1915年2月5日，中國社會科學院近代史研究所編，《北洋早閣，1912-1928》第二卷，第140號文書，頁854。

〔註135〕〈駐東京大使致外交大臣電〉，1915年2月5日，中國社會科學院近代史研究所編，《北洋早閣，1912-1928》第二卷，第141號文書，頁855。

〔註136〕〈駐東京大使致外交大臣電〉，1915年2月6日，中國社會科學院近代史研究所編，《北洋早閣，1912-1928》第二卷，第146號文書，頁856-857。

〔註137〕〈在露國本野大使ヨリ加藤外務大臣宛（電報）〉，大正4年2月5日，日本外務省編《日本外交文書・大正四年第三卷上冊》，第500號文書，頁500。

容，僅表示於俄國權利無損而已，俄國需與盟國討論後始能有所回應，劉鏡人雖以俄國電報通訊社所載要求中牽涉南滿、東蒙部分與俄國甚有關聯相試探，沙佐諾夫亦僅表示該等條件與各國關係尚不如英國之大〔註138〕。當時外交部雖已於2月4日將二十一條摘要告知劉鏡人，唯亦訓令其嚴守秘密〔註139〕，故沙佐諾夫仍無法經由中國官方消息證實日本要求實際條文與輿論界所傳、日本所通告者有何差異。沙佐諾夫將日本致送之對華要求內容轉告庫朋斯齊後，庫朋斯齊即先行與日置接觸，並詢以日本要求是否涉及福建，日置表示奉訓令僅得提及通告俄國之條文內容，庫朋斯齊發覺日置似有所隱瞞〔註140〕，故陸徵祥於2月8日與庫朋斯齊會面時，庫朋斯齊即告以日本致俄國文本所列條款，並質疑陸徵祥先前告知者是否為故意誇大，陸徵祥乃向庫朋斯齊透露日本要求除知照俄國之條文外，確實尚有其他要求，並表示最近兩次會議中國已明確表示僅前兩號有商議空間，雙方議定中國於2月9日提交修正案，庫朋斯齊隨即以絕密件將此消息電告沙佐諾夫〔註141〕。雖然馬列夫斯基與英、法兩國駐日大使交換意見後，發現日本通告三國之要求內容一致〔註142〕，然沙佐諾夫對加藤是否隱瞞部分條款仍不無疑慮，乃訓令馬列夫斯基於2月16日向加藤詢問，日本對中國是否有額外要求，加藤此時雖尚不知俄國已經得知二十一條全部內容，但亦對俄國質詢有所警覺，為預留地步計，雖仍堅持並無其他條款存在，唯亦透露並不排除將來提案解決中日部分問題、如日本在華佈教權之屬，然此類議題與俄國並無關係〔註143〕。

俄國外交部於2月18日成功攔截，並破譯一封加藤令井上轉告本野的絕密件電報，表示日本已將對華要求，計四號、十一條，以備忘錄形式通告英、法、美、俄等國，此外尚有七條要求未經列入，該等條款為日本所欲實踐之在華利益，與外國無涉，故未通告他國，且已於16日訓令日置修正其

〔註138〕〈收駐俄劉公使電〉，1915年2月6日，《外交檔案》03-33/84-（2）。
〔註139〕〈發駐俄劉公使電〉，1915年2月4日，《外交檔案》03-33/84-（2）。
〔註140〕中國社會科學院近代史研究所編，《北洋早閥，1912-1928》第二卷，頁857。
〔註141〕〈駐北京公使致外交大臣電〉，1915年2月8日，中國社會科學院近代史研究所編，《北洋早閥，1912-1928》第二卷，第159號文書，頁858。
〔註142〕中國社會科學院近代史研究所編，《北洋早閥，1912-1928》第二卷，1915年2月12日，頁856。
〔註143〕〈駐東京大使致外交大臣電〉，1915年2月16日，中國社會科學院近代史研究所編，《北洋早閥，1912-1928》第二卷，第209號文書，頁859。

內容〔註 144〕。至此，沙佐諾夫乃確定陸徵祥告知庫朋斯齊之第五號七款要求確實存在。俄國在華主要利益範圍在北滿、西部內蒙古，與日本勢力範圍毗鄰，若日本在南滿、東蒙順利取得任便居住營生、購置地產、聘用顧問等權利，由於奉天省管轄區域部分及於北滿，吉林省則有半數在俄國勢力範圍內，俄國在滿蒙地位將相對削弱，故沙佐諾夫曾訓令馬列夫斯基就顧問聘用範圍要求加藤解釋〔註 145〕，甚至表示願在中國接受該條後與日本交換意見〔註 146〕。第五號要求中所列舉之中日合辦警察、聘用日本顧問等項未明確限制實施範圍，日本政府又不願據實以告，庫朋斯齊雖認為中國將不會接受聘用顧問一條〔註 147〕，更令俄國感到憂慮，此時俄國正陷於歐戰，為維護在滿蒙利益，沙佐諾夫乃以絕密件知照本野，表示日本若在南滿、東蒙取得居住、土地權，俄國認為以本身在北滿、西蒙地位而言，亦有權對中國做出相同要求，為避免日俄利益衝突，沙佐諾夫建議修改日俄既有協定，聲明締約一方不得將權利益推行至另一方之勢力範圍〔註 148〕。

（3）美國

美國為最早接獲中國通知日本對華要求的國家，也是列強中首先得知日本對華要求共有二十一條的國家。顧維鈞於 1 月 22 日即奉命向美國駐華公使芮恩施透露日本對華要求，芮恩施得知後即不斷將消息告知國務卿布萊恩（William Jennings Bryan,1860-1925），布萊恩為證實二十一條要求內容是否屬實，訓令駐日大使古斯禮向加藤探詢消息，然加藤並不願加以證實，僅表示日本要求並未影響長江流域形勢〔註 149〕，日本首相大隈重信（1838-1922）亦向古斯禮表示日本目的在保障中國領土完整與維護和平，而提出對華要求正是日本信守中國門戶開放、列強機會均等之具體表現〔註 150〕。日本外務部另於 2 月 2 日以官方

〔註 144〕中國社會科學院近代史研究所編，《北洋軍閥，1912-1928》第二卷，頁 859。
〔註 145〕〈外交大臣致駐東京大使電〉，1915 年 2 月 07 日，中國社會科學院近代史研究所編，《北洋軍閥，1912-1928》第二卷，第 150 號文書，頁 857。
〔註 146〕中國社會科學院近代史研究所編，《北洋軍閥，1912-1928》第二卷，頁 858。
〔註 147〕中國社會科學院近代史研究所編，《北洋軍閥，1912-1928》第二卷，頁 861。
〔註 148〕〈外交大臣致駐日本大使電〉，1915 年 2 月 22 日，中國社會科學院近代史研究所編，《北洋軍閥，1912-1928》第二卷，第 235 號文書，頁 861。
〔註 149〕Ambassador Guthrie to the Secretary of State,1Feb1915, U.S.F.R., File No. 793.94/218.
〔註 150〕Ambassador Guthrie to the Secretary of State, 6Feb1915, U.S.F.R., File No. 793.94/228.

立場發表聲明，稱日本要求對中國領土主權、及列強在華條約權利均無所損害〔註151〕。另一方面，布萊恩亦訓令駐英大使佩基（Walter Hines Page,1855-1918）向格雷探詢消息，唯格雷僅表示英國所知限於日本所交備忘錄內容，並不確定日本交與他國者在內容上是否有所不同，而英國外交部目前則正討論中，對英國已發覺日本隱瞞部分要求一事仍保守秘密〔註152〕。

加藤於 2 月 4 日將對華要求備忘錄致送俄國後，亦隨即訓令駐美大使珍田捨己（1857-1929）於 2 月 8 日將要求條件通告布萊恩，加藤亦於次日將載有十一條要求之備忘錄交予古斯禮，並表示不欲公開之目的在避免節外生枝，日本希望美國政府瞭解，該等要求對中國及列強均無損害〔註 153〕。至 2 月 8 日為止，包括英、法、俄、美等國均已獲日本通告對華要求內容，唯通告內容皆與 1 月 22 日通告英國者相同，僅包含前四號，並未提及第五號內容。值得注意的是，加藤雖亦訓令日置將備忘錄副本致送芮恩施，但日置拖延至 14 日始辦理，蓋當時日置與加藤雖均不知芮恩施已獲悉包含第五號在內之大部分要求內容，然輿論界自 1 月下旬起已刊載不少未經官方證實消息，故日置亦擔心芮恩施發覺日本通告條件與輿論界所傳差距太大，而向陸徵祥詢問，進而使美國有機會藉由中國官方得知真相。

珍田將備忘錄送交布萊恩後，芮恩施亦於 10 日向布萊恩提出日本對華要求事件觀察報告，認為日本目的在藉由控制中國政府重要部門、工業及自然資源，使中國成為其保護國。若日本要求全數實現，則滿州、山東、福建、內蒙將完全成為日本獨佔利益範圍，日本可藉漢冶萍公司及湖南、山西省境內鐵路控制華中地區，亦可藉福建影響東南沿海各省，則日本勢必獨佔長江

〔註 151〕Ambassador Guthrie to the Secretary of State,3Feb1915, U.S.F.R. , File No. 793.94/220.

〔註 152〕The Secretary of State to Ambassador Page,2Feb1915, U.S.F.R. , File No. 793.94 /220a。格雷於 2 月 13 日始答覆。此外，英國駐美大使 Spring-Rice 亦曾報告由芮恩施處得知甚多日本所送備忘錄以外消息，預料布萊恩將徵詢英國意見，詢問屆時應如何回復。由於加藤尚未通知美國，格雷認為此時尚不宜與美國討論，故訓令 Spring-Rice 建議美國先由日本處取得文件後再發表意見，參見 Grey to Spring-Rice,12Feb1915, FO371/2322。Ambassador Page to the Secretary of State,13Feb1915, U.S.F.R., File No. 793.94/230。Spring-Rice to Grey, 6Feb1915, FO371/2322[14538/15]。Grey to Spring-Rice, 8Feb1915, FO371/2322 [14538/15]。

〔註 153〕Ambassador Guthrie to the Secretary of State, 9Feb1915, U.S.F.R. , File No. 793.94/225。珍田 2 月 8 日致布萊恩備忘錄為 File No. 793.94/549.

中游工業利益，而合辦警察、軍械、聘用顧問等要求，亦能使日本直接控制中國。若日本要求完全實現，雖勢必損及英國利益，然美國亦將因日本實質控制中國，而無法在華自由投資，對美國亦同樣造成傷害〔註154〕，芮恩施雖不斷提醒布萊恩關於第五號存在事實，然布萊恩以珍田所交備忘錄並無提及，故仍未予重視，以致日本官員私下向古斯禮透露，日本要求不只備忘錄所載部分〔註155〕、華盛頓郵報（The Washington Post）於2月11日刊登二十一條全部內容，布萊恩仍不以為意〔註156〕。

日置於14日將備忘錄副本送交芮恩施後〔註157〕，芮恩施比較加藤送交古斯禮之備忘錄內容，發現兩者均未包括第五號內容，而內容亦略同於中國讓步限度，由於美日間曾協議雙方需就可能危害列強在華維持現狀，及機會均等主義事項相互通報，芮恩施乃轉而懷疑，日本通告美國條件或為對華之最低限度要求，然仍確信第五號要求確實存在〔註158〕，而數日後美國其他報紙亦陸續刊登〔註159〕，布萊恩始覺事態並不單純，向珍田詢問報載要求與備忘錄何以有所差異。珍田以加藤所告知者確為四項十一條，堅持日本已如實通告所有要求條件，並認為媒體所載顯係誇大〔註160〕，然芮恩施仍認為珍田所致送者應為加藤有意刪節文本〔註161〕，布萊恩乃將媒體所傳第五號要求內容告知古斯禮，並訓令其向加藤詢問日本是否有超出備忘錄以外要求〔註162〕。加藤此時已知難再隱瞞，雖仍堅持日本告知美國者確為全部要求內容，此部分為日本堅持必須取得條件，唯亦承認另有希

〔註154〕Minister Reinsch to the Secretary of State,10Feb1915, U.S.F.R. , File No. 793.94/257.

〔註155〕Ambassador Guthrie to the Secretary of State,11Feb1915, U.S.F.R. , File No. 793.94/226.

〔註156 Spring-Rice 所言，布萊恩曾向其表示已由珍田處獲致令人滿意的答覆，日本要求僅限於南滿、東蒙、山東，外界所傳顯然是德國刻意誇大宣傳，參見 Spring-Rice to F.O.,12Feb1915, FO371/2322[16748/15]。

〔註157〕Minister Reinsch to the Secretary of State,15Feb1915, U.S.F.R. , File No. 793.94 /231.

〔註158〕Minister Reinsch to the Secretary of State,15Feb1915, U.S.F.R. , File No. 793. 94/259.

〔註159〕Madeleine Chi, *China Diplomacy,1914-1918*,Cambridge Mass,Harvard University Press , 1970 , p40.

〔註160〕Department Memodandum,16Feb1915, U.S.F.R. , File No. 793.94/461.

〔註161〕Minister Reinsch to the Secretary of State , 17 Feb 1915, U.S.F.R. , File No. 793.94/232.

〔註162〕The Secretary of State to Ambassador Guthrie,19Feb1915, U.S.F.R. , File No. 793.94/240.

望條款提出，並逐一解釋第五號各條內容，希望美國瞭解要求條件與希望條件之差距〔註163〕，並將二十一條要求全文告知珍田，訓令其知照布萊恩〔註164〕。適中國駐美公使夏偕復亦已於 2 月 19 日將二十一條完整內容秘密照會布萊恩〔註165〕，此時布萊恩始相信第五號確實存在，亦發覺第五號對中國獨立完整與列強在華權益必有重大影響，乃訓令芮恩施加以密切注意〔註166〕。

小 結

自 1 月 18 日日本提出二十一條要求以來，袁世凱即不斷召集相關部會首長舉行會議、商討對策，同時徵求各駐外使節意見，並決定談判策略爲逐條討論、盡力拖延，第五號則始終拒議。袁世凱之所以決定採取逐條談判方式與日周旋，除希望先探明日本提出要求之時是否已先與英、美等國達成默契、以及設法拖延談判進度之外，亦可依情勢改變隨時調整中國談判策略與談判底限，以便在策略運用上能更具彈性，避免因預設底限而陷於被動。

中日雙方於 1915 年 2 月 2 日第一次會議，至 1915 年 2 月 22 日舉辦第三次會議之前，始終努力試探對方談判底限，並修正己方談判條件，期使對方讓步。中國於 1 月下旬形成談判原則時，即認爲第三號不便以政府立場介入，第四、第五兩號有礙中國主權，雖同意就第一、二兩號進行商議，然亦提出諸多修正，盡量減少中國可能蒙受的損害。陸宗輿告知日本即將出兵壓迫消息後，中國態度雖有所軟化，然仍僅允議至第三號，四、五兩號則無論日本如何威逼仍堅持不能允議，推其所以，當與袁世凱於 1 月下旬確定美、日未就此事形成默契、復於 2 月初確定日本提出牽涉長江流域權利條文之前，未先與英國商議有關。中國於 2 月 9 日由英國駐華公使朱邇典處得知日本並未將第五號告知英國，然袁世凱瞭解日本與英、美兩國有就影響中國主權及門戶開放、列強機會均等事務相互告知義務，一旦英、美兩國得知日本要求涉及本國在華利益，即便因陷身歐戰而無力給予實質援助，亦必不願放任日本進入本國勢力範圍、侵犯本國在華利益，屆時自有機會引外力與日本相抗。

〔註163〕Ambassador Guthrie to the Secretary of State , 21 Feb 1915 , U.S.F.R., File No. 793.94/237.
〔註164〕The Japanese Embassy to the Secretary of State,1915, U.S.F.R., File No. 793.94/550.
〔註165〕The Chinese Minister to the Secretary of State, 1915, U.S.F.R., File No. 793.94/241.
〔註166〕The Secretary of State to Minister Reinsch, 19Feb1915, U.S.F.R., File No. 793.94/241.

日本雖掌握歐戰時機對華提出二十一條要求，然因過於堅持「中國須先同意全部接受而後開始談判」原則，反不能把握時間，趁英、美等國尚未注意中日交涉事件時盡快壓迫中國先完成若干條文談判，以致要求提出後仍遲遲無法展開實質談判。

英國為列強之中在華利益最大的國家，日本要求中又有數款明顯侵犯英國利益，然因英國與日本有軍事同盟關係，且於日本對德宣戰後與日軍會攻青島，在未明瞭英、日之間是否已就日本對中國提出要求一事某種默契之前諮詢英國顯屬不智，是以袁世凱雖與朱邇典私交甚篤，亦不敢貿然直接向朱邇典求助，轉而將消息透露予列強之中唯一尚未捲入戰爭、且素來與中國關係友善的美國，並責成中國官方對中日展開談判一事採取低調處理態度，即使北京外交團及輿論界所盛傳中日交涉種種謠言甚囂塵上〔註167〕，亦始終未曾以官方立場加以回應。此舉除可探測列強對中日交涉所持態度之外，更重要的是可藉由美國政府與中外輿論界等正式或非正式管道將消息傳達予英國。

中美關係素稱良好，袁世凱於晚清直隸總督任內，嘗試引進美國力量進入東三省、以制衡日本之舉動，亦曾獲美國善意回應，雖美國在華並無勢力範圍，商業利益亦不若英國，然為維持在華商業競爭力，始終堅持列強在中國應維持門戶開放、機會均等。日本提出二十一條之時，美國為大國中唯一未被捲入歐戰者，亦為除英、俄之外，另一有能力牽制日本行動之國家，同時頗有機會趁歐戰時機擴張在華商務，當不願見日本藉二十一條要求大舉擴張在華勢力、獨佔在華利益，故袁世凱選擇美國為首先告知對象，然為避免日置發覺，乃透過顧維鈞以口頭方式、將包括二號、三號、五號中部分要求內容逐步告知美國駐華公使芮恩施。由芮恩施電報中已出現「二十一條」字樣、但卻未將要求全文電告布萊恩的情形來看，袁世凱此時仍不準備將要求全文告知美國，而僅以口頭方式將內容大要逐步透露，一則試探美國對此事的反應，了解日本是否已依據美日間「高平——魯特協定」將對華要求知會美國；一則為一旦日本由芮恩施處得知中國洩漏消息，由於芮恩施所知並不完整，中國尚可以芮恩施所知純係得自報紙言論為理由辯解。

〔註167〕據芮恩施所述，北京外交團自 1 月 25 日起即已經有部分成員開始秘密討論日本對華要求，參見 Minister Reinsch to the Secretary of State,10Feb1915, U.S.F.R., File No. 793.94/257.

　　二十一條要求涵蓋層面雖包含全中國，然以條文內容觀之，則英、俄二國所受衝擊最大，美國則因亟思擴張在華商務，故對此事亦甚積極。英國為列強中最先接獲官方告知要求備忘錄之國家，然因外界盛傳日本對華要求遠超出通告英國部分，英國以英日同盟之故力求避嫌，不希望列強誤以為日本已經事先與英國交換意見，雖內部已就此事研究對策，甚至不排除未來英日在華合作可能，但對美、俄等國皆保守秘密，希望先證實確有第五號、及瞭解日本真實態度後始與各國交換意見；俄國雖未獲中日兩國告知，然以日本要求直接涉及俄國在華地位，故自得知傳聞後即多方活動探詢，亦於確認要求內容為二十一條後最早擬定因應對策，希望消極限制日本將勢力擴張至北滿及西部內蒙古；中國首先通知者為芮恩施，芮恩施對此事亦甚為積極，不斷將消息報告國務卿布萊恩，然布萊恩並未加以重視，以致美國雖最早發覺二十一條要求真相，卻直至英、俄等國已經認真研究、甚至已形成應對之策之後仍處於確認消息真偽狀態，遲遲無法形成對策。

第三章　步步爲營與節節進逼
——中日交涉的進行
（1915 年 2 月 22 日至 4 月 17 日）

　　日本駐華公使日置益於 1 月 18 日當面向袁世凱呈遞二十一條要求後，中國政府內部即不斷召開會議商討對策，袁世凱綜合各方意見及本身對日交涉經驗後，將日本要求條款硃筆批定，決定採取逐條討論方式拖延談判進度，堅持第五號始終不議，同時將消息透過非正式管道告知中外新聞界及英、美駐華公使，成功引起國內外對此事的關注。日本則一方面嚴屬警告中國須保守秘密，一方面將略去第五號之對華要求條款告知英國，希望迫令中國及早結束談判，事後再向英國解釋，取得英國諒解。

　　中日雙方於 2 月 2 日、5 日兩度舉行籌備性質會議，陸徵祥充分表達對於日本要求各款看法，並依據袁世凱硃批精神提交第一次修正案，除刪去第五號外，其餘各款經增補、刪訂，希望令中國損失達到最小程度。日本政府對中國不議第五號頗不滿意，雙方爭執不斷，日本甚至以延遲開議相要脅，中國則始終不允議第五號，日本外相加藤高明迫於時間，乃以中國第一次修正案爲藍本、參照日本原案擬定 2 月 16 日日本閣議新案，將條件略加修正，並同意先開議，聲明將第五號保留至日後。

　　二十一條要求中，第五號長江流域興建鐵路要求直接侵犯英國利益、第二號關於南滿、東蒙實施區域與俄國勢力範圍接壤，而要求各款排除他國利益之處則與美國主張之門戶開放、機會均等原則相抵觸，再加上袁世凱幕後運作策略相當成功，日本要求條款喧騰於海內外輿論界，英、俄、美三國均

甚注意中日交涉，並各自透過管道蒐集相關消息，迫使日本承認第五號確實存在，英、俄兩國甚至已初步形成應對策略。2 月 22 日，中日二十一條實質條文交涉即於中外各界矚目下於外交部迎賓館大樓正式展開。

第一節　二十一條各款交涉始末

2 月 22 日，中日雙方代表於外交部迎賓大樓會面，展開正式會議。日置首先就會議內容外洩一事提出質疑，除警告中國須取締報紙言論外，亦聲明日本政府不同意撤回第五號、僅同意至他日再行討論立場。陸徵祥除澄清中國政府絕無利用報紙製造輿論意圖外，亦表示無意要求日本撤回第五號，僅希望互相讓步、不予討論而已〔註1〕。

第一號：山東問題交涉

1. 總綱

進入實質條文討論階段後，由第一號開始逐號進行，由於雙方對第一號總綱並無異議，因此第一號總綱即照日本原案所列通過〔註2〕。

2. 原案第一款

日置要求陸徵祥說明中國修正案第一項，排除日本繼承膠澳租界之意，認為若日本不能繼承膠澳租界，將來自然無法歸還中國；其次則對中國修正案將日本繼承之權利範圍，限制於山東省內，表示不以為然，主張凡德人所修鐵路、不論性質及範圍，一概由日本接收；陸徵祥表示日本曾宣言將青島交還中國〔註3〕，故將膠澳除外，且將來日德協議將膠澳歸予日本、中國承認日本繼承德國權利時始交還中國，排除膠澳對日本並無所損，曹汝霖亦表示中國政府僅能承認官方間利益，中德政府所定鐵路合同目前僅餘膠濟鐵路，其餘路線因係向商人借款修造，中國政府無權干涉，故不應包含在內，雙方意見並無交集。

雙方隨即討論中國修正案第一款第二項，中國未來加入和會一事。陸徵

〔註1〕〈總長與日置使第三次會議問答〉，1915 年 2 月 22 日，《外交檔案》03-33/86-（1）。

〔註2〕同上註。

〔註3〕日本於 1914 年 8 月 15 日對德最後通牒中，要求德國撤退在中國海面一切軍艦，並將膠澳交付日本，以備將來交還中國，參見王綱領，《歐戰時期的美國對華政策》（台北：台灣學生書局，民國 77 年 7 月初版），頁 35。

祥以中國爲青島戰事地主國，加入和會可免去將來日德協商完成後，中國事後追認手續，而中國僅希望得知日德協商情形而已；日置則認爲中國並非交戰國，自然無權加入和會，即使訂入約中，歐洲各國亦必不承認中國資格，陸徵祥乃轉而希望將來中國有加入機會時，日本不致反對、甚至希望日本能介紹中國入會，惟日置仍認爲窒礙難行。日置希望第一款能照日本原案通過，中國修正案第二項則保留至日後再議；陸徵祥提出折衷方案，表示在日本接受中國加入和會前提下，可在第一項中加入膠澳租界，雙方意見仍無交集，爲求從速議定，日置乃提議將原案及修正案第一款全部緩議〔註4〕。

3. 中國修正案第二款

中國於2月12日第一次修正案中，將日本原案第二款山東沿岸不割讓一條刪除，另行提出日本賠償山東戰事損失、拆除軍用電線、鐵路、恢復青島稅關、郵政等要求。日置表示以日本政府立場而言，賠償戰爭損失並無先例，至於恢復青島稅關、郵政、電信、撤廢軍用電線及鐵路、以及撤退山東駐軍均無法同意，故希望將此款刪除〔註5〕。陸徵祥認爲山東戰事後日本提出要求遠過於日俄戰後，不應援日俄戰爭之例，日置仍堅持需將賠償一事自第二款中刪去，後雖同意可採換文形式辦理，惟仍無法接受陸徵祥所提，換文內容即照修正案內容寫定提議，乃表示將此款延後至全案談判完成後再行商議〔註6〕。

4. 原案第二款

日置表示日本政府極爲重視山東不割讓問題，雖可不必定入條約，但中國政府須寫明文件，陸徵祥認爲此款與第四號相比範圍較小，中國既擬將第四號自行宣布，則此款於日本並無實益，且英國在山東有威海衛租借地，若英國亦做相同要求，中國將無言以對，日置則稱日本在山東有特別利害關係，不論是否與中國政府宣言重複，均希望兩國以公文互換方式約定，雙方乃暫

〔註4〕〈總長與日置使第三次會議問答〉，1915年2月22日，《外交檔案》03-33/86-（1）。

〔註5〕日置所言理由爲「賠償事，在日俄戰爭時，並未賠償，此節至爲抱歉。不能允任稅關郵便電信事宜，但與軍政無礙，可照向來辦法辦理。輕便鐵道現已逐漸撤退，軍用電線將來可撤，不能即時撤退。山東鐵道守備兵一節，政府訓令並未提及」，參見〈總長與日置使第三次會議問答〉，1915年2月22日，《外交檔案》03-33/86-（1）。

〔註6〕〈總長與日置使第三次會議問答〉，1915年2月22日，《外交檔案》03-33/86-（1）。

定由日置備文致送陸徵祥，表明中國不將山東省割讓或租借他國，由陸徵祥備文答覆，文字上則屆時再行斟酌〔註7〕。

5. 中國修正案第三款

中國於 2 月 12 日第一次修正案中，將日本原案第三款修正為由中國自行建造煙濰或龍濰鐵路，且需德國先放棄借款權後，始向日本借款，雙方就此展開討論。日置表示日本政府可將此案修正為中日兩國協商後，合辦煙台或龍口連接膠濟線鐵路。陸徵祥則初言若日本能僅保留第一號則較易商議，繼言交通部有鐵路不與外國合辦規定，再言德國未拋棄煙濰鐵路借款權前不宜再與日本訂約，最後則以外國政府必無法諒解中國政府於中德條約關係尚存時、又與日本訂約之行為為由，始終不肯同意中日合辦。日置堅持合辦主義，陸徵祥始同意在不與中德成約相抵觸前提下可予討論，惟中國仍希望採借款造路形式〔註8〕。2 月 25 日舉行第四次會議時，雙方仍各自堅持本國政府立場，陸徵祥不斷暗示日本若肯撤回其他四號、則中國可在第一號上多做讓步〔註9〕，日置雖對借款主義表示接受，然雙方於借用資本對象、是否與日本商議路線，以及德國借款權問題相持不下，日置乃再行讓步，表示可同意以互換文件、或訂立密約方式解決德國借款權問題，陸徵祥仍拒絕，雙方均堅持立場〔註10〕。延至 3 月 3 日第六次會議時始終無法達成共識，雙方乃同意將第三款仍暫行緩議〔註11〕。

6. 原案第四款

日置表示原案精神係為日本勸中國自行開埠、地點及章程均需雙方協商，以保障日本人在山東利益，希望照日本原案通過；陸徵祥認為中國自開商埠亦將循例給予外人居住貿易權利，且日本原案中約定先與日本協商條件，恐引起外國抗議，並引日俄戰爭後中日會議東三省事宜時，同意由日本

〔註7〕 〈總長與日置使第三次會議問答〉，1915 年 2 月 22 日，《外交檔案》03-33/86-（1）。

〔註8〕 同上註。

〔註9〕 〈總長與日置使第四次會議問答〉，1915 年 2 月 25 日，《外交檔案》03-33/86-（1）。

〔註10〕 〈總長與日置使第五次會議問答〉，1915 年 2 月 28 日，《外交檔案》03-33/87-（1））。

〔註11〕 〈總長與日置使第六次會議問答〉，1915 年 3 月 3 日，《外交檔案》03-33/87-（1）。

指定開埠地點、與中國協商章程，但實施情形反而未盡理想爲例，認爲先與日本商議於日本而言並無益處〔註12〕，復援引東三省會議議事錄中，同意由中國自定章程、再與日本政府妥商，仍堅持由中國自行決定應開地點及章程〔註13〕。日置發現陸徵祥立場甚爲堅定，乃提議中國自開山東省主要城市爲商埠必須訂入約中，開埠地點及章程預先與日本公使接洽一項，則可以互換文件或節略方式處理，雙方再三爭執，陸徵祥雖同意大綱可照此辦理，惟仍力爭開埠數目由中國自行決定，章程亦由中國自訂、與日本接洽，日置提議若可不限制開埠數目，則可電請本國政府將第三款由合辦鐵路改爲借款造路，陸徵祥對此表示樂觀其成，故第四款暫行保留〔註14〕。

第二號：南滿、東蒙條款交涉

1. 總綱

第二號要求交涉始於2月25日第四次會議。雙方首先討論東蒙問題，陸徵祥表示日本在南滿地位，已有中日東三省善後條約規定，此次要求延長租借地期限亦係根據條約而來，然東蒙地位並無條約可資依據，國際商議必須以條約爲本，故僅能討論日本依據條約權益所提南滿問題；日置表示日本政府認爲南滿洲與東部內蒙古關係密不可分，且此號要求係欲追認南滿與東蒙現狀，並非專以延長租約爲目的，然陸徵祥仍不予接受〔註15〕。歷經三度會商，陸徵祥始終堅持排除東蒙，雙方無法達成協議〔註16〕。

其次則爲優越地位問題。日置提出各國默認日本在南滿洲有優越地位證據〔註17〕；陸徵祥則認爲日本於日俄戰後在南滿獲得甚多權利，已是特別優

〔註12〕　〈總長與日置使第四次會議問答〉，1915年2月25日，《外交檔案》03-33/86-（1）。

〔註13〕　〈總長與日置使第五次會議問答〉，1915年2月28日，《外交檔案》03-33/87-（1））。

〔註14〕　同註11。

〔註15〕　〈總長與日置使第四次會議問答〉，1915年2月25日，《外交檔案》03-33/86-（1））。

〔註16〕　〈在中國日置公使ヨリ加藤外務大臣宛（電報）〉，大正4年4月17日，日本外務省編《日本外交文書・大正四年第三卷上冊》，第328號文書，頁329。

〔註17〕　日置依據加藤2月7日訓電內容，向陸徵祥提出1913年善後大借款商議時，日本銀行代表聲言不允以南滿稅課作抵，當時各國並無異議，而英國政府因日本抗議之故，亦禁止英商建造錦州至朝陽、北京至赤峰鐵路等案例，說明各國早已默認日本在南滿及東蒙有優越地位，並認爲日本於日俄戰爭中擊敗

待，復提出中日會議東三省事宜時日本代表小村壽太郎屢次聲明日本在南滿遵守機會均等主義，日俄樸斯茅次條約第三條亦由俄國聲明不妨礙中國主權及門戶開放、機會均等原則等事實，說明日本並未享有優越地位，此外亦提出各國與中國訂約時僅承認維持現狀，並無特別承認日本在南滿有優越地位情形。陸徵祥與日置均堅持本國政府立場，日置雖以中國若不承認日本優越地位、則第二號無法商議相要脅，陸徵祥仍不為所動，堅持須不妨礙條約利益與中國主權始能承認，日置乃提出新修正案，將第二號總綱大意修改為日本尊重中國完全領土主權，中國承認日本國享有優越地位，陸徵祥仍不予同意〔註18〕，始終以優越地位妨害中國領土主權為由加以拒絕，僅同意商議日本依據日俄戰爭後所定條約中取得之權益〔註19〕，雙方三度會商後，決定暫予擱置，先議條文〔註20〕。

2. 原案第一款

原案第一款包含旅大租借地、南滿鐵路、安奉鐵路三項要求，日本立場為三個案之歸還期限均自到期日起再展延99年，南滿、安奉線收買期限亦比照辦理；中國立場則為排除安奉鐵路，其餘兩案則可同意將租借期限自原約生效日起延展為99年，收買期限則不訂入約中，雙方相持不下〔註21〕，陸徵祥僅同意讓步至南滿、安奉兩鐵路收買期限分別延長為72年與45年〔註22〕。直至日本擬增兵南滿、山東消息傳出後，陸徵祥始與日置交換條件，中國同意將南滿、安奉兩鐵路之收買期限取消，日本則同意南滿、安奉兩鐵路及旅大租借地歸還期限為原約生效日起算99年到期，並以換文方式書明退還期限〔註23〕，雙方自

俄國奪回南滿，中國給予日本特別待遇亦無足怪，甚至中國在滿蒙鐵路大綱中亦已實質上承認日本之優越地位。詳見〈總長與日置使第四次會議問答〉，1915年2月25日，《外交檔案》03-33/86-（1）。

〔註18〕 同上註。

〔註19〕 〈總長與日置使第五次會議問答〉，1915年2月28日，《外交檔案》03-33/87-（1）。

〔註20〕 〈總長與日置使第六次會議問答〉，1915年3月3日，《外交檔案》03-33/87-（1）。

〔註21〕 〈總長與日置使第六次會議問答〉，1915年3月3日，《外交檔案》03-33/87-（1）。

〔註22〕 〈總長與日置使第七次會議問答〉，1915年3月6日，《外交檔案》03-33/87-（2）。

〔註23〕 第八次會議除討論條文之外，雙方亦同意將來彼此於主義上同意之條文經本國政府同意後，即將條文繕寫兩紙簽字互換，以期談判能迅速進行（〈總長與

3月3日第六次會議起六度會商，始於3月16日第十一次會議時同意於第一款全案大綱談判完畢後另尋適當時機、確定案文無誤後再行簽字互換〔註24〕。

3. 原案第二、三款

原案第二、三兩款始議於3月6日第七次會議，因第二款土地商租權及耕作權，第三款內地雜居權性質相似，故日置自始即將兩款一併提出討論。日置認爲中國與俄國就外蒙古問題進行交涉時已經將類似權利許與俄國〔註25〕，因此日本希望能將相等權利明訂於條約中，陸徵祥則堅持目前中外成約中僅同意外國人可在商埠內居住營生及租用土地，日本要求超出條約範圍，無法接受，至於農耕權爲中國國民生計所在，亦無法讓步，雙方各自堅持己見，直至會議結束仍無共識〔註26〕。

此二款爲中日爭執最激烈之條文，日本傾向於雜居主義與開埠主義並進，所要求者除中國在南滿、東蒙增開27處商埠外，亦要求日本人在南滿、東蒙境內有任意居住往來、經營生計、商租土地權利；陸徵祥則始終堅持排除東蒙，傾向於實施開埠主義，將日人雜居權限制於商埠中，然面對日本增兵壓力，仍不得不允讓步，將條文朝向有限制雜居主義修正，惟堅持日本必須同意擬開商埠章程由中國自行訂定，服從中國警察法令，完納一切稅課，及日人所犯民刑訴訟案件由中國擁有司法管轄權等條件。日本雖逐步退讓至同意服從經日本領事官認可之中國警察法令及稅課，並由中日人民合租或購買土地，惟仍力爭日本人犯罪時，司法管轄權屬於日本領事官〔註27〕，中國則僅允讓至日本人民刑訴訟案件日本領事官可派員聽審，

日置使第八次會議問答〉，1915年3月9日，《外交檔案》03-33/87-（2）。

〔註24〕〈在中國日置公使ヨリ加藤外務大臣宛（電報）〉，大正4年3月17日，日本外務省編《日本外交文書・大正四年第三卷上冊》，第253號文書，頁239。

〔註25〕日置所指「俄蒙條約」，係爲1912年11月3日，外蒙活佛哲布尊丹巴呼圖克圖與蒙古各王公與俄國所簽訂之「俄蒙協約」附屬之「商務專條」。該專條共十七款，第一款摘要爲「俄人在蒙有自由居住移動、經營商業、辦理公私各事之權」，第六款摘要爲「俄人在蒙得租購土地、行農工商業」。俄蒙協約內容詳見張啓雄，《外蒙主權歸屬交涉，1911-1916》（台北：中央研究院近代史研究所民國84年11月出版），頁93-100。

〔註26〕日方會議記錄見〈在中國日置公使ヨリ加藤外務大臣宛（電報）〉，大正4年3月7日，日本外務省編《日本外交文書・大正四年第三卷上冊》，第224號文書，頁207-209。

〔註27〕〈加藤外務大臣ヨリ在中國日置公使宛（電報）〉，大正4年3月24日，日本外務省編《日本外交文書・大正四年第三卷上冊》，第269號文書，頁258-259。

有關土地或租契之爭執訴訟則歸中國官審判，且中國司法改良完成後即完全收回司法管轄權，其餘條件則仍不同意〔註28〕。自 3 月 9 日第八次會議起至 4 月 8 日第 20 次會議止，雙方歷經十三度會商，兩國共提出八次修正案，仍無法達成共識。

4. 原案第四款

原案第四款採礦權一事始議於 3 月 9 日第八次會議，陸徵祥認為若日置照修正案同意以一年為限勘礦、擇其半數開採，或循舊例採換文形式約定，則可避免與列強在華機會均等原則相衝突，日置則堅持需將採礦權明訂約中，雙方交換意見後，同意先討論應開各礦，並將「所開各礦按中國礦務條例辦理」一精神加入約中，文字寫法則另行商議〔註29〕，日置則認為礦業條例未經北京外交團正式承認，日本無法同意以之加入約中，雙方再三爭辯，陸徵祥對礦業條例一節始終不肯鬆口，日置乃提出一新修正案，同意遵守除外交團抗議各項、及中日間另有條約規定外之中國礦業條例，但堅持將來指定各礦須由日本人自辦，同時指定奉天六處、吉林三處、東蒙四處礦藏需由日人開採〔註30〕，陸徵祥則堅持日人須無條件服從中國礦業條例，以及新開各礦由中日合辦等原則，雙方相持不下〔註31〕。經六度會議討論後，陸徵祥始在排除東部內蒙古四處礦區前提下，同意日本探勘、或開採所列東三省南部九處礦區中，尚未開採部分，並在中國礦業條例確定前，依向來辦法辦理〔註32〕。

5. 原案第五款

原案第五款不以鐵路及稅課作抵一事始議於 3 月 9 日第八次會議，日置原

〔註28〕〈在中國日置公使ヨリ加藤外務大臣宛（電報）〉，大正 4 年 4 月 2 日，日本外務省編《日本外交文書・大正四年第三卷上冊》，第 289 號文書，頁 278-280。陸徵祥提出修正案時，亦隨案附上說明及意見說帖，《日本外交文書》中並未收錄，詳見中華民國史事紀要編輯委員會編，《中華民國史事紀要——中華民國四年一至十二月份》（台北：中華民國史料研究中心，民國 70 年 6 月出版），頁 350-352。

〔註29〕〈總長與日置使第八次會議問答〉，1915 年 3 月 9 日，《外交檔案》03-33/87-（2）。

〔註30〕〈加藤外務大臣ヨリ在中國日置公使宛（電報）〉，大正 4 年 3 月 15 日，日本外務省編《日本外交文書・大正四年第三卷上冊》，第 248 號文書，頁 229。

〔註31〕Jordan to F.O.,17Mar1915, FO371/2323[31352/15]。

〔註32〕〈在中國日置公使ヨリ加藤外務大臣宛（電報）〉，大正 4 年 3 月 25 日，日本外務省編《日本外交文書・大正四年第三卷上冊》，第 270 號文書，頁 260。

則同意中國 2 月 12 日修正案第五款所言、由中國自造鐵路辦法，惟堅持稅課一事亦應列入約中，以免發生地方官以東三省南部關、鹽以外稅課向小資本家借款情形，陸徵祥再三強調中央政府對借款與否有絕對控制權，以主權所在，不能訂入約中，若日本認爲必要，可以互換文件形式辦理〔註33〕。日置同意本款以互換文件方式辦理後〔註34〕，陸徵祥即於 3 月 13 日第十次會議時提出換文內容，經雙方修正文字，中國同意聲明自行建造東三省鐵路，如必要時允諾先向日本資本家借款〔註35〕，以及將來東三省關、鹽以外稅課做抵向外國借款時，先向日本國資本家商借〔註36〕，雙方歷經五度會議始確定本款內容。

6. 原案第六款

原案第六款聘顧問、教習一事始議於 3 月 9 日第八次會議，日置依據加藤訓令，將條文修正爲「中國政府聲明，如在東三省南部聘用政治、財政、軍事、警察外國各顧問、教官時，聘用日本人」，並表示如此款加入警察，則可將第五號第三款刪除，陸徵祥則對加入教官字樣表示無法接受〔註37〕。3 月 11 日第九次會議時，陸徵祥提出希望本款能以互換文件方式辦理，以迴避與中國主權相抵觸部分，並於 3 月 13 日第十次會議時表示，對加入警察及教官並無意見，惟希望將中國第一次修正案中「儘先」一語加入，以保全中國顏面〔註38〕。3 月 16 日第十一次會議時，日置對修正案中加入「儘先」一語表示同意，本款歷經四度會議後以互換文件方式定案〔註39〕。

〔註33〕　〈總長與日置使第八次會議問答〉，1915 年 3 月 9 日，《外交檔案》03-33/87-（2）。

〔註34〕　〈在中國日置公使ヨリ加藤外務大臣宛（電報）〉，大正 4 年 3 月 12 日，日本外務省編《日本外交文書・大正四年第三卷上冊》，第 239 號文書，頁 220-221。

〔註35〕　〈在中國日置公使ヨリ加藤外務大臣宛（電報）〉，大正 4 年 3 月 17 日，日本外務省編《日本外交文書・大正四年第三卷上冊》，第 253 號文書，頁 241。

〔註36〕　〈在中國日置公使ヨリ加藤外務大臣宛（電報）〉，大正 4 年 3 月 21 日，日本外務省編《日本外交文書・大正四年第三卷上冊》，第 260 號文書，頁 248。

〔註37〕　〈總長與日置使第八次會議問答〉，民國 4 年 3 月 9 日，《外交檔案》03-33/87-（2））。

〔註38〕　〈在中國日置公使ヨリ加藤外務大臣宛（電報）〉，大正 4 年 3 月 14 日，日本外務省編《日本外交文書・大正四年第三卷上冊》，第 243 號文書，頁 225-226。

〔註39〕　〈在中國日置公使ヨリ加藤外務大臣宛（電報）〉，大正 4 年 3 月 17 日，日本外務省編《日本外交文書・大正四年第三卷上冊》，第 253 號文書，頁 241。

7. 原案第七款

原案第七款吉長鐵路經營權一事，始議於 3 月 9 日第八次會議，陸徵祥以合辦鐵路歸於日本，恐將使中國商人對日後兩國合辦事業深懷戒心為由，希望日本撤回此案；日置則堅持由日本自本約簽約日起取得 99 年經營權，雙方並無共識〔註40〕。中國始終不願就經營管理權一事讓步，甚至希望以全數借用日款交換日本讓步〔註41〕，雙方爭執再三，陸徵祥始同意以中國歷年來與各外國資本家所訂之鐵路借款合同規定事項為標準，改訂吉長鐵路借款合同，且同意將來可於中國政府給與外國資本家、以較現在鐵路借款合同事項為有利之條件時另行改訂，本款歷經四度會議、雙方共提出三次修正案後始定案〔註42〕。

第三號：漢冶萍條款談判〔註43〕

第三號關於漢冶萍公司條款談判始議於 3 月 23 日第十三次會議，日本政府希望先確立合辦主義，細節可於時機成熟後再商談；陸徵祥則以政府不能干涉商辦公司經營為由拒絕〔註44〕。日置於 3 月 27 日第十五次會議提出新修正案，

〔註40〕 〈總長與日置使第八次會議問答〉，民國 4 年 3 月 9 日，《外交檔案》03-33/87-（2））。

〔註41〕 〈在中國日置公使ヨリ加藤外務大臣宛（電報）〉，大正 4 年 3 月 17 日，日本外務省編《日本外交文書‧大正四年第三卷上冊》，第 253 號文書，頁 241。

〔註42〕 〈在中國日置公使ヨリ加藤外務大臣宛（電報）〉，大正 4 年 3 月 23 日，日本外務省編《日本外交文書‧大正四年第三卷上冊》，第 265 號文書，頁 251-253。

〔註43〕 張之洞於 1889 年初任湖廣總督後，隨即支持盛宣懷於 1890 年在武昌設立鐵政局，並在漢陽設立漢陽鐵廠，於 1894 年開始營運，因官方經營不善，改為官督商辦後難以吸引民股投資，除欲以鐵路連接萍鄉煤礦與大冶鐵礦以求降低成本外，並大舉向外借款以因應財務危機，適日本於 1897 年設立八幡製鐵所，為增加鋼鐵生產量，乃積極向中國尋求採購礦石機會，並與漢陽鐵廠簽訂「煤鐵互售合同」，並藉盛宣懷於 1904 年、1906 年、1908 年分別就大冶鐵礦、漢陽鐵廠、萍鄉煤礦向日本興業銀行、三井物產、大倉組等財團借款機會，透過民間財團掌握大冶、萍鄉兩處礦藏。盛宣懷於 1908 年將漢陽鐵廠、大冶鐵礦、萍鄉煤礦合組為漢冶萍公司，為使公司運作順利，所屬礦山、廠房、機器等財產幾乎全數抵押與日本，日本因此將漢冶萍公司及所屬礦山視為己有，並於 1910 年決定盡力使漢冶萍公司改為中日合辦，以確立對該公司控制權，並積極排除其他外國勢力介入。參見洪聖斐，《孫文與三井財閥》（台北：文英堂出版社，1998 年 3 月初版），頁 39-54。

〔註44〕 〈在中國日置公使ヨリ加藤外務大臣宛（電報）〉，大正 4 年 3 月 24 日，日本外務省編《日本外交文書‧大正四年第三卷上冊》，第 267 號文書，頁 256-257。

同意於將來適當時機將漢冶萍公司改由中日合辦〔註45〕，又於 4 月 17 日第二十四次會議中再度提出新修正案，要求中國預先同意合辦主義、不將該公司充公或歸爲國有、不使該公司借用日本國以外之外國資本，並撤回第二條〔註46〕，陸徵祥仍表示無法接受，雙方歷經六度會議，本案仍無法解決〔註47〕。

第四號：中國領土保全問題

日置於 3 月 25 日第十四次會議，時提出中國沿岸不割讓問題，堅持希望能仿第一號第二款之例以文書互換，陸徵祥則堅持此事攸關主權，不能訂入約中〔註48〕，雖同意可由中國自行宣布，惟其形式及語氣則不受日本約束〔註49〕。3 月 30 日第十六次會議時，陸徵祥仍堅持不允妥協，日置則表示除非中國接受日本修正案，否則日本政府斷然無法滿意〔註50〕。雙方三度會議，本案仍無結果。

第五號：關於全中國之各項問題

1. 原案第一款

中國於 2 月 12 日提出第一次修正案時，曾表示第五號於中國領土主權及列強條約利益均有抵觸，實礙難商議，然日置則以曹汝霖曾表示，第五號日後或有商議餘地，且前四號均已大致商議，乃於 3 月 27 日第十五次會議時提出第五號。首先爲第一款聘用顧問問題，陸徵祥表示中國政府目前已有聘用日本人，將來必要時亦將聘用其他日本人，本款侵犯中國主權，且未聞一國政府強迫另一國政府聘用該國人爲顧問，日置則堅持必須以文書形式約定，

〔註45〕　〈在中國日置公使ヨリ加藤外務大臣宛（電報）〉，大正 4 年 3 月 27 日，日本外務省編《日本外交文書・大正四年第三卷上冊》，第 277 號文書，頁 266。

〔註46〕　〈加藤外務大臣ヨリ在中國日置公使宛（電報）〉，大正 4 年 4 月 13 日，日本外務省編《日本外交文書・大正四年第三卷上冊》，第 319 號文書，頁 320。

〔註47〕　〈在中國日置公使ヨリ加藤外務大臣宛（電報）〉，大正 4 年 4 月 17 日，日本外務省編《日本外交文書・大正四年第三卷上冊》，第 329 號文書，頁 330-331。

〔註48〕　〈在中國日置公使ヨリ加藤外務大臣宛（電報）〉，大正 4 年 4 月 17 日，日本外務省編《日本外交文書・大正四年第三卷上冊》，第 270 號文書，頁 260-261。

〔註49〕　〈在中國日置公使ヨリ加藤外務大臣宛（電報）〉，大正 4 年 3 月 27 日，日本外務省編《日本外交文書・大正四年第三卷上冊》，第 277 號文書，頁 266。

〔註50〕　〈在中國日置公使ヨリ加藤外務大臣宛（電報）〉，大正 4 年 3 月 30 日，日本外務省編《日本外交文書・大正四年第三卷上冊》，第 283 號文書，頁 272。

雙方無共識〔註51〕。

2. 原案第二款

第二款許日本病院、寺院、學校土地所有權一案，始議於 4 月 1 日第十七次會議，雙方再三爭辯，陸徵祥始原則上同意日本人可在中國內地設立醫院一類之慈善機構，或中小學等國民教育以外之學校，但對日置所提雙方採取由陸徵祥、施履本、日置益、高尾亨四人於議事錄中簽名，約定日本人可在中國租借土地設立病院、學校一節則強烈反對，雙方無法達成共識〔註52〕。

3. 原案第三款

第三款合辦警察一案始議於 4 月 1 日第十七次會議，日置依日本閣議新案要旨，表示中國若認為合辦警察或在警察署聘用日人窒礙難行，可依中國要求撤回，但前提為中國須同意第二號中中日合辦警察，或以顧問、教習名義聘用日本警官，並聲明此亦為第二號第二、三款中日本服從中國警察法令前提。以此款關係第二號滿蒙問題，日置聲明保留至他日再議〔註53〕。

4. 原案第四款

第四款採辦軍械問題始議於 4 月 6 日第十九次會議，日置表示本款係在防止外國干涉中國武器製造，且中國已經與德國合辦軍械廠，日本要求並無不合理之處，陸徵祥則再三說明陸軍部以採辦軍械牽涉中國軍事機密、不容外國干涉為由，堅決反對本款，並表示將來中日親善，中國或將自行向日本採買，且中德合辦軍械廠一事亦尚未定案〔註54〕。4 月 10 日第二十一次會議時，日置再度提出本款，仍堅持中國需承諾向日本採購相當數量軍械，陸徵祥則以本款違反各國在華機會均等原則堅拒，僅表示若日本軍械物美價廉，將來當自行向日本採購，無須訂入約中，雙方仍無共識〔註55〕。

〔註51〕 〈在中國日置公使ヨリ加藤外務大臣宛（電報）〉，大正 4 年 3 月 27 日，日本外務省編《日本外交文書‧大正四年第三卷上冊》，第 277 號文書，頁 266。

〔註52〕 〈在中國日置公使ヨリ加藤外務大臣宛（電報）〉，大正 4 年 4 月 1 日，日本外務省編《日本外交文書‧大正四年第三卷上冊》，第 277 號文書，頁 280-281。

〔註53〕 〈在中國日置公使ヨリ加藤外務大臣宛（電報）〉，大正 4 年 4 月 2 日，日本外務省編《日本外交文書‧大正四年第三卷上冊》，第 277 號文書，頁 281。

〔註54〕 〈在中國日置公使ヨリ加藤外務大臣宛（電報）〉，大正 4 年 4 月 7 日，日本外務省編《日本外交文書‧大正四年第三卷上冊》，第 305 號文書，頁 297-298。

〔註55〕 〈在中國日置公使ヨリ加藤外務大臣宛（電報）〉，大正 4 年 4 月 11 日，日本外務省編《日本外交文書‧大正四年第三卷上冊》，第 313 號文書，頁 309-311。

5. 原案第五款

第五款鐵路問題始議於 4 月 10 日第二十一次會議，陸徵祥表示中國已與他國有約在先，無法同意商討本案，日置表示日本政府瞭解中國立場，但自信若中國讓步，日本有能力與英國就要求中相衝突路線達成諒解，陸徵祥仍不讓步〔註56〕。4 月 13 日第二十二次會議時，日置表示日本曾數度向英國表達在華南興建鐵路意願，陸徵祥則僅表示英日兩國間協議應由日本自行解決，與中國無關，中國不能違反中英間成約〔註57〕。

6. 原案第六款

加藤以美國政府對福建問題甚爲關心之故，曾於 3 月 30 日訓令日置依美國要求，向中國提出不許外國人在福建省沿岸建造造船所、軍用貯煤所、海軍基地等設施，並照現行辦法准許日人開採安溪煤礦〔註58〕，日置乃於 4 月 6 日第十九次會議中，提出原案第六款福建不割讓問題，表示此款要求目的在防止他國勢力進入福建，以保障台灣安全，陸徵祥則再三表示海軍部以整頓海口及船廠係國防問題，無法讓步，外交部亦無能爲力，雙方並無共識〔註59〕。4 月 8 日第二十次會議時日置提出新對案，再度重申日本政府立場，陸徵祥則表示，中國並不願見外國勢力進入福建，但亦不能同意以文書形式保證此節〔註60〕，且袁世凱並未授權討論第五號諸問題，將來遇有適當時機自可與日本討論，再三要求日本讓步，日置見陸徵祥立場堅定，態度亦轉趨嚴厲，以終止談判相脅迫〔註61〕。曹汝霖乃於次日往訪日置，表示中國政府於主義上並不反對，惟無法接受日本以保護國姿態對待中國，且中國已於第一、

〔註56〕　〈在中國日置公使ヨリ加藤外務大臣宛（電報）〉，大正 4 年 4 月 11 日，日本外務省編《日本外交文書・大正四年第三卷上冊》，第 313 號文書，頁 311。

〔註57〕　〈在中國日置公使ヨリ加藤外務大臣宛（電報）〉，大正 4 年 4 月 14 日，日本外務省編《日本外交文書・大正四年第三卷上冊》，第 320 號文書，頁 321-322。

〔註58〕　〈加藤外務大臣ヨリ在中國日置公使宛（電報）〉，大正 4 年 3 月 30 日，日本外務省編《日本外交文書・大正四年第三卷上冊》，第 281 號文書，頁 269-270。

〔註59〕　〈在中國日置公使ヨリ加藤外務大臣宛（電報）〉，大正 4 年 4 月 7 日，日本外務省編《日本外交文書・大正四年第三卷上冊》，第 305 號文書，頁 298-299。

〔註60〕　Jordan to F.O., 9Apr1915, FO371/2323[41656/15]。

〔註61〕　〈在中國日置公使ヨリ加藤外務大臣宛（電報）〉，大正 4 年 4 月 9 日，日本外務省編《日本外交文書・大正四年第三卷上冊》，第 309 號文書，頁 303-304。

二兩號多所讓步，希望日本亦能於第五號讓步〔註62〕，4 月 10 日第二十一次會議時，雙方仍堅持己見，但陸徵祥同意可以書面形式向日本宣布，不使外人在福建建立軍事設施，然細節須日後再議，本款復遭擱置〔註63〕。

7. 原案第七款

第七款許日本布教權一案始議於 3 月 30 日第十六次會議，日置表示中國早已將布教權許與外國傳教士，日本據此要求並無不妥，陸徵祥則表示中國長年以來始終為教案所苦，日本此款除徒然傷害兩國情誼，佛教向為中國人民信奉，並無開放日本僧侶來華傳教必要，且中日兩國佛教教義並不相同，將來必生爭執，為免產生種種弊端，中國政府無法同意以布教權訂入約中，對日置所提另以適當方法規定意見亦不表同意。日置以陸徵祥始終不允讓步，乃聲明將此款保留至他日再議〔註64〕。

日本政府鑑於談判進行緩慢，中國讓步者亦不多，乃於 4 月 13 日閣議針對第五號提出新修正案，撤回第三款合辦警察一節，對其餘六款則全面讓步，並希望能採用雙方於議事錄上簽字互換形式予以通過〔註65〕，然陸徵祥仍不接受，甚至表示願於第二號中加入東部內蒙古，以換取日本撤回第五號〔註66〕。日置雖瞭解中國同意於第五號讓步機會微乎其微，亦希望研究是否有其他方式可令中國接受〔註67〕，然仍於 4 月 17 日第二十四次會議中再度提出，陸徵祥則表示中國政府經審慎思考，決心撤回以東部內蒙古交換第五號提議，重申不接受第五號態度，日置發現中國態度突然趨於強硬，乃決定與加藤商議後再做處置，中日會議至此結束〔註68〕。

〔註62〕〈在中國日置公使ヨリ加藤外務大臣宛（電報）〉，大正 4 年 4 月 10 日，日本外務省編《日本外交文書‧大正四年第三卷上冊》，第 312 號文書，頁 305-307。

〔註63〕〈在中國日置公使ヨリ加藤外務大臣宛（電報）〉，大正 4 年 4 月 11 日，日本外務省編《日本外交文書‧大正四年第三卷上冊》，第 313 號文書，頁 309。

〔註64〕〈在中國日置公使ヨリ加藤外務大臣宛（電報）〉，大正 4 年 3 月 30 日，日本外務省編《日本外交文書‧大正四年第三卷上冊》，第 283 號文書，頁 272-273。

〔註65〕〈加藤外務大臣ヨリ在中國日置公使宛（電報）〉，大正 4 年 4 月 12 日，日本外務省編《日本外交文書‧大正四年第三卷上冊》，第 317 號文書，頁 314-315。

〔註66〕〈在中國日置公使ヨリ加藤外務大臣宛（電報）〉，大正 4 年 4 月 15 日，日本外務省編《日本外交文書‧大正四年第三卷上冊》，第 321 號文書，頁 322-324。

〔註67〕〈在中國日置公使ヨリ加藤外務大臣宛（電報）〉，大正 4 年 4 月 17 日，日本外務省編《日本外交文書‧大正四年第三卷上冊》，第 328 號文書，頁 329。

〔註68〕〈在中國日置公使ヨリ加藤外務大臣宛（電報）〉，大正 4 年 4 月 17 日，日本外務省編《日本外交文書‧大正四年第三卷上冊》，第 329 號文書，頁 329-331。

第二節　中、日兩國輔助策略的運用

（1）中國輔助策略

1. 運用中外輿論力量

　　袁世凱於1月18日接獲二十一條要求後，自知中國向無力與日本相抗，為試探各國反應，尋找中國可資著力之處，乃將相關消息逐步向包括日本記者在內之外國輿論界透露，雖各報所得消息均未經證實，所傳要求內容亦莫衷一是〔註69〕，但中國政府新聞政策顯然已經引起各國媒體注意。截至1月下旬，上海中英文報紙對中日談判消息已有諸多報導，甚至亦有刊載具體條文〔註70〕，而北京中外新聞媒體，如《民視報》、《亞細亞日報》、《北京英文日報（Peking Daily News）》與《北京京報（Peking Gazette）》等，對日本要求亦已有所報導或批評，日置為此曾於1月27日及30日兩度警告中國須嚴加取締，曹汝霖雖承諾將協調內務部注意此事〔註71〕，然中國政府對媒體則始終不加節制，以致媒體仍持續報導相關新聞，甚至有外國報紙訪員向小幡探問，外間所傳2月2日中日第一次會議情形是否屬實〔註72〕，加藤對中國政府操縱新聞，以對日本造成輿論壓力相當不滿，除向中國駐日公使陸宗輿表達強烈不滿外〔註73〕，亦要求日置嚴重警告中國須管制新聞〔註74〕，日置向曹汝霖表達日本政府不滿情

〔註69〕　以《申報（上海）》為例，該報於1月21日起-1月31日止，即曾引用東方通信社、路透社、英文京報、字林報、德人德文報、芝加哥日日新聞報等中外新聞媒體針對中日交涉事項所發報導，上海申報駐北京訪員亦迭有新消息傳回刊登報導，詳見《申報（上海）》，1915年1月21-30日。

〔註70〕　〈在上海有吉總領事ヨリ加藤外務大臣宛（電報）〉，大正4年1月29日，日本外務省編《日本外交文書・大正四年第三卷上冊》，第155號文書，頁123-124。有吉明所稱具體條文，當指1月28日申報第二版刊登英人字林報北京訪員1月26日所發訊息，該消息指出北京盛傳日本對華要求計有二十一款，並略述各號大意，詳見〈戰電〉，《申報（上海）》，1915年1月28日第二版。

〔註71〕　〈在中國日置公使ヨリ加藤外務大臣宛（電報）〉，大正4年2月1日，日本外務省編《日本外交文書・大正四年第三卷上冊》，第157號文書，頁125-126。

〔註72〕　〈總長與日置使第二次會議問答〉，民國4年2月5日，《外交檔案》03-33/84-（2）。

〔註73〕　〈加藤外務大臣、在本邦中國公使會談〉，大正4年2月18日，日本外務省編《日本外交文書・大正四年第三卷上冊》，第198號文書，頁173-174。亦見王芸生，前引書，頁142-143。

〔註74〕　〈加藤外務大臣ヨリ在中國日置公使宛（電報）〉，大正4年2月16日，日本

緒，曹汝霖則以英、俄兩國國會質詢日本送交要求內容一事，反責日本未善盡守密責任〔註75〕，日置以日本向外國通告條件在先，雖確定報紙所刊登消息必爲中國所洩漏，亦無言以對，僅於 2 月 22 日第三次會議時，再度強調日本希望中國對報紙言論嚴加取締〔註76〕。

中日實質會議於 2 月 22 日展開後，中國雖表示已嚴重取締本國報紙，並承諾將再加強取締新聞言論，但始終未認眞執行，袁世凱透過外交部參事顧維鈞將消息透露予中外記者〔註77〕，除將歷次會議內容大要告知新聞媒體外〔註78〕，對於中文報紙刊登之排日言論亦未加取締，以致各媒體仍不斷報導中日交涉相關新聞〔註79〕。日置曾於 2 月 22 日第三次會議時表示「貴國政府向以政府之勢力取締報紙，並頒有嚴重之報律」〔註80〕，以當時報紙條例規定華人自辦報紙不准刊登牽涉外交機密報導，及袁世凱就任大總統以來對報業控制之嚴厲，雖對外人在華所辦報紙無法可管，但欲禁止各中文報社刊登中日交涉事宜與相關評論應不困難〔註81〕，然各報社仍持續刊登相關消息，且其中不乏在北京發行之中文報紙〔註82〕，日置於交涉過程中，不時對中國

外務省編《日本外交文書·大正四年第三卷上冊》，第 189 號文書，頁 163-164。
〔註75〕 〈在中國日置公使ヨリ加藤外務大臣宛（電報）〉，大正 4 年 2 月 21 日，日本外務省編《日本外交文書·大正四年第三卷上冊》，第 205 號文書，頁 178-179。
〔註76〕 〈總長與日置使第三次會議問答〉，民國 4 年 2 月 22 日，《外交檔案》03-33/86-（1）。〈在中國日置公使ヨリ加藤外務大臣宛（電報）〉，大正 4 年 2 月 23 日，日本外務省編《日本外交文書·大正四年第三卷上冊》，第 209 號文書，頁 184-185。
〔註77〕 參見〈曹汝霖 3 月 5 日致陸宗輿信函〉，王芸生，前引書，頁 216。
〔註78〕 以《申報（上海）》爲例，該報對歷次會議進行日期、所議條文、雙方態度均有所刊載，詳見《申報（上海）》2 月份至 5 月份相關報導。
〔註79〕 自中日開始進行實質條文交涉後，日置均定期將中國輿論界對中日交涉觀點及排日言論擇要報告加藤，詳見〈在中國日置公使ヨリ加藤外務大臣宛（電報）〉，大正 4 年 3 月 4 日；〈在中國日置公使ヨリ加藤外務大臣宛（電報）〉，大正 4 年 3 月 17 日；〈在中國日置公使ヨリ加藤外務大臣宛（電報）〉，大正 4 年 4 月 3 日；以及〈在中國日置公使ヨリ加藤外務大臣宛（電報）〉，大正 4 年 4 月 13 日，日本外務省編《日本外交文書·大正四年第三卷上冊》，第 221、252、294、318 號文書，頁 200-206、頁 231-238、頁 283-287、頁 316-320。
〔註80〕 〈總長與日置使第三次會議問答〉，1915 年 2 月 22 日，《外交檔案》03-33/86-（1）。
〔註81〕 袁世凱對報業控制情形，可參考黃瑚，《中國近代新聞法制史論》（上海：復旦大學出版社，1999 年 8 月第一版），頁 119-136。
〔註82〕 日置針對中國輿論所做報告中引用、在北京發行之華文報紙，至少包含《北京日報》、《民視報》、《天民報》、《國權報》、《黃鐘日報》等五家，報紙名稱

不能禁絕輿論頗有怨言〔註83〕，顯然陸徵祥屢次向日置表示，已函請內務部嚴重取締報紙言論一節並非實情。

除在中國發行之中外各報紙外，歐美各國新聞媒體駐中國訪員亦於得知訊息後，即開始注意中日交涉消息，亦開始以公開謠言中所傳條件爲本向國內拍發電訊，然以未經官方證實緣故，英美兩國主要報紙及新聞機構均暫時不予發表，美聯社駐華訪員摩爾甚至曾將要求內容拍發回國，然美聯社則認此爲謠言〔註84〕，直至2月初傳聞條件逐漸明朗化後，英美輿論乃逐漸重視相關消息並予以刊登〔註85〕，然以個人所知不同，發回本國刊登內容亦甚有出入，各報態度亦不相同。以倫敦泰晤士報爲例，該報俄國訪員表示日本要求無損俄國權利〔註86〕，該報駐北京訪員福來薩於2月8日在日本訪問加藤後，發電表示加藤雖承認對中國尚有除告知英國條件外之其他希望條款，但日本要求不損及中國領土完整，故英國並無立場干涉〔註87〕，而該報北京訪員端納（W. H. Donald）於2月10日將得自莫理循之二十一條各款要求電告回國，泰晤士報雖均予以刊登，但對電文眞實性仍有懷疑〔註88〕，乃於2月13日刊登一篇以〈Japanese Claims on China〉 爲名之社論，認爲輿論所傳條件係經中國政府刻意誇大，日本要求並無不合理之處，亦不危及中國主權及各國在華利益〔註89〕。袁世凱除注意國

參見註10所引日置電報，發行地點及發行人、主筆參見謝蕙風，《民國初年新聞自由的研究》（台北：國立師範大學歷史研究所碩士論文，1986年7月），頁155-156。

〔註83〕 參見〈曹汝霖3月5日致陸宗輿信函〉，王芸生，前引書，頁216。

〔註84〕 符致興譯，《端納與民國政壇密聞》（長沙：湖南出版社，1991年11月第1版第1次印刷），頁155。Paul S. Reinsch, Ibid, pp132.

〔註85〕 〈致蔡廷幹函〉，1915年1月28日，駱惠敏編；劉桂梁等譯；嚴四光、俞振基校，（澳）駱惠敏編；劉桂梁等譯；嚴四光、俞振基校，前引書，頁392-393。Paul S. Reinsch, Ibid, pp132.

〔註86〕 〈收駐英施公使電〉，1915年2月11日，《外交檔案》03-33/85-（1）。

〔註87〕 〈致朱邇典函〉，1915年2月15日，駱惠敏編；劉桂梁等譯；嚴四光、俞振基校，前引書，頁401；Greene to Grey,10Feb1915, FO371/2322[16280/15]；〈收駐英施公使電〉，1915年2月13日，《外交檔案》03-33/85-（1）。

〔註88〕 〈致蔡廷幹函〉，1915年2月11日，駱惠敏編；劉桂梁等譯；嚴四光、俞振基校，前引書，頁398。該電文摘要見〈收駐英施公使電〉，1915年2月13日，《外交檔案》03-33/85-（1）。據端納所述，袁世凱透過農商總長周自齊與顧問莫理循將二十一條內容暗中告知端納，詳見符致興譯，前引書，頁151-162。

〔註89〕 〈致朱邇典函〉，1915年2月15日，駱惠敏編；劉桂梁等譯；嚴四光、俞振基校，前引書，頁400-401；剪報內容見Jordan to F.O.,16Feb1915, FO371/2322

內言論外，對各國輿論所持態度亦甚為重視，英國輿論尤為袁世凱所重視，施肇基於 2 月初開始將英國各報刊登中日交涉相關新聞電告外交部，袁世凱發現英國輿論因所得消息不確，而有肯定日本提案正當性傾向，乃命外籍顧問莫理循（George E. Morrison）將二十一條全文英譯本寄交泰晤士報外事版編輯斯蒂德，向其解釋北京輿論所傳並未誇大，且中國甚為重視該報言論，希望該報往後能重新考慮為文語氣及言詞〔註 90〕。

日本對華全部要求逐漸公開後，袁世凱雖繼續放任中國輿論抨擊日本，但並未發生預期作用，日置態度仍然強硬〔註 91〕。此時英、美各報對中日交涉事項報導亦逐漸持平，甚至有同情中國傾向，袁世凱乃將新聞政策重心轉向以英國為主之外國報紙，在外國鼓動輿論以為交涉後盾，並將英國報紙言論轉刊登於國內報刊，希望藉此對日本造成壓力。3 月 2 日外交部致施肇基電中可充分發現袁世凱新聞政策目的所在：

> 近據各處電告悉，歐美輿論對此中日交涉尚能主持公道，不袒日本，裨我非鮮，亟應加以利導，俾收效果。現在會議雖經續開，但日之要求與我允者相去尚遠，更不能不利用歐美輿論為我後盾，以求貫徹我之主張。……以上各節，悉與華氏密為接洽，本此意旨著論登報或授意報館代論或托妥人相機演說，無論用勸導日本或警告我國之口氣，均應作為縈懷主張。並希將所有論說、演說隨時擇要電部，以便轉登此間各報〔註 92〕。

2. 鼓動中國反日風潮

除消極的放任中國報紙言論，與積極在外國製造對中國有利輿論外，袁世凱新聞政策尚包含在中國鼓動反日風潮、再以民意為交涉後盾一環，其中包含各界上書請政府拒絕日本要求，以及抵制日貨、救國儲金等三層面。

1 月下旬以後，日本對華要求漸次在中國國內傳布，各報言論漸趨激烈，江蘇將軍馮國璋將部下軍隊一致反對政府接受日本要求之意電告袁世凱〔註

　　　[18085/15]。

〔註 90〕〈致亨・威・斯蒂德函〉，1915 年 2 月 17 日，駱惠敏編；劉桂梁等譯；嚴四
　　　光、俞振基校，前引書，頁 403-407。

〔註 91〕參見〈曹汝霖 3 月 5 日致陸宗輿信函〉，王芸生，前引書，頁 216。

〔註 92〕〈外交部致駐英公使施肇基電〉，1915 年 3 月 2 日，中國第二歷史檔案館編，
　　　前引書，頁 566-567。

〔註 93〕〈在上海有吉總領事ヨリ加藤外務大臣宛（電報）〉，大正 4 年 1 月 29 日，日

93〕，隨後更聯合湖北將軍段芝貴，領銜邀集十九省將軍於 2 月 2 日聯合通電，聲明十九省將軍所轄軍隊將力拒破壞中國完整之所有圖謀〔註 94〕，隨後馮國璋與長江巡閱使張勳等人再度電請政府斷然拒絕日本要求〔註 95〕。馮國璋出身北洋，為袁世凱舊部，素為袁世凱器重，故日本將馮國璋領銜通電視為袁世凱所授意，加藤並特別向陸宗輿表示各省通電係袁世凱常用手段，對日本而言無足輕重，希望袁世凱勿以此作為堅拒日本要求之藉口〔註 96〕。

　　除各省軍人表達抵抗日本要求決心外，全國各界亦自二月起迭次上書，要求政府將日本要求全文公布，國內各界之反應多為要求政府政府堅拒日本要求，並盡快公布日本二十一條全部內容，以便由各界籌議對策，如中日談判決裂，亦不惜與日本開戰，上書之民間團體包括商界、報界、政黨、海外僑界、海外留學生、華僑商會等各層面，形成舉國一致對日氣氛〔註 97〕。

　　隨各省官民上書而來者，則為抵制日貨風潮與救國儲金。抵制日貨首倡於海外華僑商人，並於 2、3 月間在舊金山、廣州等地發起「非買同盟」，拒購日貨〔註 98〕。3 月 18 日，由國民對日同志會及歸國留日學生代表在上海共同發起國民大會，正式議決抵制日貨，抵制日貨活動隨即於南方各省及北方部分城市迅速展開，範圍包括散發傳單激發民眾仇日心理、排拒日貨、抵制與日本有貿易往來商家、以及由日資銀行提領存款等等〔註 99〕，對日本在華

本外務省編《日本外交文書・大正四年第三卷上冊》，第 155 號文書，頁 123-124。

〔註 94〕〈譯電〉，《申報（上海）》，1915 年 2 月 3 日第三版，電文詳見〈要聞二〉，《申報（上海）》，1915 年 2 月 7 日第六版。

〔註 95〕〈在中國日置公使ヨリ加藤外務大臣宛（電報）〉，大正 4 年 2 月 5 日，日本外務省編《日本外交文書・大正四年第三卷上冊》，第 163 號文書，頁 133。

〔註 96〕〈加藤外務大臣ヨリ在本邦中國公使宛（電報）〉，大正 4 年 2 月 3 日，日本外務省編《日本外交文書・大正四年第三卷上冊》，第 160 號文書，頁 131-132。

〔註 97〕商界團體，如廣州商務總會，見〈收廣州商務總會等電〉，1915 年 2 月 6 日，《外交檔案》03-33/84-（2）；學界團體，如留英學會，見〈收留英學會電〉，1915 年 2 月 20 日，《外交檔案》03-33/86-（1）；報界團體，如重慶報界俱進會，見〈收重慶報界俱進會稟〉，1915 年 3 月 7 日，《外交檔案》03-33/87-（2）；海外僑界，如舊金山中華會館，見〈收舊金山中華會館電〉，1915 年 3 月 6 日，《外交檔案》03-33/87-（2）；海外商界，如大阪中華商務總會，見〈收大阪中華商務總會函〉，1915 年 2 月 22 日，《外交檔案》03-33/86-（1）；政黨，如進步黨，見〈收廣西進步黨支部電〉，1915 年 2 月 27 日，《外交檔案》03-33/87-（1）。

〔註 98〕〈收駐美夏公使電〉，1915 年 3 月 3 日，《外交檔案》03-33/87-（1）。

〔註 99〕〈收駐上海特派交涉員電〉，1915 年 3 月 13 日，《外交檔案》03-33/88-（1）。

商務造成相當困擾，日置一再警告中國須儘速嚴加取締，袁世凱乃於 3 月 25 日發佈申令，禁止各地排日活動〔註100〕，惟民間則仍秘密推動〔註101〕，直至 4 月初始漸漸平息〔註102〕。

除抵制日貨外，上海商人亦發起儲金救國運動，於 4 月 3 日在上海成立「救國儲金臨時通訊處」，後改名為「中華救國儲金團總事務所」，由中國銀行上海分行負責彙整捐款，一時捐款者甚為踴躍〔註103〕。此後抵制日貨逐漸演變為各地排日風潮〔註104〕，甚至發生日本駐廣東總領事館遭炸彈攻擊等激進行動〔註105〕。

3. 利用日本內部不合

中日交涉初期，袁世凱除努力進行新聞政策，以輿論力量對日本施壓外，又於 2 月下旬派遣曾於早稻田大學留學之政事堂參議金邦平赴日本協助陸宗輿辦理交涉，以密使身份暗中結納日本要人，謀求軟化日本政府內部強硬立場〔註106〕。金邦平曾與日本內閣總理大臣大隈重信會面，將中國對於山東、

關於當時中國抵制日貨情形，參見王成勉，〈一九一○年代至一九二○年代美國對中國反外情緒之調查與研究〉（《現代中國軍事史評論》第 2 期，高雄：國立中山大學中山學術研究所，民國 76 年 10 月），頁 13-15 頁，以及羅志田，〈「二十一條」時期的反日運動與辛亥五四期間的社會思潮〉（《新史學》第 3 卷第 3 期，台北：三民書局，民國 81 年 9 月），頁 40-46。

〔註100〕〈在中國日置公使ヨリ加藤外務大臣宛（電報）〉，大正 4 年 3 月 26 日，日本外務省編《日本外交文書・大正四年第三卷上冊》，第 272 號文書，頁 262。

〔註101〕（日）臼井勝美著、陳鵬仁譯，《中日關係史（1912-1926）》，（台北：水牛出版社，民國 79 年元月 10 日初版），頁 114-115。

〔註102〕參見〈在上海有吉總領事ヨリ加藤外務大臣宛（電報）〉，大正 4 年 4 月 3 日，日本外務省編《日本外交文書・大正四年第三卷上冊》，第 293 號文書，頁 283；以及〈大正 4 年 4 月 4 日在南京高橋領事ヨリ加藤外務大臣宛（電報）〉，日本外務省編《日本外交文書・大正四年第三卷上冊》，第 295 號文書，頁 287。

〔註103〕羅志田，前引文，頁 48-50。

〔註104〕此時期各地排日風潮，參見〈收上海特派員電〉，1915 年 3 月 29 日，《外交檔案》03-33/89-（2）。〈收上海特派員電〉，1915 年 3 月 29 日，《外交檔案》03-33/89-（2）。〈收滬海道尹公署譯電〉，1915 年 3 月 29 日，《外交檔案》03-33/89-（2）。〈收上海特派員電〉，1915 年 3 月 29 日，《外交檔案》03-33/89-（2）。

〔註105〕〈在廣東赤塚總領事ヨリ加藤外務大臣宛（電報）〉，大正 4 年 1 月 1 日，日本外務省編《日本外交文書・大正四年第三卷上冊》，第 285 號文書，頁 275-276。

〔註106〕〈譯電〉，《申報（上海）》，1915 年 2 月 24 日第二版；王芸生，前引書，頁 215。

滿蒙問題態度詳加說明〔註107〕，唯並無成效，嗣後袁世凱雖仍持續進行以興論力量壓迫日本讓步之新聞策略，國內言論亦日漸激烈，然收效亦不甚大。中日交涉事起，袁世凱曾透過總統府秘書曾彝進，向日籍顧問有賀長雄探問日本憲法架構，與外交、軍事之最後決定權，經有賀解釋日本軍事、外交權歸於天皇、實際爲元老所掌握後〔註108〕，袁世凱乃決定商請有賀返回日本，探詢元老對中日二十一條眞正看法，告以中國政府無法承認日本要求中危害中國主權獨立與領土完整者，否則恐將危及政權〔註109〕。元老對華外交主張大致以承認袁世凱爲對手、堅持與列強協調原則、以及優先考量日本在滿洲利益爲主，四元老中以山縣有朋（1838-1922）、井上馨（1836-1915）二人對外交最爲熱衷，且加藤自就任以來行事多專擅獨斷，漠視元老意見，與元老間素有心結，其「英日同盟第一」外交方針與元老所堅持之「多角國際協調」又積不相容〔註110〕，故有賀於3月2日出發〔註111〕、4日返抵日本、與陸宗輿會合後，隨即與山縣、井上等人會晤，告以中日開戰，於兩國、乃至東亞均有所不利，袁世凱政權亦可能因此動搖〔註112〕，山縣表示日本極重視滿蒙利益，其他條件不致以武力迫使中國接受〔註113〕，此後有賀即逗留日本與元老接洽，並將結果透過陸宗輿或曾彝進，轉告袁世凱或外交部〔註114〕。

〔註107〕〈譯電〉，《申報（上海）》，1915年3月4日第二版；〈大正4年6月10日在中國日置公使ヨリ加藤外務大臣宛（電報）〉，日本外務省編《日本外交文書・大正四年第三卷上冊》，第481號文書，頁535。

〔註108〕當時日本政界元老，有山縣有朋、松方正義（1835-1924）、井上馨、以及大山巖（1842-1916）等人。元老在日本明治憲法中並未規定其權利義務，但可直接影響政府決策，對重大人事變動擁有絕對發言權，甚至日本歷任內閣總理大臣人選亦必須經由元老同意或提名。參見武寅，《近代日本政治體制研究》（北京：中國社會科學出版社，1997年10月第一版），頁93-94。

〔註109〕參閱曾叔度，〈我所經手二十一條的內幕〉，收入《近代稗海》第三集（成都：四川人民出版社，1985年第1版），頁281-283。有賀本人於6月9日北京秦老胡同寓所接受日本記者訪問時表示，曾數度與總統府秘書就憲法問題進行討論，曾叔度（即曾彝進）亦回憶袁世凱曾命其與有賀商討憲法，則袁世凱與有賀確曾就日本憲法交換意見。

〔註110〕林明德，《近代中日關係史》（台北：三民書局，民國73年8月初版），頁67-69。

〔註111〕〈專電〉，《申報（上海）》，1915年3月2日第二版。

〔註112〕〈在中國日置公使ヨリ加藤外務大臣宛（電報）〉，大正4年6月10日，日本外務省編《日本外交文書・大正四年第三卷上冊》，第481號文書，頁533-534。

〔註113〕王芸生，前引書，頁218。

〔註114〕如日本於3月中旬決議增加在華兵力後，有賀則亦代爲向元老疏通，元老重申希望滿蒙條件儘速議定，惟表示政府此舉僅宣示，中日間仍可轉圜，此事

4 月初，中日雙方於要求各款已大致討論，惟雙方於日人在南滿居住權、土地所有權、及第五號各款始終爭執不下，日本自 3 月中旬起逐漸在山東及南滿增兵，對中國造成相當大壓力，有賀乃於 4 月 8 日建議袁世凱於第二號滿蒙問題應極力讓步，對第五號始終堅持不議，要求日本儘速結案〔註 115〕，袁世凱則仍堅持日人在南滿、東蒙應服從中國司法管轄權、及排除東蒙立場，希望有賀要求元老主持大局，俾使日本政府態度軟化〔註 116〕，有賀在四元老間輾轉疏通，雖無立即成效，但獲元老同意盡力維持中日交涉和平解決〔註 117〕。

（2）日本輔助策略——以換防為名增兵施壓

由於袁世凱指示陸徵祥於進行談判時務必盡力拖延，以便爭取足夠時間促使列強主動干涉，故中日雖於 2 月 22 日開始就要求內容進行正式討論，惟進度相當緩慢〔註 118〕，日置於 3 月 3 日將第六次會議結果告知加藤時，即已對談判進行緩慢頗有不滿，認為中國顯然缺乏誠意，所提對案亦多言不及義，希望加藤於將來談判進行期間，能准許採用中止談判一類高壓手段威嚇中國，特別是討論南滿雜居權及土地所有權各款時，如此當可令中國做出令日本滿意之讓步〔註 119〕，加藤對此採取肯定態度，認為可趁滿洲及山東守備軍換防時機，以原部隊延遲歸國、相對增加在華軍隊規模方式壓迫中國讓步〔註 120〕，並告以換防部隊將於 16、17 日左右自日本開拔〔註 121〕。日置獲得加藤支持，乃於第七次會議開始時向陸徵祥表示，日本希望談判能從速進行，以免將來萬一談判破裂後為中國招來危險，陸徵祥表面上贊同此議，並以同意日置所提於 3 月 9、11、13 三日連開會議作為友善表示，然實際談判進行時仍

即由陸宗輿代為呈報袁世凱，再由政事堂轉告外交部。見〈收政事堂交東京陸公使電〉，1915 年 3 月 25 日，《外交檔案》03-33/89-（1）。

〔註 115〕王芸生，前引書，頁 262-263。
〔註 116〕同註 115，頁 263-264。
〔註 117〕同 115 註，頁 270-271。
〔註 118〕顧維鈞，前引書，頁 122-123。
〔註 119〕〈在中國日置公使ヨリ加藤外務大臣宛（電報）〉，大正 4 年 3 月 3 日，日本外務省編《日本外交文書・大正四年第三卷上冊》，第 220 號文書，頁 200。
〔註 120〕〈加藤外務大臣ヨリ在中國日置公使宛（電報）〉，大正 4 年 3 月 5 日，日本外務省編《日本外交文書・大正四年第三卷上冊》，第 222 號文書，頁 206-207。
〔註 121〕〈加藤外務大臣ヨリ在中國日置公使宛（電報）〉，大正 4 年 3 月 6 日，日本外務省編《日本外交文書・大正四年第三卷上冊》，第 223 號文書，頁 207。

堅持不肯讓步〔註122〕，日置乃決定採用高壓手段威嚇中國，並就所應採取方式向加藤請訓〔註123〕，加藤建議先與中國充分討論，克盡折衝之道，外交手段用盡後始威壓中國，訓令日置可先向袁世凱或陸徵祥警告日本決心不容改變，再輔以軍隊換防，當可收效〔註124〕。北京及東京輿論界此時亦盛傳日本將增兵南滿，雖均推測日本此舉純爲換防，但日本提前換防之舉仍對中國造成相當壓力〔註125〕，爲安撫日本不滿情緒，袁世凱命令曹汝霖於3月8日往訪日置，表示安奉鐵路期限可展至令日本滿意程度，內地雜居權與土地商租權則在不影響中國主權及列強條約權益前提下，可在主義上加以承認〔註126〕，加藤仍無法滿意。日本閣議乃於3月10日做出增加在華兵力決議〔註127〕。

　　自3月中旬起，日本逐漸於山東、南滿等地增加兵力〔註128〕，膠濟鐵路守備兵亦向濟南以西集結〔註129〕。日本增兵對中國造成相當壓力，使各地民

〔註122〕〈總長與日置使第七次會議問答〉，民國4年3月6日，《外交檔案》03-33/87-（2））。

〔註123〕〈在中國日置公使ヨリ加藤外務大臣宛（電報）〉，大正4年3月7日，日本外務省編《日本外交文書・大正四年第三卷上冊》，第225號文書，頁209-210。

〔註124〕〈加藤外務大臣ヨリ在中國日置公使宛（電報）〉，大正4年3月8日，日本外務省編《日本外交文書・大正四年第三卷上冊》，第226號文書，頁210。

〔註125〕如《上海申報》於3月8日刊載兩則新聞，一爲「哈埠俄文報云：日本引中日交涉解決困難，特在日本徵集預備軍兩個師團增駐南滿，以爲交涉之後盾云云……」，另一爲「東京（7日）電：日本守備中國北省軍隊，近稱瓜代之期業已，派遣姬路第十軍團之一部出發」。此外，中國駐奉天交涉署亦曾就該地盛傳之日本增兵滿洲消息質問日本駐奉天總領事落合謙太郎，參見〈中日交涉中之滿洲〉，《申報（上海）》，民國4年3月8日第六版。〈東方通信社電〉，《申報（上海）》，民國4年3月8日第三版。〈在奉天落合總領事ヨリ加藤外務大臣宛（電報）〉，大正4年3月3日，日本外務省編《日本外交文書・大正四年第三卷上冊》，第230號文書，頁212。

〔註126〕〈在中國日置公使ヨリ加藤外務大臣宛（電報）〉，大正4年3月8日，日本外務省編《日本外交文書・大正四年第三卷上冊》，第229號文書，頁212。

〔註127〕堀川武夫，《極東國際政治史序說——二十一箇條要求の研究》（東京：有斐閣，昭和33年），頁198。

〔註128〕日本在山東增兵情形，參閱〈收山東特派員電〉，1915年3月22日，《外交檔案》03-33/89-（1）；〈收統率辦事處函〉，1915年3月25日，《外交檔案》03-33/89-（1）。日本在南滿增兵情形，參見〈收奉天巡按使電〉，1915年3月21日，《外交檔案》03-33/88-（2）；〈收煙台交涉員電〉，1915年3月25日，《外交檔案》03-33/89-（1）。

〔註129〕〈在濟南林領事ヨリ加藤外務大臣宛（電報）〉，大正4年3月8日，日本外務省編《日本外交文書・大正四年第三卷上冊》，第259號文書，頁246。

眾產生不安，陸徵祥除於 2 月 19 日訓令陸宗輿向加藤詢問外〔註 130〕，亦於 3 月 22 日照會日置，詢問日本增兵原因〔註 131〕。陸宗輿先於 3 月 23 日與有賀接洽，經有賀轉告已請元老疏通，目前尚有轉圜餘地後〔註 132〕，乃於 3 月 24 日會晤加藤，加藤雖表示日本增兵意在防止中國各地排日騷動，但亦明白表示此舉實因中國拖延談判進度及利用新聞政策所致，若談判早日結束，日本自將軍隊撤回〔註 133〕。加藤於會後訓令日置將此意告知中國政府〔註 134〕，日置即於 3 月 25 日向外交部口頭告知訓令大要〔註 135〕。為緩和緊張氣氛，袁世凱除於 3 月 25 日下令各地禁止排日運動，外交部亦於 3 月 29 日再度照會日置，表示中國將盡力鎮壓各地排日風潮，希望日本儘速完成換防，撤退軍隊〔註 136〕，惟以兵力壓迫中國讓步係日本既定政策，故日軍仍持續增加〔註 137〕。

〔註 130〕王芸生，前引書，頁 253。

〔註 131〕照會內容日文見〈在中國日置公使ヨリ加藤外務大臣宛（電報）〉，大正 4 年 3 月 22 日，日本外務省編《日本外交文書・大正四年第三卷上冊》，第 262 號文書，頁 249-250；中文見〈發日置益公使照會〉，1915 年 3 月 25 日，《外交檔案》03-33/89-（1），亦見王芸生，前引書，頁 253-254。

〔註 132〕〈收政事堂交東京陸公使電〉，1915 年 3 月 25 日，《外交檔案》03-33/89-（1）。

〔註 133〕〈加藤外務大臣、在本邦中國公使會談〉，大正 4 年 3 月 24 日，日本外務省編《日本外交文書・大正四年第三卷上冊》，第 266 號文書，頁 254-255；王芸生，前引書，頁 254-255。

〔註 134〕〈加藤外務大臣ヨリ在中國日置公使宛（電報）〉，大正 4 年 3 月 24 日，日本外務省編《日本外交文書・大正四年第三卷上冊》，第 268 號文書，頁 257。

〔註 135〕〈在中國日置公使ヨリ加藤外務大臣宛（電報）〉，大正 4 年 3 月 26 日，日本外務省編《日本外交文書・大正四年第三卷上冊》，第 274 號文書，頁 263-264；亦見〈日置公使面告政府訓令大要〉，1915 年 3 月 25 日，《外交檔案》03-33/89-（1）。

〔註 136〕〈發日置益公使照會〉，1915 年 3 月 29 日，《外交檔案》03-33/89-（2）；〈在中國日置公使ヨリ加藤外務大臣宛（電報）〉，大正 4 年 3 月 26 日，日本外務省編《日本外交文書・大正四年第三卷上冊》，第 284 號文書，頁 273-275。

〔註 137〕日本在山東增兵情形，見〈收政事堂鈔交濟南靳雲鵬等電〉，1915 年 3 月 31 日，《外交檔案》03-33/89-（2）；〈收統率辦事處函〉，1915 年 3 月 31 日，《外交檔案》03-33/89-（2）；〈收統率辦事處函〉，1915 年 4 月 5 日，《外交檔案》03-33/89-（3）；〈收內務部秘書處鈔交濟南警察廳電〉，1915 年 4 月 6 日，《外交檔案》03-33/90-（1）。日本在南滿增兵情形，參見〈收統率辦事處函〉，1915 年 3 月 31 日，《外交檔案》03-33/89-（2）；〈收政事堂鈔交盛京張上將軍等來電〉，1915 年 3 月 29 日，《外交檔案》03-33/89-（2）；〈收統率辦事處函〉，1915 年 4 月 1 日，《外交檔案》03-33/89-（3）。

第三節　英、俄、美的反應與對策

（1）英國

　　中日交涉初起時，加藤即將略去第五號後之條文內容知會英國，然以中國不斷向外界透露消息之故，英國逐漸注意到第五號的存在，加藤見第五號存在一事已漸趨公開，始訓令駐英大使井上勝之助於 2 月 20 日將其內容以「希望條款（Requests）」名義正式知照英國外相格雷，並就各條內容加以解釋，認爲並不損及中國及其他有約列強權益，加藤亦於 2 月 22 日將第五號內容告知英國駐日大使格林，當時格林即向加藤表示英國相信日本會先與英國就對華要求中涉及英國利益部分先行商議，同時相信日本將本諸英日盟約精神，不強迫中國接受任何有礙中國領土主權完整要求〔註 138〕。井上於知照格雷時表示，合辦警察範圍限於特定區域、如南滿或東蒙〔註 139〕，但加藤則向格林解釋中日合辦警察地點爲南京、漢口等中國警力不足之重要城市，並未提及安奉鐵路沿線以外之南滿、東蒙地區〔註 140〕，格雷對警察合辦區域是否與英國利益相衝突甚爲關心，乃令格林要求加藤解釋合辦警察範圍〔註 141〕。格林於 2 月 27 日會見加藤，加藤解釋所有合辦警察地點將與中國協商後再決定，目前以南滿地區較爲合適，英國外交部對此甚爲滿意，認爲中日合辦警察一款並不影響英國利益〔註 142〕。

　　井上與加藤分別將第五號內容知會格雷與格林後，日置亦於 2 月 25 日以個人身份，向英國駐華公使朱邇典透露第五號內容，朱邇典對其中第三款合辦警察、第四款採辦軍械頗不以爲然，亦認爲第五款鐵路問題與英國利益相衝突，日置表示日本將尊重英國對鐵路問題態度〔註 143〕。格雷傾向於將英國政府在長江流域擁有之鐵路權利，及日本其他要求可能侵犯英國利益之處知會日本〔註 144〕，朱邇典認爲日本要求路線與中英間寧湘鐵路借款合同、滬杭甬鐵路借款合同有相互衝突之處，亦與中國於 1914 年 8 月 24 日承諾保留英商建造權利之

〔註 138〕Greene to Grey,22Feb1915, FO371/2322[21107/15]。格雷兩點聲明英文全文見〈在中國日置公使ヨリ加藤外務大臣宛（電報）〉，大正 4 年 2 月 22 日，日本外務省編《日本外交文書・大正四年第三卷上冊》，第 534 號文書，頁 590。
〔註 139〕Grey to Greene,22Feb1915, FO371/2322[22075/15]。
〔註 140〕Greene to Grey,25Feb1915, FO371/2322[22403/15]。
〔註 141〕Grey to Greene,26Feb1915, FO371/2322[22403/15]。
〔註 142〕Greene to Grey,27Feb1915, FO371/2322[23488/1915]。
〔註 143〕Jordan to Grey,25Feb1915, FO371/2322 [22533/15]。
〔註 144〕Grey to Jordan,25Feb1915, FO371/2322[21107/15]。

南昌至廣州、廣州至潮州等路線有重複之嫌〔註145〕。格雷希望朱邇典對日本全體要求提供意見〔註146〕，朱邇典表示日本對華要求一旦實現，將使日本得以藉南滿、東蒙及山東以遙制北京，同時亦可以台灣為根據地，藉第五號所列鐵路控制中國東南沿海，英國屆時恐將難以在長江流域推展商務，然而日本卻也有可能滿足於在南滿、東蒙、以及山東地位獲得加強，而放棄在長江下游興建鐵路，或僅要求南昌至福州一線。朱邇典評估與英國外交部所得結果大致相同，外交部乃準備就長江流域鐵路權利一事另行提出聲明〔註147〕。

格雷於獲知日本對華要求內容之後，即著手草擬對日聲明備忘錄，其間不斷徵詢朱邇典意見，並於2月27日左右大致完成〔註148〕。格雷於確定第五號存在前原先計畫就井上於1月22日所送交對華要求內容進行全面性回覆〔註149〕，第五號要求確定存在後，英國外交部雖認為第五號要求對於英國在華利益恐將有整體性影響〔註150〕，然經詳細研究後，英國外交部與朱邇典均認為使日本在其他要求上獲得滿足，或可換取日本放棄在長江流域興建鐵路，再加上合辦警察一節亦經加藤解釋不影響英國利益，外交部乃準備僅就長江流域鐵路權利一事照覆日本〔註151〕。3月6日，格雷訓令格林將修正後之備忘錄致送加藤，該備忘錄中聲明英國瞭解日本亟欲興建武昌經九江、徽州至南昌線、南昌至杭州線、以及南昌至潮州線鐵路，但英國政府有義務將上開鐵路已由中國許與英國事實告知日本，日本要求路線顯然與中英間成約相衝突，英國政府相信日本會做出善意回應，以避免侵犯英國利益亦希望日本先行與英國商議，或向英國、法國籌借款項以建設上述路線〔註152〕。格林與朱邇典就備忘錄內容商議過後〔註153〕，即於3月10日依訓令將備忘錄致送加藤，格雷亦於同日將相同內容備忘錄交與井上，加藤於收訖備忘錄後表示日本或可在第五號問題上對中國讓步，但中國則必須在其他要求上滿足日本〔註154〕。

〔註145〕Jordan to F.O.,26Feb1915, FO371/2322[23028/15]。

〔註146〕Grey to Jordan,27Feb1915, FO371/2322[22533/15]。

〔註147〕Jordan to Grey,1Mar1915, FO371/2322[24272/15]。

〔註148〕Grey to Greene, 6Mar1915, FO371/2322[23028/15]。

〔註149〕Grey to Jordan, 9Feb1915, FO371/2322[14524/15]。

〔註150〕Jordan to Grey,18Feb1915, FO371/2322[19478/15]。

〔註151〕Jordan to Grey,1Mar1915, FO371/2322[24272/15]。

〔註152〕Grey to Greene, 6Mar1915, FO371/2322[23028/15]。

〔註153〕Greene to Grey, 9Mar1915, FO371/2322[27221/15]。

〔註154〕Greene to Grey,10Mar1915, FO371/2322[28313/15]。格林致送加藤備忘錄全文

　　袁世凱與朱邇典私交甚篤，朱邇典於辛亥革命期間又曾大力支持袁世凱，故袁世凱頗爲希望英國出面干涉、或至少在立場上同情中國，雖在日置警告下無法循正常管道將相關消息告知朱邇典，但仍透過莫理循與顧維鈞與朱邇典保持聯繫，並將歷次會議內容摘要告知朱邇典。日本將第五號內容告知英國後，陸宗輿命駐日使館秘書向格林表示，中國拒議第五號第五款所列鐵路要求之眞正原因，係日本要求侵犯英國在華鐵路權益，中國爲保全英國在華鐵路權益起見，準備在南滿、甚至東蒙問題上對日本讓步，希望英國能向日本表明不希望日本進入長江流域，促使日本撤回第五號，否則若中國最後被迫接受，恐將在國內引起動亂，進而危及袁世凱政權〔註155〕。隨後，施肇基亦私下向格雷探詢，英國所得二十一條內容是否與日本致送中國者相同、以及英國對鐵路問題有無意見，格雷則僅答以英國正以維護在華利益角度評估日本要求對英國影響程度〔註156〕。當時英國雖已決定向日本致送備忘錄，但著重於日本是否有意藉鐵路建設進入英國勢力範圍，影響英國在華利益，對其他要求並不重視，故始終不願如中國所希望般直接出面干涉。

　　英國所最重視者爲在華商務推展，長江流域尤爲英國主要利益範圍，故日本要求中鐵路條件最爲英國所重視，英國爲求切實保全在華利益，除對鐵路要求審愼評估外，同時亦認眞思考上海英商中國公會（China Association）所提英日在華合作可能性。繼格雷認爲朱邇典可就英日在華工業合作與日本磋商後，英國外交部復於3月8日要求朱邇典就英日合作可行性提供建議〔註157〕，朱邇典認爲英日就鐵路建設事宜進行合作應無問題，顧問、警察等事項亦可能有合作空間，甚至中、英、日三方合作亦不無可能，但排除俄、法、美等與中國有約列強有其困難度，若不排除其他列強則將無可避免形成國際合作局面，使問題更爲複雜〔註158〕。

　　3月上旬以後，中日歷經數度會議，但並無令日本滿意進展，加藤乃決議以增加在華兵力方式對中國施壓，希望能令中國做出令日本滿意之讓步。當日本尚未出兵時，格林即已由加藤談話中發現日本有不惜動武以壓迫中國就

　　　見〈加藤外務大臣、在本邦英國大使會談〉，大正4年3月10日，日本外務省編《日本外交文書·大正四年第三卷上冊》，第555號文書，頁608-611。
〔註155〕Greene to Grey,1Mar1915, FO371/2322[24190/15]。
〔註156〕Grey to Jordan, 6Mar1915, FO371/2322[27909/1915]。
〔註157〕Alston to Jordan, 8Mar1915, FO371/2323[31819/15]。
〔註158〕Jordan to Alston, 9Mar1915, FO371/2323[31819/15]。

範之決心〔註 159〕，英國外交部認爲日本或有可能因中國始終拒絕合作而對華動武，乃要求格林於日本眞有出兵意圖時，向加藤明白表示英國認爲出兵攻佔北京違反英日同盟精神〔註 160〕，格雷亦於 3 月 8 日向向日本使館參贊本多表示英國已經得知日本有出兵意圖，希望日本能鎮靜從事〔註 161〕。加藤於 3 月 10 日格林致送英國政府備忘錄時表示換防軍將於 3 月 16、17 日左右出發，並解釋日本政府此舉僅爲換防，但舊部隊將暫不撤回，格林雖要求日本於談判結束後再換防，以免造成誤會，加藤則並不同意〔註 162〕。袁世凱對日本增兵一事甚爲緊張，並向朱邇典表示日軍來華人數海、陸軍合計約三萬人，將增加談判困難度〔註 163〕，格林徵詢英國駐日使館武官後，證實日本並未派遣海軍，陸軍則約於 3 月 15 日到 26 日間完成換防動作〔註 164〕。英國外交部雖瞭解日本出兵確有壓迫中國讓步之意，但以此係以軍隊屆期換防爲掩飾，故無法要求日本澄清出兵意圖〔註 165〕，僅能向加藤表示英國希望日本保持耐性〔註 166〕，並密切注意日軍動態。

　　因中國對於報紙言論並不認眞取締，英國主要報刊駐北京、東京訪員即不斷將所得相關消息電告回國，英國國會對此消息亦有所聞，已有部分議員於 2 月 18 日起針對中日交涉事項對格雷提出質詢，範圍包含英國政府是否已經接獲要求全文、是否已經籌議解決辦法、是否顧慮表全英國在華利益與英商安全、中國是否要求英國表態等，格雷雖已獲知日本對華要求並不僅止於通知英國各款，但鑑於日本仍未正式將所有條件公告英國，對於國會質詢仍不加以正面答覆，僅表示不便通告議院，英國政府亦未接獲在華英商或中國政府出面干涉要求，將來必要時自當設法應付〔註 167〕。英國獲日本通知第五號要求內容後，格雷雖仍未向國會宣布日本要求全文，但以中日會議消息持續見報，國會議員仍甚爲關心，不斷提出質詢，大體均希望英國政府早日宣布日本對華要求全文，澄清外界所傳英日之間已有諒解說法，以及英國政府

〔註 159〕Greene to Grey,4Mar1915, FO371/2322[25543/15]。
〔註 160〕F.O. to Greene, 5Mar1915, FO371/2322[25543/15]。
〔註 161〕Grey to Greene, 9Mar1915, FO371/2322[28473/15]。
〔註 162〕Greene to Grey,10Mar1915, FO371/2322[28352/15]。
〔註 163〕Jordan to Grey,13Mar1915, FO371/2323[29457/15]。
〔註 164〕Greene to Grey,15Mar1915, FO371/2323[30250/15]。
〔註 165〕Jordan to Grey,16Mar1915, FO371/2323[30370/15]。
〔註 166〕Greene to Grey,17Mar1915, FO371/2323[31436/15]。
〔註 167〕Question asked in the House of Common,18Feb1915, FO371/2322[21341/15]；

對要求各款是否有礙英日盟約精神提出答覆及說明處置態度，惟英國外交部仍堅持保密，多僅答以政府正審慎研究，不願直接答覆議員質詢，亦不願將政府處理態度告知國會〔註 168〕。

（2）俄國

俄國在中國主要勢力範圍在北滿及長城以北區域，與日本要求中第二號涉及之南滿、東蒙毗鄰，但日本起初並不準備將二十一條內容通知俄國。俄國於 1 月 22 日日本〈朝日新聞〉刊登之增刊號中得知日本要求條款、從而獲悉日本對中國確實提出相當要求之後，即透過駐日大使馬列夫斯基、駐華公使庫朋斯齊、甚至破譯加藤與日本駐俄大使本野一郎間往來電報以蒐集相關訊息，並於確定日本要求全文為二十一款後決定建議日本不以將來在南滿、東蒙所得權利推行至北滿。

中國政府對於俄國蒐集相關情報動作知之甚詳，陸徵祥曾私下徵詢庫朋斯齊意見，庫朋斯齊為免引起中日兩國對俄國立場有所誤解，僅暗中向中國傳遞所知消息，並不直接提供協助〔註 169〕。中國雖曾口頭承諾將日本要求全文鈔交庫朋斯齊，惟顧慮日置得知此事，事實上並未將要求文本提供與各國駐華使節，但陸徵祥曾以口頭方式向庫朋斯齊表示第五號要求、特別是警察、聘用顧問等項與俄國絕非無關，庫朋斯齊認為中國此時最有利武器在於日本對各國隱瞞第五號要求，期望各國對日本產生牽制作用〔註 170〕。此外，陸徵祥亦訓令駐俄公使劉鏡人將第五號內容秘密知照俄國外相沙佐諾夫〔註 171〕，劉鏡人乃於 2 月

〔註 168〕英國國會議員歷次質詢問題，施肇基均摘要電告外交部，見〈收駐英施公使電〉，1915 年 3 月 4 日，《外交檔案》03-33/87-（1）；〈收駐英施公使電〉，1915 年 3 月 5 日，《外交檔案》03-33/87-（2）；〈收駐英施公使電〉，1915 年 3 月 10 日，《外交檔案》03-33/87-（2）；〈收駐英施公使電〉，1915 年 3 月 11 日，《外交檔案》03-33/88-（1）；〈收駐英施公使電〉，1915 年 3 月 13 日，《外交檔案》03-33/88-（1）；〈收駐英施公使電〉，1915 年 3 月 17 日，《外交檔案》03-33/88-（2）；〈收駐英施公使電〉，1915 年 3 月 17 日，《外交檔案》03-33/88-（2）。

〔註 169〕〈駐北京公使致外交大臣電〉，（蘇俄）帝國主義時代文獻出版委員會，《帝國主義時代的國際關係・沙皇政府和臨時政府檔案》第三輯，第 230 號文書，1915 年 2 月 20 日，轉引自中國社會科學院近代史研究所編，《北洋軍閥，1912-1928》（武漢市：武漢出版社，1990 年），頁 858。

〔註 170〕〈駐北京公使致外交大臣緊急報告〉，1915 年 2 月 24 日，第 249 號文書，轉引自中國社會科學院近代史研究所編，前引書，頁 862-864。

〔註 171〕〈駐北京公使致外交大臣電〉，1915 年 2 月 18 日，第 222 號文書，轉引自中

24 日會見沙佐諾夫，將第五號內容詳細密告，並表示第五號要求干涉中國內政，亦與他國成約有礙，中國無法同意與日本商議，惟沙佐諾夫僅表示日本條件與英國較有關係，建議中國應向英國要求協助〔註172〕。

加藤於決定將第五號內容知會英國後，亦訓令本野將第五號告知俄國政府，本野乃於 2 月 24 日將第五號內容告知俄國外相沙佐諾夫，沙佐諾夫表示聘用顧問一款容易招致列強懷疑日本欲藉此掌握監督中國權利，希望日本能將此款改為其他形式，至於長江流域鐵路及福建優先權一節則認為應先與英、法兩國商議，本野則解釋日本僅希望中國聘用適當日本人士擔任顧問，並非獨佔顧問聘用權〔註173〕。次日加藤亦將第五號內容摘要告知馬列夫斯基，並表示此號所列要求多為中日間懸案，並不損及列強利益，同時解釋日本對東蒙要求係循俄國在外蒙古要求而來，並無不妥之處，為對於馬列夫斯基質疑為何對列強隱瞞第五號一節則始終不願正面回答。馬列夫斯基對採辦軍械一款提出質疑，加藤則解釋合辦軍械廠除可增加日本技師工作機會，亦可在外國對日本軍械有大量需求時不致無法供應，且日本僅要求中國須向日本購買一定數量軍械〔註174〕。沙佐諾夫對於中日合辦軍械並無意見，對於合辦警察、採辦軍械二項則認為日本可藉此將中國置於日本保護之下，以俄國利益觀點而言並不妥當，同時訓令駐法大使依茲沃爾斯基與駐英大使本肯多夫（A. Benckendorff）秘密向英法兩國政府詢問關於長江流域鐵路及福建優先權看法〔註175〕。復於 3 月 2 日向格雷表示希望英國政府瞭解顧問、警察二款將使日本加強對華監督權，於英、俄兩國利益不無損害，並將俄國希望日本就長江流域鐵路及福建優先權先與英、法商議一事告知格雷〔註176〕，希望促使英國對日本施壓，惟英國則無所舉動。

國社會科學院近代史研究所編，前引書，頁 860。

〔註172〕〈收駐俄劉公使函〉，1915 年 3 月 22 日，《外交檔案》03-33/89-（1）。

〔註173〕〈外交大臣致駐巴黎大使依茲沃爾斯基和駐倫敦大使本肯多夫電〉，1915 年 2 月 25 日，第 250 號文書，轉引自中國社會科學院近代史研究所編，前引書，頁 864-865。

〔註174〕〈駐東京大使致外交大臣緊急報告〉，1915 年 2 月 26 日，第 260 號文書，轉引自中國社會科學院近代史研究所編，前引書，頁 858。

〔註175〕〈外交大臣致駐巴黎大使依茲沃爾斯基和駐倫敦大使本肯多夫電〉，1915 年 2 月 25 日，第 250 號文書，轉引自中國社會科學院近代史研究所編，前引書，頁 864。

〔註176〕Grey to Greene,2Mar1915, FO371/2322[23752/15]。

（3）美國

美國於中日交涉初期即獲中國告知相關訊息，美國駐華公使芮恩施亦不斷將所得消息電告國務卿布萊恩，但布萊恩對此並不重視，直至中國駐美公使夏偕復將二十一條全文秘密告知布萊恩後，美國政府始相信日本要求對中國乃至列強在華權益均有所影響，並開始加以重視。

日本駐美大使珍田捨己於 2 月 22 日將第五號要求內容正式知會美國後〔註177〕，布萊恩認爲日本依據最惠國待遇，應享有傳教權及病院、寺院、學校土地所有權，亦對於大部分條款並無意見，惟對於第五號中採辦軍械、聘用日籍顧問、中日合辦警察、福建優先權等條款均認爲與中國主權及機會均等原則相抵觸，建議美國總統威爾遜（Woodrow Wilson,1856-1924）應向日本表示美國樂見第五號並非要求。此外，美國國務院部分官員甚至建議可與日本就前四號交換條件，然威爾遜及布萊恩並未接受〔註178〕。3 月 13 日，布萊恩將一份長達二十頁的備忘錄交與珍田，列舉海約翰（John Hay,1835-1905）提出門戶開放政策以來列強相約共同遵守在華門戶開放、機會均等原則、及維持中國領土主權完整之各條約，亦相信日本將遵守自 1902 年第一次英日同盟以來與各國共同聲明維護上述原則之國際協定。此外，備忘錄中陳述美國自清季以來在華傳教、投資所付出心力及所得條約利益，表示美國雖承認二十一條要求中，關於山東、南滿、東蒙、漢冶萍公司要求條款，於日本確有特殊利益關係，但中國沿岸不割讓、聘用日籍顧問、中日合辦警察、採辦日本軍火、福建優先權等款，則違反列強歷次宣示之對華門戶開放、機會均等原則，美國並不嫉妒日本與中國基於互利原則進行合作，亦無意發揮影響力、令中國反對日本，美國政策目的在於維持中國主權獨立、領土完整、以及商業自由，同時保障美國在華權益與利益〔註179〕。布萊恩於致送備忘錄後，隨即訓令駐日大使古斯禮向加藤口頭解釋其內容要旨，古斯禮乃依訓令於 3 月 16 日會見加藤，惟其時珍田報告美國備忘錄內容電報尚未到部，加藤表示福建優先權一款已有其他國家在中國其他省分取得類似要求，日本要求尚屬合情合理，而若中國拒絕向日本採購相當數量軍械，則應同意中日合辦兵工廠，

〔註177〕The Japanese Embassy to the Department of State,22Feb1915, File No. 793.94 /550, U.S.F.R.1915, pp. 97。

〔註178〕美國官方對於日本全部要求態度及所擬策略，參見王綱領，前引書，頁 46-48。

〔註179〕The Secretary of State to the Japanese Ambassador,13Mar1915, File No. 793.94 /240, U.S.F.R.1915, pp.105-111。

同時表示日本政府將於詳細研究後再行回覆，惟亦質疑該備忘錄是否為美國回應英國或中國政府要求而做〔註180〕。布萊恩則表視該備忘錄純係以美國利益為出發點〔註181〕。

　　與古斯禮會面後，珍田關於 3 月 13 日美國照會報告亦隨後到部，加藤隨即對美國備忘錄內容進行研究，發現美國對於福建不割讓問題特別重視，乃決定先就此問題與美國交換意見。加藤於 3 月 20 日會晤古斯禮，即特別表示福建境內並無有利可圖之處，日本提出福建優先權要求，目的在於避免外國勢力進入福建後對台灣造成威脅，並非要求在福建獨佔商業利益，若美國願與日本發表共同聲明，反對外國在福建興辦足以影響台灣安全之軍事設施，則日本可考慮將此款撤回，加藤此項提議係針對美國國務卿海約翰曾考慮於福建設立海軍加煤基地、以及美國貝里咸鋼鐵公司（Bethlehem Steal Company）欲在福建改良碼頭傳聞而來〔註182〕。布萊恩對日本立場頗為同情，美國此時亦無在福建設立加煤站必要，惟認為須在美日雙方換文中，排除其他國家將來在福建建立軍事設施、包括鐵路之可能性，威爾遜對於美國能與日本就福建問題達成共識頗為滿意〔註183〕，布萊恩乃於 3 月 27 日訓令古斯禮向加藤表示，美國政府樂見中日兩國約定，中國不令外國在福建建立軍事設施，美國則以換文方式與中日兩國相互確認，但日本亦須放棄在福建境內進行建設〔註184〕。古斯禮於 3 月 29 日本此訓令，將美國政府對於福建優先權一款態度告知加藤，加藤於研究過後決心接受美國建議，乃決定訓令日置相機將福建一款改為換文一事告知中國〔註185〕，布萊恩亦表示同意〔註186〕，福建問題

〔註180〕Ambassador Guthrie to the Secretary of State,17Mar1915, File No. 793.94/251, U.S.F.R.1915, pp.112；珍田關於美國備忘錄之摘要報告見〈在米國珍田大使ヨリ加藤外務大臣宛（電報）〉，大正 4 年 3 月 15 日，日本外務省編《日本外交文書・大正四年第三卷上冊》，第 558 號文書，頁 613-616，該電報於 3 月 16 日到部。

〔註181〕The Secretary of State to Ambassador Guthrie,17Mar1915, File No. 793.94/251, U.S.F.R.1915, pp.113.

〔註182〕Ambassador Guthrie to the Secretary of State,21Mar1915, File No. 793.94/258, U.S.F.R.1915, pp.113-115.

〔註183〕Li Tien-yi, *Woodrow Wilson's China Policy,1913-1917*（NEw York, Octagon Books,1969），p.117.

〔註184〕The Secretary of State to Ambassador Guthrie,26Mar1915, File No. 793.94/251, U.S.F.R.1915, p.117.

〔註185〕〈加藤外務大臣ヨリ在米國珍田大使宛（電報）〉，大正 4 年 4 月 8 日，日本外務省編《日本外交文書・大正四年第三卷上冊》，第 599 號文書，頁 678。

獲得解決。

美國所關心者除福建優先權問題外，尚有聘用日籍顧問、採辦日本軍械、以及中日合辦警察三項。加藤於 3 月 22 日答覆美國 3 月 13 日照會時曾對此三項問題提出解釋，表示日本無意強迫中國接受，亦無意違反列強在華機會均等原則，聘用顧問一款僅希望中國能顧於中日邦誼加以考慮，採辦日本軍火一款則係防止中國向德奧採購武器，合辦警察亦僅限於南滿、東蒙〔註187〕，然布萊恩與威爾遜均不滿意，布萊恩希望中日兩國能就此問題達成協議，然亦擔心日本要求過多將破壞中日邦誼〔註188〕，仍就此三問題與日本交換意見，加藤則仍堅持此三款要求於日本立場而言均無不妥之處〔註189〕，布萊恩乃向珍田表示將建議中國保證於此三問題上給予日本公平待遇〔註190〕，但加藤未予重視。

中國國內於 3 月中旬展開之抵制日貨運動，令日本在華商務蒙受相當損失，日本駐上海總領事有吉明（1867-1937）曾向芮恩施透露，中國抵制日貨運動令日本在上海商務損失將近五成〔註191〕。布萊恩決定建議中國考慮合辦警察、聘用顧問、採辦軍械消息傳出後，芮恩施為免中國民眾將憤怒情緒轉移至美國，建議威爾遜應採取支持中國行動，否則以不發表意見為宜，威爾遜乃決定對日採取堅定立場〔註192〕。

美國政府始終相信日本將二十一條要求分為「要求條款」與「希望條款」兩部分，由於承認日本在山東、南滿、東蒙等地確有特殊利益關係，故美國努力重心在於使第五號中有礙門戶開放、機會均等、及中國主權獨立條款，不影響美國在華權利，並相信日本並不強迫中國接受，但日本僅允於福建一款讓步，對於其餘三款則仍舊堅持。袁世凱於交涉初起時即透

〔註186〕The Secretary of State to Minister Reinsch, 9Apr1915, File No. 793.94/286, U.S. F.R.1915, pp.124-125.
〔註187〕〈在米國珍田大使ヨリ加藤外務大臣宛（電報）〉，大正 4 年 3 月 25 日，日本外務省編《日本外交文書・大正四年第三卷上冊》，第 583 號文書，頁 656-664。中國駐美使館對此事亦有所知聞，見〈收駐美夏公使電〉，1915 年 3 月 23 日，《外交檔案》03-33/89-（1）。
〔註188〕Li Tien-yi, op. cit., pp.119.
〔註189〕〈加藤外務大臣、在本邦米國大使會談〉，大正 4 年 3 月 29 日，日本外務省編《日本外交文書・大正四年第三卷上冊》，第 589 號文書，頁 669-670。
〔註190〕〈在米國珍田大使ヨリ加藤外務大臣宛（電報）〉，大正 4 年 4 月 2 日，日本外務省編《日本外交文書・大正四年第三卷上冊》，第 597 號文書，頁 675-676。
〔註191〕Minister Reinsch to the Secretary of State,30Mar1915, File No. 793.94/274, U.S. F.R. 1915 , pp.117-118.
〔註192〕王綱領，前引書，頁 51-52。

過顧維鈞與芮恩施保持聯繫，將包括會議內容之相關消息告知芮恩施，芮恩施於獲悉中日間就第五號所列條款展開討論後，乃於 4 月 5 日告知布萊恩，中日會議時所有要求係一體討論，並無「要求條款」與「希望條款」之分，並表示美國政府不應對日本讓步，以免有損條約權利及喪失將來在華公平競爭機會〔註 193〕，威爾遜乃決定向日本表明維護美國在華利益決心，布萊恩即於 4 月 15 日授權芮恩施以非官方方式宣布美國政府始終重視中美友誼、亦決心維護美國在華條約權益〔註 194〕。

小　結

加藤於 2 月 13 日收畢中國修正案全文後努力籌思折衷之道，一方面須不背離日本原案，一方面又須放寬條件，誘使中國接受。2 月 16 日，日本閣議通過以中國修正案為藍本、參照日本原案修改而成的新修正案，在維持原案精神前提下將各條略事修正，日置即依據此閣議新案內容與陸徵祥逐條進行談判〔註 195〕。自 2 月 22 日第 3 次會議起至 4 月 17 日第 24 次會議止，中日兩國歷經二十二次會議討論，日本原案、中國第一次修正案、日本閣議新案均已大致進行商議，除第一號總綱經雙方無異議通過外，其餘各款無不經過再三討論，陸徵祥、曹汝霖始終堅持以尊重成約、不損及中國主權獨立及領土完整、不違背列強在華門戶開放與機會均等原則進行談判，對各款要求始終再三辯駁，努力執行袁世凱所交付拖延談判進度任務，以維護中國權益，將傷害減至最低，其中尤以第五號各條為甚，中國對此號除第六款福建不割讓問題同意日後自行宣布外，餘皆拒絕接受。中國雖在日本壓力下對第一、二兩號部分條款做出讓步，然始終堅持排除東蒙與不議第四號、第五號立場，甚至對原本已於 2 月 12 日提出修正案之第三號亦表示無法商議，以致雙方歷經兩個月時間談判後仍無法達成共識。

日本提出二十一條要求後，袁世凱雖因種種顧慮而不敢直接向外國求助，僅能利用新聞媒體透露相關消息，逐步引起外國注意。袁世凱新聞政策包含消極放任國內報紙言論、積極在國外報紙製造輿論、以及鼓動中國各界

〔註 193〕Minister Reinsch to the Secretary of State, 5Apr1915, File No. 793.94/344, U.S. F.R.1915, pp.119-122.

〔註 194〕王綱領，前引書，頁 53。

〔註 195〕〈加藤外務大臣ヨリ在中國日置公使宛（電報）〉，大正 4 年 2 月 16 日，前引書，第 190 號文書，頁 164-168。

反日風潮三方面，各種活動或受到政府鼓勵，或至少得到容忍〔註196〕，除營造舉國一致對日氣氛，以民意爲後盾壓迫日本讓步外，並藉輿論徐徐誘導列強注意中日交涉，使列強轉而同情中國、共同干涉以扭轉局勢。此外，袁世凱更利用日本內閣與元老不合、及元老素來主張對華親善，派遣有賀長雄赴日本運動元老，削弱加藤主導外交強硬立場。日本則迫於中國拖延政策及各地排日風潮可能促使列強同情中國，增加對華交涉困難，而以對華增兵方式希望壓迫中國儘速完成談判。雖然袁世凱不得不做出讓步，然仍盡力將日本權利限制於南滿，對損害中國主權過甚條文則仍力加排拒，日本以戰促談策略反而引起列強關注與同情，加強中國政府抗拒日本要求地位。

　　袁世凱於歷次中日會議結束後，均派遣顧維鈞將會議內容摘要告知朱邇典，再由朱邇典電告格雷〔註197〕，故英國政府始終掌握中日會議進度，對於中日兩國基本立場亦知之甚詳，甚至對於日本增兵中國一事亦嚴密觀察，並與中日兩國交換意見，但面對輿論及國會議員日益增加壓力，格雷瞭解英國政府處境甚爲尷尬〔註198〕，即使英國外交部已針對二十一條全文各款做出極爲詳細備忘錄〔註199〕，但格雷仍始終不願意明確表示英國政府處理日本要求態度，僅針對直接觸及英國利益範圍之第五號鐵路要求，向日本表示態度而已，英國政府所顧慮者包含軍事、經濟、歐戰局勢等各層面〔註200〕，甚至不

〔註196〕當時日本駐漢口派遣隊司令白川義則，即認爲排日政策係出自袁世凱授意，參見白井勝美著、陳鵬仁譯，前引書，頁115。

〔註197〕顧維鈞，前引書，頁123。

〔註198〕Grey to Jordan,24Mar1915, FO371/2322[33486/15]。

〔註199〕Notes on Terms of the Japanese "Demands" and "Wishes",22Mar1915, FO371/2323[33318/15]。

〔註200〕英國駐華使館陸軍武官羅賓遜曾草擬一份備忘錄，詳述英國政府所處地位及中國政府接受日本要求後對英國產生之影響。羅賓遜表示英國雖仍認袁世凱爲維持中國統一局面之不二人選，但即使在英國支持下，袁世凱此時地位仍不穩固，若接受日本要求，則可能引發中國內亂與促使中國反日，不接受條件則中日之間勢必產生衝突，英國若支持日本，則中國恐將掀起反英情緒，促使中德親善，甚至迫使中國參戰，令德國獲利，同時亦將引起美國反感。就日本要求內容加以分析，中國此時尚無足夠力量與列強相抗衡，若中國接受顧問、合辦警察、採辦軍械等要求，將使日本能隨意令中國軍事實力處於日本所希望狀態，中國恐無法建立與列強相當武力；若日本關於鐵路要求獲得實現，將使日本得以運兵至北京及中國多數工業中心；而若日本控制福建，則可與淡水共同控制台灣海峽並由福州藉鐵路直達武昌、上海、廣州等中國工商業中心。日本要求雖集中於南滿及山東，並未直接損及英國利益，但以足以令日本加強對華控制力，並損及英國在長江流域利益。備忘錄全文見

排除日後與日本在中國進行合作可能性，一切均以維持英國在華利益不受侵害爲出發點，故在局勢明朗化之前始終不願輕易表態，避免因處置失當而同時開罪中日兩國，同時亦可藉此維持英國政策靈活度，便於日後視情勢變遷而隨時做出回應。

俄國政府雖認爲第五號要求確實可能損及俄國利益，但當時俄國正專注於歐戰，與日本同爲協約國成員，又向日本洽購武器，致使俄國並不能有所舉動，僅能希望英國出面與日本協調。劉鏡人曾努力促使俄國報紙刊登親華言論，俾藉此扭轉俄國政府觀望態勢〔註201〕，但俄國社會輿論則以日俄有聯盟關係之故，避免對日本要求做出評論〔註202〕。值得注意的是，沙佐諾夫於研究二十一條全文時注意到若中國政府滿足日本在南滿及東蒙勢力範圍內要求、特別是雜居權及土地所有權時，俄國亦可在勢力範圍內，要求中國政府給予相等權利，但仍憂心日本援引門戶開放原則，要求在北滿分享相同權利，因此決定向日本試探日俄雙方相互約定，不將雜居權及土地所有權推行至對方勢力範圍之可行性〔註203〕，甚至庫朋斯齊亦希望趁中日交涉之際以發表聲明方式壓迫中國對中俄恰克圖商約修訂一事做出讓步〔註204〕。由此可見，俄國政府雖決定不對日本要求表示意見，但仍亟思維護俄國在華利益，甚至藉中日交涉時機進一步擴張在華利益。

美國在華商業利益不如英國，在中國亦不如英、俄般擁有勢力範圍，爲維持在華商務競爭力，美國始終重視維持中國主權獨立、領土完整，以便在中國各地以自由競爭方式擴展在華商務，1899 年海約翰所提出之「門戶開放政策」精神即在於此。美國面對二十一條要求時，仍以致力維持美國在華公平競爭機會爲前提，故雖承認日本在山東、南滿、東蒙地位確爲美國所不及，但對於第五號中，與門戶開放政策相抵觸之福建優先權，與機會均等原則相

Memorandum on Japanese demands in China,22Mar1915, FO371 / 2323 [33318 / 15]。
〔註201〕〈收駐俄劉公使函〉，1915 年 4 月 6 日，《外交檔案》03-33/89 -（3）。該報導標題爲〈關於中國之實情〉，於 3 月 16 日彼得格勒消息報中刊登。
〔註202〕〈收駐俄劉公使函〉，1915 年 4 月 21 日，《外交檔案》03-33/90 -（3）。
〔註203〕〈外交大臣致駐東京大使馬列夫斯基和駐北京公使庫朋斯齊函〉，1915 年 3 月 15 日，第 307 號文書，轉引自中國社會科學院近代史研究所編，前引書，頁 870-871。
〔註204〕〈駐北京公使致外交大臣電〉，1915 年 3 月 13 日，第 364 號文書，轉引自中國社會科學院近代史研究所編，前引書，頁 869-870。

衝突之採辦日本軍械、聘用日籍顧問，以及破壞中國主權獨立之中日合辦警
察條款即表示不能接受，並與日本就此四款要求展開協商。然美國制訂應對
策略時有明顯理想化傾向，既不能如俄國般純以維持既得利益爲主要考量，
亦未能如英國般就本國利益與遠東、乃至世界局勢可能發展進行通盤考量，
雖一心希望以協商方式促使日本放棄或減輕第五號中與美國利益相抵觸條
款，以保障美國條約利益，然加藤外交重心在於英日同盟，並不重視美國意
見，僅以福建一款改爲換文形式約定以安撫美國，其餘三款則不做讓步，以
致美國雖爲英、俄、美三國中唯一就二十一條要求與日本進行實質磋商之國
家，但所得成果則相當有限。

第四章　兵戎相見或和平共處——中日條約及附屬換文的簽訂及善後（1915年4月17日至6月10日）

　　袁世凱於交涉初期即已認知中國實力不足以與日本相抗，唯有引外力爲援，始有可能循外交途徑解決此事。袁世凱採取多頭並進方式，一方面指示陸徵祥採取拖延戰術，以爭取時間完成外交部署；一方面派遣金邦平赴日本結交政要、派有賀長雄歸國聯絡元老，希望藉由加藤與元老間之心結，使日本態度因內爭而軟化；一方面秘密將會議內容摘要告知英、美、俄各國駐華公使，希望各國由消極觀望轉爲積極援助。除此之外，袁世凱亦持續利用新聞政策，向國內新聞媒體透露中日交涉相關消息，對各報反日言論不加取締，甚至暗中資助反日活動，積極在國內外鼓動輿論以引爲助力。惟英、美、俄等主要相關國多以現實層面考量，無法對中國提供實質援助。

　　自1915年2月22日第3次會議起至1915年4月17日第24次會議止，中日兩國歷經二十二次會議討論，各款要求均已大致商議，中國始終堅持以尊重中外成約，不損及中國領土主權完整，不違反門戶開放與機會均等爲原則進行談判，對各款要求始終再三辯駁，以維護中國權益，努力拖延談判進度，迫使日本不得不以增兵威嚇方式壓迫中國加速進行談判，然中國仍堅持立場，不肯輕易讓步，以致會議歷時近二月而進展有限。日本見中國仍無誠意進行談判，乃於4月17日第24次會議後決定暫時中止中日談判。

第一節　日本最後通牒的提出與中國的接受

　　中日雙方於 4 月 17 日舉行第二十四次會議時，日置已經察覺中國態度趨於強硬，無意對日本要求做出讓步〔註1〕，特別是第五號要求，中國提出體面上、內政上、對外關係上等種種理由，始終堅持無法接受。受袁世凱新聞政策影響，中國民間普遍瀰漫仇日心理，在華外人對中國處境日益同情，英、美兩國對第五號要求亦多有意見，情勢逐漸轉為對日本不利，日置乃建議加藤應斟酌英、美兩國意見，儘速向中國提出具體修正案，使中國瞭解日本政府完成交涉決心，俾使交涉迅速解決〔註2〕。

　　袁世凱於交涉期間派遣有賀長雄在四元老間輾轉疏通，向元老提倡妥協方案，獲元老同意盡力維持中日交涉和平解決。元老與加藤之間素有心結，山縣有朋自始即懷疑加藤是否有能力完成交涉，有賀來訪更加深其疑慮，促使山縣決心介入，聯合其他元老與加藤進行協商，由於元老對加藤處理中日交涉方式有所不滿，為免元老對最後修正案提出異議，加藤被迫採取較溫和方式對待中國〔註3〕，日本政府於 4 月 20 日舉行閣議，大致決定提出最後讓步案〔註4〕，於雙方爭執最烈之第二號關於日人雜居權、土地所有權、農耕權、司法管轄權等均參酌中國意見而有所讓步，日本優越地位亦予刪除，第三號漢冶萍公司獨佔礦權一款亦予以撤回，第四號沿岸不割讓則同意由中國自行宣言，惟仍堅持東部內蒙古問題需另以其他方式約定，第五號除警察一款已經撤回外，其餘六款亦堅持至少須採取雙方在議事錄上簽字約定方式通過，此外亦提出歸還膠澳具體辦法，希望以此誘使中國接受修正案〔註5〕。日本閣議決定提交向中國最後修正案後，加藤即於次日將修正案內容告知山縣有朋、松方正義二元老，山縣對修正案內容表示可以接受，乃派遣有賀向井上

〔註1〕〈大正 4 年 4 月 17 日加藤外務大臣ヨリ在中國日置公使宛（電報）〉，日本外務省編《日本外交文書・大正四年第三卷上冊》，第 329 號文書，頁 331。

〔註2〕〈大正 4 年 4 月 17 日在中國日置公使ヨリ加藤外務大臣宛（電報）〉，日本外務省編《日本外交文書・大正四年第三卷上冊》，第 330 號文書，頁 331-332。

〔註3〕Chan Lau Kit-Ching, *Anglo-Chinese Diplomacy,1906-1920-- in the careers of Sir john Jordan and Yuan Shih-kai*, Hong Kong, Hong Kong University Press1978, p84.

〔註4〕〈大正 4 年 4 月 20 日加藤外務大臣ヨリ在中國日置公使宛（電報）〉，日本外務省編《日本外交文書・大正四年第三卷上冊》，第 337 號文書，頁 336。

〔註5〕〈大正 4 年 4 月 22 日加藤外務大臣ヨリ在中國日置公使宛（電報）〉，日本外務省編《日本外交文書・大正四年第三卷上冊》，第 340 號文書，頁 337-339。

說明最後修正案內容〔註6〕，有賀於22日會晤井上，井上對修正案亦無異議〔註7〕，加藤乃訓令日置儘速向中國提出〔註8〕。日置除對於最後修正案中包含膠澳歸還辦法頗不以為然外〔註9〕，由於日置於歷次會議中瞭解中國拒議第五號心意甚堅，故對於修正案中仍包含第五號一事亦有所疑慮，擔心若中國仍無法接受，再度交涉勢必仍無結果〔註10〕，加藤則表示日本以極大誠意提出膠澳歸還辦法，外交方法實已用盡，如中國屆時仍不肯讓步，唯有訴諸最後手段〔註11〕。日置確認加藤心意後，於4月26日進行第二十五次會議時，向陸徵祥提交依4月20日閣議內容整理而成之日本最後讓步案二十四款，並提示歸還膠澳辦法，希望中國儘快接受。陸徵祥詳細閱讀二遍後，仍針對東部內蒙古、漢冶萍公司、以及第五號各款表示無法同意，僅承諾於4月30日提出答覆〔註12〕。

陸徵祥於收訖日本最後修正案後，隨即將全案內容謄交袁世凱。由於元老出面干涉之故，日本要求已較符合中國期望，陸宗輿曾於4月24日致電外交部，希望中國先大體同意最後修正案，此後再就其中仍有礙主權部分詳加磋商，不僅可顧全元老顏面，亦可取得元老信任，便於將來以元老力量牽制日本內閣〔註13〕。袁世凱數度於大總統府召開會議討論此事，並於4月28日將各款內容批定，惟以其中各款仍有損國權，故對各款內容仍有諸多修正之處，堅持照

〔註6〕　王芸生，前引書，頁272-273；〈大正4年4月22日加藤外務大臣ヨリ在中國日置公使宛（電報）〉，日本外務省編《日本外交文書・大正四年第三卷上冊》，第340號文書，頁337-339。

〔註7〕　王芸生，前引書，頁274。

〔註8〕　〈大正4年4月23日加藤外務大臣ヨリ在中國日置公使宛（電報）〉，日本外務省編《日本外交文書・大正四年第三卷上冊》，第343號文書，頁341。

〔註9〕　〈大正4年4月23日在中國日置公使ヨリ加藤外務大臣宛（電報）〉，日本外務省編《日本外交文書・大正四年第三卷上冊》，第342號文書，頁340。

〔註10〕　〈大正4年4月23日在中國日置公使ヨリ加藤外務大臣宛（電報）〉，日本外務省編《日本外交文書・大正四年第三卷上冊》，第344號文書，頁341。

〔註11〕　〈大正4年4月22日加藤外務大臣ヨリ在中國日置公使宛（電報）〉，日本外務省編《日本外交文書・大正四年第三卷上冊》，第345號文書，頁342。

〔註12〕　會議內容見〈大正4年4月26日在中國日置公使ヨリ加藤外務大臣宛（電報）〉，日本外務省編《日本外交文書・大正四年第三卷上冊》，第347號文書，頁344。修正案內容中譯本見〈大正4年4月28日在中國日置公使ヨリ加藤外務大臣宛（電報）〉，日本外務省編《日本外交文書・大正四年第三卷上冊》，第353號文書，頁353-356，亦見王芸生，前引書，頁276-282。英文摘要見Jordan to F.O.,27Apr1915, FO371/2323 [50863/15]。

〔註13〕　王芸生，前引書，頁274-275。

中國第一次修正案內容辦理，亦堅持不議第五號各款，並指示外交部應先將第二號議定後再以中國意見討論第一、三兩號，雖同意討論東部內蒙古問題，惟須先定明地界，且仍不准日人於該地經營農業，亦堅持其他條款需由中國自行聲明，再與日本換文約定〔註14〕。外交部即據4月28日硃批擬定新修正案，第一號除承認日本可繼承膠澳租界權利，以及同意應開商埠及章程由中國擬定後，再與日本預先妥商決定外，大致仍採用中國2月12日修正案，並另附一款，聲明將來日德協商無結果時本約即失效。第二號條約部分則除旅大租界地、南滿、安奉兩鐵路展期，許日人在南滿洲商租地畝及擁有雜區權三款

〔註14〕 中文袁世凱批註原檔現存天津市歷史博物館，其中第一號僅存前文及第一款譯漢文部份，第二號僅存前文及第二款、第三款、第三款第二項及關於東部內蒙古事項，第三號與《日本外交文書》所收修正案漢譯本並不相同，第四號不存，原檔影印本見天津市歷史博物館館藏，前引書，頁320-347。王芸生《六十年來中國與日本》一書所收硃批內容與此完全相同，見該書頁282-286。其中漢冶萍公司一款，日本閣議最後修正案，係採用加藤於4月13日訓令日置提出之「日本國與漢冶萍公司之關係極為密接，如將來該公司關係人與日本國資本家商訂合辦，中國政府應即允准。又中國政府允諾，如未經日本國資本家同意，將該公司不歸為國有，又不充公，又不准使該公司借用日本國以外之外國資本」，該款係加藤參酌陸徵祥歷次會議所表示意見修訂而成，故加藤對陸徵祥反對此款甚為不解，經詢問日置後，日置始發現4月26日提出最後修正案時，將此款誤植為加藤於3月26日所提之「日本國向因對於漢冶萍公司投資甚鉅，該公司與日本國實有密接關係，茲兩國約定各自慫恿該公司及其關係人，務期實現該公司之日中合辦。又中國政府允諾，未經日本國同意，一概防止變更該公司現狀之舉」。加藤要求日置緊急向中國政府更正此款，日置於4月28日完成，惟當時外交部鈔呈袁世凱者係日置4月26日所交條款，袁世凱已於4月28日批定，未及更正。故現存硃批原檔第三號條文與《日本外交文書》所收內容並不相同。王芸生《六十年來中國與日本》一書所收最後修正案與《日本外交文書》一致，當係鈔自更正過後之外交部檔案。日置與加藤關於更正漢冶萍公司一款電文，參見〈大正4年4月27日加藤外務大臣ヨリ在中國日置公使宛（電報）〉，日本外務省編《日本外交文書・大正四年第三卷上冊》，第350號文書，頁351-352。〈大正4年4月28日在中國日置公使ヨリ加藤外務大臣宛（電報）〉，日本外務省編《日本外交文書・大正四年第三卷上冊》，第351號文書，頁352；〈大正4年4月28日加藤外務大臣ヨリ在中國日置公使宛（電報）〉，日本外務省編《日本外交文書・大正四年第三卷上冊》，第352號文書，頁352。〈大正4年4月28日在中國日置公使ヨリ加藤外務大臣宛（電報）〉，日本外務省編《日本外交文書・大正四年第三卷上冊》，第355號文書，頁356。此外，日置復於5月5日令高尾向外交部表示，第五號中顧問一款應將「多數日本人」一句中「多數」一詞刪除，見〈大正4年5月5日在中國日置公使ヨリ加藤外務大臣宛（電報）〉，日本外務省編《日本外交文書・大正四年第三卷上冊》，第376號文書，頁370。

外悉數刪除，並另文規定中國擁有司法管轄權。關於東部內蒙古事項，除明確規定東部內蒙古範圍僅限於熱河道所轄部分，將日人在東蒙擁有雜居權一款刪除外，亦將日本優先借款權改爲由中國自行聲明不借外款，借日款造路則增加不與成約相抵觸前提。第三號採用日置4月28日更正條文，第五號則除同意福建採換文形式約定外，其餘五款悉數刪除〔註15〕。日置於5月1日前赴外交部，陸徵祥先令秘書宣讀一份聲明，詳述中國提出修正案之背景及苦心，隨即提出新修正案，並表示此爲中國斟酌再三後之最後對案〔註16〕。日置對中國新修正案內容頗不滿意，認爲中國顯然毫無解決問題誠意〔註17〕，加藤於5月2日接獲報告後，乃決心向中國提出最後通牒〔註18〕，隨即起草通牒內容，同時亦就中日交涉過程及日本1月18日原案、4月26日修正案草擬致元老會議報告，以爭取元老支持〔註19〕。5月4日下午，山縣、松方、大山三元老與閣臣共同召開會議，討論最後通牒事宜，先由加藤報告中日交涉已無和平解決之望，日本必須提出最後通牒，三元老對加藤忽視元老意見、提出令中國無法接受條款，以致交涉迄今無法獲致結果頗不滿意，雖同意日本必須藉最後通牒始能解決此案，惟仍本諸國際協調原則，堅持提出最後通牒前須先與英、美、俄等國充分溝通，並由加藤親赴北京向袁世凱遞送，以示日本政府愼重之意，元老退席後，閣員經徹夜討論，決定召開御前會議商討最後通牒。5月6日舉行御前會議，元老、閣員一致同意，除公布中日交涉始末以令列強瞭解日本立場，並決定將第五號要求除福建一款外悉數撤回，以此爲日本政府最後立場〔註20〕。

〔註15〕 王芸生，前引書，頁287-290。日本方面無全文譯本，僅有摘要紀錄，見〈大正4年5月2日在中國日置公使ヨリ加藤外務大臣宛（電報）〉，日本外務省編《日本外交文書・大正四年第三卷上冊》，第361號文書，頁361-363。英文摘要見Jordan to Grey,3May1915, FO371/2324[53731/15]。

〔註16〕 說帖內容見王芸生，前引書，頁291-293；〈大正4年5月2日在中國日置公使ヨリ加藤外務大臣宛（電報）〉，日本外務省編《日本外交文書・大正四年第三卷上冊》，第360號文書，頁359-361。

〔註17〕 〈大正4年5月1日在中國日置公使ヨリ加藤外務大臣宛（電報）〉，日本外務省編《日本外交文書・大正四年第三卷上冊》，第359號文書，頁358-359。

〔註18〕 〈大正4年5月3日加藤外務大臣ヨリ在中國日置公使宛（電報）〉，日本外務省編《日本外交文書・大正四年第三卷上冊》，第364號文書，頁364。

〔註19〕 報告全文見〈大正4年5月6日加藤外務大臣ヨリ在中國日置公使宛（電報）〉，日本外務省編《日本外交文書・大正四年第三卷上冊》，第389號文書，頁379-381。

〔註20〕 井上當時在興津養病，並未參加元老會議及御前會議，僅以書面或電話方式表達意見。最後通牒形成過程，參見井上馨侯傳記編纂委員會，《世外井上公

　　日置於 5 月 1 日收受中國最後修正案時，曾對其中部分內容加以痛駁，明確表示日本政府無法滿意，袁世凱深知日本政府必將有所行動，乃於 5 月 3 日起，在大總統府連日召開會議商討對策〔註21〕，袁世凱雖於 5 月 4 日向軍事顧問坂西利八郎表示，中國已無讓步餘地，亦令曹汝霖於 5 月 4 日以個人身份向高尾表示中國新修正案已盡可能符合日本期望，讓步實已達極點，希望日本能以善意回應〔註22〕，然為緩和日本情緒，曹汝霖仍透過其親近之日本人向日置試探是否仍有談判空間〔註23〕，甚至於 5 月 5 日親訪日置〔註24〕，並與高尾交換意見，表達重開談判、和平解決中日交涉問題意願〔註25〕，日置乃於 5 月 5 日下午再度前往外交部，然中國仍不肯就雙方爭議較大之南滿居住權、土地所有權、及第五號做出讓步，僅以顧全中國政府顏面為由，希望日本考慮重新開議，日置見中國仍無讓步之意，乃表示重開談判已無必要，日本政府決心要求中國接受 4 月 26 日最後修正案〔註26〕，並決定於 5 月 7 日下午 3 時赴外交部，當面向陸徵祥致送〔註27〕。

　　加藤將御前會議一致同意之最後通牒全文電致日置〔註28〕，訓令日置於致送最後通牒時限定於 5 月 9 日下午 6 時以前答覆〔註29〕，並向海軍部詢問日本海軍艦艇在中國部署情形〔註30〕。陸軍部於 5 月 6 日向朝鮮及滿洲駐軍

　　　傳》（東京都：原書房，1990 年 11 月 30 日第二刷），頁 397-401；若槻禮次郎，
　　　《古風菴回顧錄》（東京都：讀賣新聞社，昭和 25 年 3 月 25 日），頁 223-226。
〔註21〕 Reinsch to Bryan, May17,1915, FRUS File No.393.94/397.
〔註22〕 〈大正 4 年 5 月 4 日在中國日置公使ヨリ加藤外務大臣宛（電報）〉，日本外
　　　務省編《日本外交文書・大正四年第三卷上冊》，第 366 號文書，頁 364-366。
〔註23〕 〈大正 4 年 5 月 5 日在中國日置公使ヨリ加藤外務大臣宛（電報）〉，日本外
　　　務省編《日本外交文書・大正四年第三卷上冊》，第 371 號文書，頁 368-369。
〔註24〕 〈大正 4 年 5 月 5 日在中國日置公使ヨリ加藤外務大臣宛（電報）〉，日本外
　　　務省編《日本外交文書・大正四年第三卷上冊》，第 373 號文書，頁 369。
〔註25〕 〈大正 4 年 5 月 5 日在中國日置公使ヨリ加藤外務大臣宛（電報）〉，日本外
　　　務省編《日本外交文書・大正四年第三卷上冊》，第 380 號文書，頁 372-373。
〔註26〕 〈大正 4 年 5 月 6 日在中國日置公使ヨリ加藤外務大臣宛（電報）〉，日本外
　　　務省編《日本外交文書・大正四年第三卷上冊》，第 381 號文書，頁 373-374。
〔註27〕 〈大正 4 年 5 月 6 日在中國日置公使ヨリ加藤外務大臣宛（電報）〉，日本外
　　　務省編《日本外交文書・大正四年第三卷上冊》，第 386 號文書，頁 376。
〔註28〕 〈大正 4 年 5 月 6 日加藤外務大臣ヨリ在中國日置公使宛（電報）〉，日本外
　　　務省編《日本外交文書・大正四年第三卷上冊》，第 389 號文書，頁 376-379。
〔註29〕 〈大正 4 年 5 月 6 日加藤外務大臣ヨリ在中國日置公使宛（電報）〉，日本外
　　　務省編《日本外交文書・大正四年第三卷上冊》，第 383 號文書，頁 374。
〔註30〕 〈大正 4 年 5 月 6 日秋山軍務局長ヨリ坂田通商局長宛〉，日本外務省編《日

下達提升戰備命令後〔註31〕，加藤隨即訓令駐華各外交官預備撤回在華日人〔註32〕，完成遞送最後通牒準備。袁世凱仍力圖挽回，乃命曹汝霖於 5 月 6 日下午再訪日置，對日本最後修正案再做讓步，表示第一號照日本修正案同意，但須加入中國最後修正案中，日本聲明交還膠澳，及將來日德未能商議完成時本約即失效兩款，以及中國第一次修正案中日本賠償戰爭損失等等一款；第二號部分，中國可接受日人以永租形式租用土地，日本領事可於中國法庭審判中日人民關於土地契約糾紛時派員旁聽；東部內蒙古問題照中國最後修正案形式，惟農業須以中日合辦公司方式經營；第五號鐵路問題照日本最後修正案通過，病院、寺院、學校土地所有權允保留紀錄，聘用顧問、採辦軍械、布教權三款允日後商議，再三要求日本政府撤銷致送最後通牒行動〔註33〕，惟聲明此係個人意見〔註34〕，加藤以閣議通過之事已難挽回，仍命令日置提出〔註35〕。袁世凱原本已命曹汝霖於 5 月 7 日上午以電話託人向日本使館表示，中國願接受日本最後修正案前四號，第五號部分則有條件同意，希望仍循正常管道解決中日交涉，惟隨後探得日本最後通牒內容較修正案條件為緩和，乃決心等待日本發出最後通牒，故高尾依電話所傳內容於 5 月 7 日下午往訪曹汝霖時，曹汝霖即否認中國政府有再讓步之意，日置乃照原訂計畫於 5 月 7 日下午 3 時，當面將最後通牒及附屬說明書七款致送陸徵祥，要求中國須於原則上完全接受 4 月 26 日日本最後修正案內容中第一至四號及第

本外交文書・大正四年第三卷上冊》，第 384 號文書，頁 374。
〔註31〕〈大正 4 年 5 月 6 日岡陸軍大臣ヨリ加藤外務大臣宛〉，日本外務省編《日本外交文書・大正四年第三卷上冊》，第 388 號文書，頁 376。
〔註32〕大正 4 年 5 月 6 日加藤外務大臣ヨリ在中國日置公使及各領事官宛（電報）〉，日本外務省編《日本外交文書・大正四年第三卷上冊》，第 391 號文書，頁 389。
〔註33〕〈大正 4 年 5 月 6 日在中國日置公使ヨリ加藤外務大臣宛（電報）〉，日本外務省編《日本外交文書・大正四年第三卷上冊》，第 394 號文書，頁 390-391，亦見 Jordan to FO, May 6,1915, FO371/2324[55798/15]。外交部當日曾將擬讓步範圍電告陸宗輿，內容與前引《日本外交文書》大致相同，電文參見王芸生，前引書，頁 301-303。另據王芸生《六十年來中國與日本》書中所收曹汝霖 5 月 6 日致陸宗輿信函，曹汝霖表示係奉袁世凱命令與日置交換意見。
〔註34〕〈大正 4 年 5 月 8 日在中國日置公使ヨリ加藤外務大臣宛（電報）〉，日本外務省編《日本外交文書・大正四年第三卷上冊》，第 409 號文書，頁 414。〈駐東京大使致外交大臣電〉，1915 年 5 月 6 日，第 692 號文書，轉引自中國社會科學院近代史研究所編，前引書，頁 880-881。
〔註35〕〈大正 4 年 5 月 7 日加藤外務大臣ヨリ在中國日置公使宛（電報）〉，日本外務省編《日本外交文書・大正四年第三卷上冊》，第 395 號文書，頁 391。

五號福建不割讓條款，並限令於 5 月 9 日下午 6 時以前答覆，否則將執必要之手段，同時附加七款說明書，表示對於福建不割讓、南滿洲土地權、東部內蒙古事項、以及漢冶萍公司等條文，可酌情採用中國 5 月 1 日修正案內容〔註36〕。日本外務省於日置致送最後通牒後，隨即公布中日交涉始末，向列強宣布日本提出最後通牒實迫於無奈〔註37〕。

　　早在 5 月 5 日，袁世凱即曾召集徐世昌、曹汝霖、梁士詒舉行會議，決定若日本提出最後通牒，則由梁士詒向朱邇典探詢英國對於中國接受或拒絕最後通牒所產生結果之態度，朱邇典當時即明確表示英國基於英日同盟，將不以武力援助中國，希望中國就開戰與接受最後通牒間做一明智抉擇〔註38〕。最後通牒提出後，朱邇典強烈建議中國接受〔註39〕，格雷亦向中國駐英公使施肇基表示，日本既已將第五號中除福建一款外全數撤回，中國自應接受通牒，以避免戰爭，同時訓令朱邇典促使中國接受通牒〔註40〕。日置送交最後通牒後，袁世凱隨即於大總統府徹夜召集會議進行討論，5 月 8 日復召集國務卿、政事堂左右丞、外交總長、次長、各部總長、及各參政舉行會議商討因應之道〔註41〕，朱邇典於開議前赴外部與陸徵祥會晤，向陸徵祥表達英國希望中國接受最後通牒之意〔註42〕，袁世凱鑑於戰爭迫在眉睫，中國目前無力與日本對抗，英國又不能以實力襄助中國，審度內外情勢均對中國不利，

〔註36〕　〈大正 4 年 5 月 7 日在中國日置公使ヨリ加藤外務大臣宛（電報）〉，日本外務省編《日本外交文書・大正四年第三卷上冊》，第 401 號文書，頁 408-409。最後通牒及附屬說明書中文原檔參見見天津市歷史博物館館藏，前引書，頁 350-366。

〔註37〕　日本政府於 1915 年 5 月 7 日下午 4 時以英、日兩種語文公佈中日交涉始末，原檔見〈大正 4 年 5 月 7 日外務省發表〉，日本外務省編《日本外交文書・大正四年第三卷上冊》，第 398 號文書，頁 392-407。

〔註38〕　Jordan to F.O., May 5,1915, FO371/2324[55675/15]。

〔註39〕　Jordan to F.O., May 7,1915, FO371/2324[56367/15]。

〔註40〕　F.O. to Jordan, May 71915, FO371/2324[56962/15]。

〔註41〕　〈大正 4 年 5 月 8 日在中國日置公使ヨリ加藤外務大臣宛（電報）〉，日本外務省編《日本外交文書・大正四年第三卷上冊》，第 402 號文書，頁 411。〈大正 4 年 5 月 8 日在中國日置公使ヨリ加藤外務大臣宛（電報）〉，日本外務省編《日本外交文書・大正四年第三卷上冊》，第 409 號文書，頁 414-416。〈發東京陸公使電〉，民國 4 年 5 月 7 日，《外交檔案》03-33/92-（1）；〈發各省將軍、巡按使電〉，民國 4 年 5 月 7 日，《外交檔案》03-33/92-（1）；〈發駐外各使、各總領事電〉，民國 4 年 5 月 8 日，《外交檔案》03-33/92-（2）；Jordan to FO, May 8,1915, FO371/2324[57011/15]。Paul Reinsch, op. cit., pp147。

〔註42〕　Jordan to F.O., May 8,1915, FO371/2324[57278/15]。

乃決心接受最後通牒〔註43〕，隨即令外交部參事顧維鈞起草覆牒。在袁世凱指示下，覆文內容最初詳細辯駁日本最後通牒所述，惟陸徵祥認為若日本無法接受覆牒文字，屆時反多生枝節，表示覆文以簡短為宜，與會各人亦贊同此議，遂重新草擬覆文〔註44〕，為免日本對覆牒內容表示異議，乃先行將覆文於 5 月 8 日下午派員送交日館，日置對覆文內容大致滿意，惟以最後通牒中第五號除福建一款外係有「日後另行協商」一句，故堅持中國覆文中需表明此意。為免橫生枝節，中國政府乃決定於覆文中採用日本最後通牒所用文句，並在第五號各款加入「容日後協商外」一句〔註45〕。5 月 9 日清晨 1 時，陸徵祥、曹汝霖、施履本赴日館，將覆牒面交日置，聲明中國接受日本 4 月 26 日最後修正案中一至四號各款、第五號福建一款換文、及附加說明中七項解釋〔註46〕。

第二節　英、俄、美的介入與調停

（1）英國

自中日交涉開始以來，中國政府透過莫理循、顧維鈞與朱邇典保持聯繫，

〔註43〕Jordan to FO, May 8,1915, FO371/2324[56546/15]。

〔註44〕〈大正 4 年 5 月 12 日在中國日置公使ヨリ加藤外務大臣宛（電報）〉，日本外務省編《日本外交文書・大正四年第三卷上冊》，第 435 號文書，頁 442-443。

〔註45〕中國形成覆文過程，參見〈大正 4 年 5 月 8 日在中國日置公使ヨリ加藤外務大臣宛（電報）〉，日本外務省編《日本外交文書・大正四年第三卷上冊》，第 403 號文書，頁 411。〈大正 4 年 5 月 12 日在中國日置公使ヨリ加藤外務大臣宛（電報）〉，日本外務省編《日本外交文書・大正四年第三卷上冊》，第 435 號文書，頁 442-443。王芸生，前引書，頁 309-313。顧維鈞，前引書，頁 125-126。Paul S. Reinsch, op. cit., pp.147-148。

〔註46〕〈大正 4 年 5 月 9 日在中國日置公使ヨリ加藤外務大臣宛（電報）〉，日本外務省編《日本外交文書・大正四年第三卷上冊》，第 411 號文書，頁 416-417。〈發駐日本陸公使電〉，民國 4 年 5 月 9 日，《外交檔案》03-33/92-（2）；〈發各省將軍、巡按使電〉，民國 4 年 5 月 9 日，《外交檔案》03-33/92-（2）；〈致使領各館電〉，民國 4 年 5 月 9 日，《外交檔案》03-33/92-（2）。〈駐北京大使致外交大臣電〉，1915 年 5 月 9 日，第 722 號文書，轉引自中國社會科學院近代史研究所編，前引書，頁 883。覆牒內容見〈大正 4 年 5 月 10 日在中國日置公使ヨリ加藤外務大臣宛（電報）〉，日本外務省編《日本外交文書・大正四年第三卷上冊》，第 418 號文書，頁 420；覆牒英譯本見 Jordan to FO, May 9,1915, FO371/2324[57100/15]。

亦透過施肇基在英國鼓動親華輿論，希望採取雙管齊下策略，迫使英國政府出面干涉，以減輕日本政府壓力，但英國則以維持英國在華利益為出發點，也不希望見到中國與日本在遠東地區、特別是就採辦軍械問題方面進行合作，以免黃禍（Yellow Peril）成真，或在亞洲造成日本對華門羅主義（A Japanese Monroe Doctrine on China），以致對歐洲造成危機〔註47〕。故在局勢明朗化之前始終謹慎從事，不對外公開表示任何意見，避免因處置失當而同時開罪中日兩國。英國外交部於3月10日就中日二十一條要求中，長江流域鐵路建造權一事答覆日本後，即一面注意中日交涉發展情形，一面等待日本做出回應。日本雖曾表示若中國拒絕鐵路要求原因，在於已將該等權利許應英國，則日本願與英國先行協商，但截至4月上旬中日之間已經議及長江流域鐵路權利時，日本仍未回應英國備忘錄，格雷乃於4月14日訓令格林向加藤詢問日本是否已認真研究，亦同時將此消息告知日本駐英大使井上勝之助〔註48〕，並對其表示英國無意阻止日本在華進行商務擴張，惟需注意不損及英國利益〔註49〕，格林次日會見加藤後，加藤表示日本已在草擬致英國備忘錄覆文，近日內將正式交予英國，並已訓令日置詢問中國是否因與英國有約而拒議鐵路問題，並保證若屬實，則日本在與英國商議前不與中國就此問題達成任何協議，英國外交部乃決定等待加藤提出覆文後再做處置〔註50〕。

英國各報此時仍持續報導駐北京訪員所得消息，泰晤士報即不斷表示中國拒議鐵路問題理由在於已將權利給予英國〔註51〕，井上鑑於英國輿論逐漸親華，英國國會及政府又甚重視維護英國臣民在華權利，乃向加藤建議鐵路問題先與英國商議、後與中國談判為宜，以免使中英兩國立場趨於一致，反而正中中國下懷，使日本處於不利地位〔註52〕，惟加藤於擬定致中國最後修

〔註47〕 Jordan to Grey,2Apr1915, FO371/2323[38642/15]。

〔註48〕 Grey to Greene,14Apr1915, FO371/2323[42289/15]。格雷告知井上之致格林訓電，見〈大正4年4月17日在英國井上大使ヨリ加藤外務大臣宛（電報）〉，日本外務省編《日本外交文書·大正四年第三卷上冊》，第609號文書，頁686-687。

〔註49〕 Grey to Greene,14Apr1915, FO371/2323[45091/15]。

〔註50〕 Greene to Grey,15Apr1915, FO371/2323[44716/15]。

〔註51〕 〈收駐英施公使電〉，1915年4月18日，《外交檔案》03-33/90-（2）。〈大正4年4月16日在英國井上大使ヨリ加藤外務大臣宛（電報）〉，日本外務省編《日本外交文書·大正四年第三卷上冊》，第606號文書，頁684-686。

〔註52〕 〈大正4年4月17日在英國井上大使ヨリ加藤外務大臣宛（電報）〉，日本外務省編《日本外交文書·大正四年第三卷上冊》，第607號文書，頁685-686。

正案時仍將鐵路要求一款列入，僅限制其條件為相關外國並無異議時始得辦理，並表示此係完全尊重英國政府立場所做修正〔註53〕，井上建議先將鐵路要求脫離此次交涉〔註54〕，加藤則堅持不允〔註55〕。加藤於訓令日置向中國提出日本最後修正案後，亦於4月28日會晤格林，除將修正案內容知會格林，告以若中國仍不讓步，則不排除將此項不限時答覆修正案改為限時答覆通牒外，亦將日本政府對於英國3月10日備忘錄覆文交與格林，說明日本無意要求中國就已許與他國權利做出讓步，並已向中國明確表示，中國若覺日本要求路線侵犯成約，則日本政府願先與相關國家達成諒解，但中國始終充耳不聞，認為日本要求路線與中外成約相衝突，日本政府乃不得不要求中國政府即行接受日本最後修正案中，關於鐵路一款所做要求，或待日本與相關國家達成協議而後再與中國商議，希望英國政府體諒日本立場，不加以任何反對〔註56〕。同日井上亦將日本最後修正案及覆文致送格雷，除表明日本將不惜一切達成目的外，亦表示若因中國拒絕接受最後修正案，導致日本無法順利完成中日交涉，則日本將在遠東地區喪失地位及尊嚴，亦將因此而無法再維持英日同盟，格雷當時則僅表示，英國亦擔憂中日決裂，將使英國因英日同盟關係而陷於尷尬地位，並未對最後修正案發表看法〔註57〕。

中日會議於4月17日以後即陷於停頓，格林不斷探知日本將對中國提出具最後通牒意味、但不限定回覆日期之新修正案，修正有損中國國格部分條文，包括長江流域鐵路要求均予撤回，希望在不抵觸成約前提下，與中國達

〔註53〕〈大正4年4月25日加藤外務大臣ヨリ在英國井上大使宛（電報）〉，日本外務省編《日本外交文書・大正四年第三卷上冊》，第620號文書，頁694。
〔註54〕〈大正4年4月26日在英國井上大使ヨリ加藤外務大臣宛（電報）〉，日本外務省編《日本外交文書・大正四年第三卷上冊》，第621號文書，頁694-695。
〔註55〕〈大正4年4月26日加藤外務大臣ヨリ在英國井上大使宛（電報）〉，日本外務省編《日本外交文書・大正四年第三卷上冊》，第622號文書，頁695。
〔註56〕Greene to Grey,28Apr1915, FO371/2323[51522/15]。日本覆文摘要見Greene to Grey,28Apr1915, FO371/2323[51558/15]，全文見〈大正4年4月28日加藤外務大臣ヨリ在英國井上大使宛（電報）〉，日本外務省編《日本外交文書・大正四年第三卷上冊》，第627號文書，頁698-701。
〔註57〕Grey to Greene,29Apr1915, FO371/2323[52466/15]。〈大正4年4月28日在英國井上大使ヨリ加藤外務大臣宛（電報）〉，日本外務省編《日本外交文書・大正四年第三卷上冊》，第631號文書，頁705-706。〈大正4年4月29日在英國井上大使ヨリ加藤外務大臣宛（電報）〉，日本外務省編《日本外交文書・大正四年第三卷上冊》，第632號文書，頁707。井上所送文件見Papers communicated by Japanese Ambassador,28Apr1915, FO371/2323[51932/15]。

成協議，英國外交部對此甚爲滿意，希望此消息確實無誤〔註 58〕。朱邇典於
27 日將中國口頭告知之日本最後修正案內容電告格雷，英國外交部認爲南滿
部分條款已較原案減輕，第三號漢冶萍公司部分條款亦有所改善，中國應可
接受，整體而言，中國此次交涉似已獲得勝利〔註 59〕，此時英國尚樂觀相信
日本將顧及英日同盟關係，對有損英國在華利益條款做出讓步，惟加藤於 28
日將覆文交予格林之後，陸徵祥亦派遣中國駐東京使館秘書向格林詢問，英
國是否已經就鐵路問題與日本達成共識〔註60〕，袁世凱復於 30 日遣曹汝霖將
日本最後修正案轉交朱邇典，並詢以日本提出前是否先與英國磋商，英國是
否已就長江流域鐵路問題與日本達成諒解，以及英國政府對最後修正案中鐵
路問題態度〔註61〕，英國外交部研究過後，認爲與原案相較減輕幅度並不大，
且預留日後解釋空間〔註 62〕，始發覺日本仍舊堅持取得長江流域造路權，而
企圖將此難題轉嫁予英國。就英國觀點而言，日本所要求路線多具戰略考量，
如福州至武昌一線可直達中國鐵路及工業中心，再配合中國與列強不在福建
設置海軍設施一條，將使中國永難在華南發展海軍，中國則無法抵抗日本海
軍由台灣威脅中國東南沿海〔註 63〕，加藤顯然幻想英日同盟關係可順利使英
國放任日本進入長江流域，及侵犯列強共同維護中國門戶開放原則，就英國
在華利益而言，日本最後修正案中以鐵路要求及採辦軍械兩款影響最大，而
日本要求仍與英日同盟精神有所抵觸，英國應就上述問題向加藤清楚表達立
場〔註 64〕，此外，由於中日交涉已至最後階段，爲避免日本重施故技，將致
送中國之最後修正案內容中、英國無法接受部分刪除後始送交英國，此時英
國是否能取得正確版本足以影響英國決策正確性〔註 65〕，故格雷亦要求朱邇
典將所得文本內容電告外交部，並盡量提供意見〔註 66〕。

〔註 58〕 Greene to Grey,21Apr1915, FO371/2323[47481/15]。Greene to Grey,23Apr1915,
　　　　 FO371/2323[48916/15]。
〔註 59〕 Jordan to Grey,27Apr1915, FO371/2323[50863/15]。
〔註 60〕 Greene to Grey,28Apr1915, FO371/2323[51522/15] 。
〔註 61〕 Jordan to Grey,30Apr1915, FO371/2323[51946/15]。
〔註 62〕 Japanese Demands on China,30Apr1915, FO371/2323[51946/15]。
〔註 63〕 Yangtse Railwaly Concessions,28Apr1915, FO371/2323[51558/15]。
〔註 64〕 Japanese Demands on China,30Apr1915, FO371/2323[51932/15]。
〔註 65〕 Japanese Demands on China,30Apr1915, FO371/2323[52476/15]。
〔註 66〕 Grey to Jordan,30Apr1915, FO371/2323[52476/15]。據朱邇典於 5 月 2 日電報所
　　　　 提，日本致送中國之最後修正案中文譯本與日文原本在聘用顧問一款上顯然
　　　　 有所差異，致送中國者爲顧問主要應聘請日本人，日文原本則解釋爲應雇用

　　英國外交部於 5 月 1 日將日本 4 月 28 日照會覆文大致擬妥，仍僅針對長江流域鐵路一款提出說明，詳述英國在中國建築鐵路權利緣由，並列敘英國對日本要求在華鐵路權利所做讓步情形，表明相較於英俄在華相互讓步，英國對於日本係單方面付出，日本並未給與英國相等回饋，且英國爲列強之中最早進入長江流域國家，在華鐵路利益與商業利益具同等重要地位，且俱受條約保護。此外，英國並以現與中國有約諸鐵路爲主體，一一駁斥日本照會內容，認爲日本所提路線皆與英國利益相衝突，希望日本尊重英國在華利益〔註 67〕。

　　覆文擬妥後，英國外交部仍希望聽取朱邇典對日本最後修正案看法，朱邇典於得知中國 5 月 1 日所提修正案內容後，認爲中日兩國間對於日本要求仍存在相當歧見，特別是在第五號上，即使日本已經修正要求，中國仍無法接受。英國對鐵路問題之立場雖無懈可擊，但與其放任中日兩國談判破裂，不如乘勢引導日本在維持英日同盟精神之前提下，重新檢討中日間仍有歧見部分。此外，朱邇典認爲鐵路建設需俟歐戰結束後始能進行，故建議格雷可暫不考慮鐵路問題，亦希望英國能爲日本設身處地著想〔註 68〕。

　　爲免中國在中日談判因取得英國支持而拒絕妥協，進而導致中日兩國關係決裂，格雷乃暫不對日本覆文提出備忘錄，訓令格林向日本表達，英國瞭解中日談判癥結在於第五號要求、特別是聘用顧問及採辦軍械問題上，若中日談判因中國拒絕接受第五號而破裂，以英國立場而言，將無法與英日同盟精神相一致，英國希望日本放棄堅持第五號立場，或至少表明第五號中聘用顧問、採辦軍械兩款係誤植爲要求〔註 69〕。

　　日本媒體於 5 月 4 日傳出日本政府將對中國發出最後通牒後，格林隨即將此消息告知格雷〔註 70〕，格雷認爲因英國始終未表明態度，導致中日決裂在即，令格林建議加藤應發表公開聲明，表示日本並未要求中國接受有損英日同盟精

　　多數日本人擔任顧問，參見 Jordan to Grey,2May1915, FO371/2323[53172/15]。
〔註 67〕Draft Communication to Japanese Government on the Subject of the Yang-Tszw Railways Question,1May1915, FO371/2323[52599/15]。
〔註 68〕Jordan to Grey,3May1915, FO371/2324[53731/15]。
〔註 69〕Grey to Greene,3May1915, FO371/2324[54503/15]。英國外交部對此則有不同意見，艾斯頓及衛斯理認爲應立即將已擬定之英國對鐵路問題態度告知日本，以免中國誤解英國以與日本達成諒解、或產生英國放棄長江流域鐵路權利印象。參見 Japanese Demands on China,4May1915, FO371/2324[53731/15]。
〔註 70〕Greene to Grey,4May1915, FO371/2324[54115/15]。

神之條件〔註71〕，因加藤出席御前會議，格林無法與加藤會面〔註72〕。加藤於
會議結束後會晤格林，表示日本政府已經決定發出最後通牒，但已將 4 月 26
日最後修正案中第五號部分條款撤銷，留待他日再議，且限令於 5 月 9 日下午
6 時以前答覆，否則將執必要之手段。加藤懷疑中國因受美國影響，以致不肯
接受日本最後修正案，但日本已無讓步餘地，日本政府將於 5 月 7 日發表中日
交涉始末以表明立場，希望格雷給予建議，且已令井上回覆英國要求，表明日
本已決定撤回第五號，對中國表示讓步〔註73〕。格雷亦於 5 月 6 日向井上遞交
一份備忘錄，聲明英國極為關注中日之間可能爆發之戰爭情勢，認為如此則將
與英日同盟中，維護中國獨立完整宗旨不符，基於英日盟約第一款規定，英國
相信日本在與英國磋商、由英國出面斡旋之前將不致貿然從事〔註74〕，同時向
井上表示已訓令朱邇典要求中國讓步，相信中國並未全面拒絕接受日本要求，
希望日本力持鎮靜〔註75〕，加藤則認為中國於 5 月 1 日所提修正案僅在於爭取
時間，並無意與日本談判，亦不能令日本滿意，若中國仍不願接受，日本將別
無選擇，以必要方式護衛在亞洲地位〔註76〕，復要求井上向格雷詢問，一旦中
日決裂，則英國將如何處置，格雷重申英國希望中國接受撤回第五號要求後之
其他條款，亦表明一旦中日發生戰爭，英國將命令駐華外交官保護日本在華利
益〔註77〕。格雷除令格林向加藤表明，英國政府不希望中日間發生戰爭，要求
日本政府冷靜之外，亦向中國駐英公使施肇基表示，英國認為中日爭端應由中
日兩國自行解決，建議中國趁日本撤回第五號要求之際與日本達成協議，同時
令朱邇典在北京向袁世凱施壓〔註78〕。朱邇典一面拒絕美國駐華公使芮恩施所
提，要求英國出面調解、使中日間重開談判提議〔註79〕，一面於日置遞出最後
通牒後，要求陸徵祥向袁世凱轉達英國強烈希望中國接受最後通牒立場〔註

〔註71〕 Grey to Greene, 5May1915, FO371/2324[54987/15]。
〔註72〕 Greene to Grey, 6May1915, FO371/2324[55424/15]。
〔註73〕 Greene to Grey, 6May1915, FO371/2324[55799/15]。Greene to Grey, 6May1915,
       FO371/2324[55800/15]。Greene to Grey, 6May1915, FO371/2324[55801/15]。
       Greene to Grey, 6May1915, FO371/2324[55957/15]。
〔註74〕 Memorandum, 6May1915, FO371/2324[56360/15]。
〔註75〕 Grey to Greene, 5May1915, FO371/2324[56360/15]。
〔註76〕 Translation of telegram from Baron Kato, 7May1915, FO371/2324[50729/15]。
〔註77〕 Grey to Greene, 5May1915, FO371/2324[57191/15]。
〔註78〕 Grey to Jordan, 7May1519, FO371/2324[56962/15]。
〔註79〕 Jordan to Grey, 6May1915, FO371/2324[55768/15]。
〔註80〕 Jordan to Grey, 7May1915, FO371/2324[56367/15]。

80〕，中國鑑於英國不願給予支持，本身亦無足夠實力與日本相抗衡，同時日本已經撤回中國所無法接受之第五號要求，終於決定接受最後通牒。

（2）俄國

俄國政府於確定第五號要確實存在後，雖認爲可能損及俄國利益，而中國亦將中日會議結果摘要告知俄國駐華公使庫朋斯齊，希望俄國因日本要求與俄國在華利益直接相關，而對日本產生制衡，但當時俄國正專注於歐戰，與日本同爲協約國成員，又向日本洽購武器，致使俄國並不能有所舉動，僅能希望英國出面與日本協調。俄國政府雖決定不對日本要求表示意見，但仍亟思維護俄國在華利益，甚至藉中日交涉時機進一步擴張在華利益，認爲當中國政府給予日本在南滿及東蒙範圍內之雜居權及土地所有權時，俄國亦可援例要求，希望日俄雙方相互，約定不將所得權利推行至對方勢力範圍，甚至庫朋斯齊亦希望趁中日交涉之際，以發表聲明方式，壓迫中國對中俄修訂恰克圖商約做出讓步。

因俄國對於中日交涉並無反對之意，因此加藤於交涉後期並未徵詢俄國意見，僅將日本所做決定通知俄國而已。加藤於 4 月 28 日將日本最後修正案知會格林後，亦於 4 月 30 日將修正案通知俄國駐日大使馬列夫斯基〔註81〕，復令駐俄大使本野一郎，將相同條款備忘錄致送俄國外相沙佐諾夫〔註82〕。中國於 5 月 1 日提出修正案後，日本外務次官松井向馬列夫斯基表示，日本已舉行閣議討論該案，但無法表示滿意〔註83〕，加藤復於 5 月 6 日向馬列夫斯基表示，日本將對中國發出最後通牒〔註84〕。日本發出最後通牒之後，爲因應可能面臨之中日戰爭，加藤一方面要求英國保護日本臣民在中國境內、滿洲以外之利益，一方面商請俄國保護日本在滿洲利益〔註85〕，俄國政府表示同意〔註86〕，訓令

〔註81〕中國社會科學院近代史研究所編，前引書，頁 875-876。

〔註82〕〈日本駐彼得格勒大使館致俄國外交部備忘錄〉，1915 年 5 月 1 日，第 652 書，轉引自中國社會科學院近代史研究所編，前引書，頁 874-875。

〔註83〕〈駐東京大使致外交大臣電〉，1915 年 5 月 4 日，第 682 號文書，轉引自中國社會科學院近代史研究所編，前引書，頁 876。

〔註84〕〈駐東京大使致外交大臣電〉，1915 年 5 月 6 日，第 692 號文書，轉引自中國社會科學院近代史研究所編，前引書，頁 880-881。

〔註85〕中國社會科學院近代史研究所編，前引書，頁 882。

〔註86〕〈大正 4 年 5 月 8 日加藤外務大臣ヨリ在米國珍田大使宛（電報）〉，日本外務省編《日本外交文書・大正四年第三卷上冊》，第 687 號文書，頁 772。

庫朋斯齊於中日戰爭開始後保護中東路及其附屬地區日本臣民〔註87〕。

（3）美國

　　美國於證實第五號要求確實存在後，由於承認日本在山東、南滿、東蒙等地確有特殊利益關係，以及相信第五號僅為「希望條款」之故，不斷與日本就第五號展開商議，希望促使日本重新考慮考慮其中合辦警察、聘用顧問、採辦軍械、以及福建優先權等要求，以維持美國在華公平競爭機會。美國政府成功促使日本對福建一款讓步後，本希望能再促使中國接受其餘三款，惟於獲悉中日會議時所有要求係一體討論，並無「要求條款」與「希望條款」之分後，乃決定向日本表明維護美國在華利益決心，授權芮恩施以非官方方式，表明美國政府維護在華條約權益決心。芮恩施於接獲訓令後，乃透過京津泰晤士報（Peking-Teintsin Times）於4月19日刊登非官方訊息，表示美國政府無法接受損害美國條約利益、中國領土保全，以及列強在華機會均等原則之任何要求〔註88〕。

　　美國政府決心公開維護在華權利後，威爾遜日益瞭解美國有必要公開宣示對日本要求態度，亦瞭解美國必須與其他列強合作始能對日本造成壓力，因此於4月27日要求布萊恩聯絡其他相關國家，但並無所獲〔註89〕。日本於4月26日向中國提出最後修正案後，外務省次官松井對代理大使惠勒（Post Wheeler）表示，日本對於第五號各款要求已有所減輕，中日之間亦達成相當共識〔註90〕，加藤亦訓令駐美大使珍田捨己將此消息、及修正案摘要英文譯本通告美國〔註91〕，珍田乃於4月30日將修正案英文本當面交予布萊恩，並加以約略說明，布萊恩承諾將儘快向威爾遜報告，但仍於閱讀過後以個人意見表示，日人在南滿所納租稅須經日本領事官承認一款似侵犯中國主權，顧問一款亦有排除他國意味，漢冶萍公司不收歸國有亦損害中國最高所有權〔註

〔註87〕〈外交大臣致駐北京公使庫朋斯齊電〉，1915年5月8日，第709號文書，轉引自中國社會科學院近代史研究所編，前引書，頁882。

〔註88〕〈大正4年4月20日加藤外務大臣ヨリ在米國珍田大使宛（電報）〉，日本外務省編《日本外交文書・大正四年第三卷上冊》，第612號文書，頁688。

〔註89〕王綱領，前引書，頁53-54。

〔註90〕Charge' Wheeler to the Secretary of State, 5Apr1915, File No. 793.94/318, U.S.F.R.1915, pp.127-128.

〔註91〕〈大正4年4月29日加藤外務大臣ヨリ在露國本野、在米國珍田各大使宛（電報）〉，日本外務省編《日本外交文書・大正四年第三卷上冊》，第632號文書，頁706-707。

〔註92〕〈大正4年5月1日在米國珍田大使ヨリ加藤外務大臣宛（電報）〉，日本外

92〕。布萊恩於 5 月 3 日報告威爾遜時表示日本要求雖在情理之中，但上述三款則並不合理，第五號仍然存在亦使美國感到困擾〔註93〕，同時芮恩施亦於 5 月 4 日向布萊恩表示，第五號各款雖經巧妙修飾，但無一不損及中國主權獨立，因此中國仍決定不予接受，中國相信若此時對日本讓步，將永久損害中國國家發展及自由，中國期待美國能主持正義〔註94〕。布萊恩於 5 月 5 日將美國政府對於中日交涉意見備忘錄交予珍田，明確表示美國政府認爲日本臣民在南滿所服從之警法令及稅課，漢冶萍公司於日後同意合辦，以及第五號諸款仍有損及中國或列強權利之處，並提出替代方案，希望中日兩國能以和平爲重〔註95〕。此時芮恩施不斷報告中日關係益趨惡化情形，表示日本對駐中國各地外交官下達撤僑命令，在華駐軍亦有所行動〔註96〕，同時日置亦於 5 月 6 日收到最後通牒，準備於次日遞交中國〔註97〕，美國政府此時尚在不以武力介入前提下，思考列強共同勸告、或單獨宣言之可行性，最後始決定同時勸告中國及日本應力持鎮靜，並分別訓令駐英、法、俄大使要求其駐在國政府共同勸告中日兩國續開談判，以避免可能發生之軍事衝突〔註98〕。

　　加藤對中國於 5 月 1 日向日本提交之最後修正案並不表滿意，認爲中國仍無誠意解決問題，除將提出最後通牒緣由告知惠勒、並表示中國於談判後期態度趨於強硬，原因在於美國始終支持中國外〔註99〕，亦訓令珍田儘速向布萊恩充分說明日本立場〔註100〕，表明日本認爲中日之間已無談判餘地，決定對中國提出最後通牒，要求中國承認 4 月 26 日日本最後修正案，若中國仍

務省編《日本外交文書・大正四年第三卷上冊》，第 642 號文書，頁 712-713。珍田所交修正案文本見 The Japanese Embassy to the Department of State,30Apr1915, File No. 793.94/551, U.S.F.R.1915, pp.128-129.

〔註93〕 王綱領，前引書，頁 54-55。

〔註94〕 Minister Reinsch to the Secretary of State,4May1915, File No. 793.94/376, U.S.F.R.1915, pp.137-140.

〔註95〕 〈大正 4 年 5 月 6 日在米國珍田大使ヨリ加藤外務大臣宛（電報）〉，日本外務省編《日本外交文書・大正四年第三卷上冊》，第 670 號文書，頁 740-747。

〔註96〕 Minister Reinsch to the Secretary of State, 6May1915, File No. 793.94/329, U.S.F.R.1915, pp143.

〔註97〕 Minister Reinsch to the Secretary of State, 6May1915, File No. 793.94/331, U.S.F.R.1915, pp144.

〔註98〕 王綱領，前引書，頁 55。Greene to Grey, 8May1915, Fo371/2324[57053/15]。

〔註99〕 〈大正 4 年 5 月 6 日加藤外務大臣、在本邦米國代理大使會談〉，日本外務省編《日本外交文書・大正四年第三卷上冊》，第 664 號文書，頁 737-738。

〔註100〕 〈大正 4 年 5 月 6 日加藤外務大臣ヨリ在米國珍田大使宛（電報）〉，日本外務省編《日本外交文書・大正四年第三卷上冊》，第 658 號文書，頁 724。

不予接受，則日本為維持在東亞地位，將不得不採取必要措施〔註101〕，珍田乃於 5 月 7 日將加藤訓令內容大略告知布萊恩，布萊恩認為日本所稱必要措施即帶有訴諸武力意味，希望中日間仍有互相妥協餘地，惟對於日本撤回第五號要求頗覺滿意〔註102〕。布萊恩同時希望日本接受美國所提各國共同勸告中日兩國重開談判建議〔註103〕，加藤則認為無此必要，希望美國再加考慮〔註104〕，日本內閣總理大臣大隈重信亦致函布萊恩，表示不希望中國將各國共同勸告一事視為外援〔註105〕，同時英國政府對此提議亦不表贊同，認為應由中國自行與日本協商解決〔註106〕。美國政府無法促使各國同意勸告中日兩國續行談判，為預防美國在華權利因中日新約而遭受損失，美國政府乃決定採用藍辛所提，對日本發出一防止誤解說明之建議，於 5 月 11 日訓令芮恩施及古斯禮分別向中日兩國提出照會，聲明美國不能承認未來中日條約中有損美國在華條約權益，違背門戶開放政策，或損害中國領土主權完整之條款〔註107〕。5 月 13 日，美國駐中、日使館分別向中日兩國政府呈遞美國政府照會〔註108〕。除消極防止利益受損之外，芮恩施復於 5 月 17 日向中國提出照會，表示美國希望依據最惠國待遇分享日本所得權利〔註109〕。

〔註101〕〈大正 4 年 5 月 6 日加藤外務大臣ヨリ在英國井上、在露國本野、在米國珍田各大使宛（電報）〉，日本外務省編《日本外交文書・大正四年第三卷上冊》，第 659 號文書，頁 724-725。

〔註102〕〈大正 4 年 5 月 7 日在米國珍田大使ヨリ加藤外務大臣宛（電報）〉，日本外務省編《日本外交文書・大正四年第三卷上冊》，第 682 號文書，頁 767。

〔註103〕〈大正 4 年 5 月 7 日在米國珍田大使ヨリ加藤外務大臣宛（電報）〉，日本外務省編《日本外交文書・大正四年第三卷上冊》，第 683 號文書，頁 768。

〔註104〕〈大正 4 年 5 月 8 日加藤外務大臣ヨリ在米國珍田大使宛（電報）〉，日本外務省編《日本外交文書・大正四年第三卷上冊》，第 690 號文書，頁 774。

〔註105〕〈大正 4 年 5 月 8 日加藤外務大臣ヨリ在米國珍田大使宛（電報）〉，日本外務省編《日本外交文書・大正四年第三卷上冊》，第 691 號文書，頁 774-775。

〔註106〕Ambassador Page to the Secretary of State, 7May1915, File No. 793.94/565, U.S.F.R.1915, pp.144-145。Grey to Spring-Rice, 7May1915, FO371/2324 [59177/15]。

〔註107〕The Secretary of State to Ambassador Guthrie,11May1915, File No.793.94/351a, U.S.F.R.1915, pp.146。

〔註108〕Charge' Wheeler to the Secretary of State,13May1915, File No. 793.94/352, U.S.F.R.1915, pp.146。Minister Reinsch to the Secretary of State,14May1915, File No. 793.94/357, U.S.F.R.1915, pp.147。〈收美使節略〉，1915 年 5 月 13 日，《外交檔案》03-33/93-（3）。

〔註109〕〈收美芮使照會〉，1915 年 5 月 17 日，《外交檔案》03-33/93-（3）。

第三節　二十一條款與〈中日條約及附屬換文〉
　　　　比較分析

　　中國接受最後通牒後，中日雙方即分別準備簽約事宜。加藤於 5 月 11 日、12 日分別將日本政府擬定之中日條約案電送日置，其中第二號商租土地權一事分爲可租用或購買、可暫租或永租、以及到期後可無條件續租土地三案，與中國磋商後決定〔註110〕，並訓令日置須注意第五號福建一款採用日本最後修正案內容，山東沿岸不割讓及開埠事宜採中國致日本照會形式，日本臣民在南滿所服從之中國警察法令及稅課，應由日本領事官認可一項須加入條約中，以及要求中國簡化日本臣民向中國地方官登記護照手續〔註111〕，同時希望所有附屬換文均採密約方式議定〔註112〕。中國政府則於 5 月 13 日正式向中外各界公布中日交涉始末，詳述自 1 月 18 日本提出二十一條要求以來至 5 月 9 日中國接受最後通牒期間，中國以尊重成約、維護主權爲前提所做種種努力〔註113〕，參政院亦於 5 月 12 日會議中討論、並通過中國自行宣布沿岸不割讓一案，袁世凱即於 5 月 13 日以大總統申令方式宣布，嗣後中國所有沿海港灣島嶼概不租與或讓與他國，完成第四號自行宣言事宜〔註114〕。此外，袁世凱亦於 5 月 14 日發出

〔註110〕〈大正 4 年 5 月 11 日加藤外務大臣ヨリ在中國日置公使宛（電報）〉，日本外務省編《日本外交文書・大正四年第三卷上冊》，第 426、427、428 號文書，頁 430-433。〈大正 4 年 5 月 12 日加藤外務大臣ヨリ在中國日置公使宛（電報）〉，日本外務省編《日本外交文書・大正四年第三卷上冊》，第 429、430、431、432、433 號文書，頁 434-441。

〔註111〕〈大正 4 年 5 月 11 日加藤外務大臣ヨリ在中國日置公使宛（電報）〉，日本外務省編《日本外交文書・大正四年第三卷上冊》，第 425 號文書，頁 429-430。

〔註112〕〈大正 4 年 5 月 13 日加藤外務大臣ヨリ在中國日置公使宛（電報）〉，日本外務省編《日本外交文書・大正四年第三卷上冊》，第 439 號文書，頁 439。

〔註113〕〈發駐英施公使電〉1915 年 5 月 12 日，《外交檔案》03-33/93-（1）。〈大正 4 年 5 月 14 日在中國日置公使ヨリ加藤外務大臣宛(電報)〉，日本外務省編《日本外交文書・大正四年第三卷上冊》，第 442 號文書，頁 451-452。宣言書全文見王芸生，前引書，頁 317-328。亦見〈外交部中日交涉之宣言書〉，《申報（上海）》1915 年 5 月 18 日第六版。

〔註114〕〈大正 4 年 5 月 14 日在中國日置公使ヨリ加藤外務大臣宛（電報）〉，日本外務省編《日本外交文書・大正四年第三卷上冊》，第 443 號文書，頁 452-453。大總統申令內容見《政府公報》第一千八十三號，民國 4 年 5 月 14 日，頁 146，以及〈大正 4 年 5 月 14 日在中國日置公使ヨリ加藤外務大臣宛(電報)〉，日本外務省編《日本外交文書・大正四年第三卷上冊》，第 444 號文書，頁 453。

密諭，要求全國文武官員務必以「亡國滅種」四字為誡﹝註115﹞，5月15日下午，日置將條約案及膠澳歸還辦法送交陸徵祥，雙方對其中內容仍存在歧見，其中又以南滿、東蒙條約及附屬換文問題為甚﹝註116﹞。土地租用問題方面，中國同意採用無條件續租一案，惟陸徵祥希望租用期限訂為十年，日置則堅持若中國無法給予五十年期限，則應給予日本人民土地購買權﹝註117﹞，日置向加藤請訓後，加藤認為租約十年到期更新仍嫌太過煩雜，認為應以三十年為宜﹝註118﹞，中國提議折衷為二十年﹝註119﹞，日置仍不予接受，中國始首肯將租期訂為三十年﹝註120﹞。南滿東蒙條約延期實施問題，曹汝霖表示中國政府希望自中日條約簽約日起，以三個月時間準備實施該約第二、三、四、五款﹝註121﹞，加藤則並不同意﹝註122﹞，曹汝霖再三堅持﹝註123﹞，加藤以中國始終堅持日人需持護照向當地地方官註冊，警察法令及課稅無須由日本領事官協議，不允日人在東蒙經營農業，以及不允接受日本將「旅大、南滿租借期限」改為「遼東半島租借期限」之故，乃提議以護照註冊、警察法令、旅大租借地區域等三件照會與中國交換條件﹝註124﹞，惟中國始終不予妥協，堅持約文須照最後通牒所提

﹝註115﹞ 袁世凱密諭全文，參見王芸生，前引書，頁332-335。〈大正4年5月14日在中國日置公使ヨリ加藤外務大臣宛（電報）〉，日本外務省編《日本外交文書・大正四年第三卷上冊》，第443號文書，頁454-456。

﹝註116﹞〈大正4年5月14日在中國日置公使ヨリ加藤外務大臣宛（電報）〉，日本外務省編《日本外交文書・大正四年第三卷上冊》，第449、450號文書，頁461-464。

﹝註117﹞〈大正4年5月14日在中國日置公使ヨリ加藤外務大臣宛（電報）〉，日本外務省編《日本外交文書・大正四年第三卷上冊》，第449號文書，頁461。

﹝註118﹞〈大正4年5月17日加藤外務大臣ヨリ在中國日置公使宛（電報）〉，日本外務省編《日本外交文書・大正四年第三卷上冊》，第453號文書，頁466-467。

﹝註119﹞〈大正4年5月19日在中國日置公使ヨリ加藤外務大臣宛（電報）〉，日本外務省編《日本外交文書・大正四年第三卷上冊》，第459號文書，頁470。

﹝註120﹞〈大正4年5月19日在中國日置公使ヨリ加藤外務大臣宛（電報）〉，日本外務省編《日本外交文書・大正四年第三卷上冊》，第461號文書，頁472。

﹝註121﹞〈大正4年5月17日在中國日置公使ヨリ加藤外務大臣宛（電報）〉，日本外務省編《日本外交文書・大正四年第三卷上冊》，第455號文書，頁468。

﹝註122﹞〈大正4年5月18日加藤外務大臣ヨリ在中國日置公使宛（電報）〉，日本外務省編《日本外交文書・大正四年第三卷上冊》，第457號文書，頁469。

﹝註123﹞〈大正4年5月20日在中國日置公使ヨリ加藤外務大臣宛（電報）〉，日本外務省編《日本外交文書・大正四年第三卷上冊》，第463號文書，頁474。

﹝註124﹞〈大正4年5月20日加藤外務大臣ヨリ在中國日置公使宛（電報）〉，日本外務省編《日本外交文書・大正四年第三卷上冊》，第465號文書，頁476-477。

之日本最後修正案內容，加藤始不再堅持〔註125〕。

　　5月21日，中日雙方就約文內容商議完畢，校對無誤，5月25日下午3時，陸徵祥與日置於外交部簽署〈中日條約〉，計有〈關於山東省之條約〉四款、〈關於南滿州及東部內蒙古之條約〉九款、及附屬換文十三件，中日文本均為正文（見附件六）〔註126〕。5月26日，陸徵祥應邀出席參政院，向參政院詳細報告中日交涉經過〔註127〕。袁世凱於6月1日正式批准中日條約及附屬換文，復以加藤要求在東京換約之故〔註128〕，隨即將條約批本寄往東京〔註129〕，並任命陸宗輿為換約全權委員，與日本互換批准書〔註130〕，陸宗輿於6月8日在東京與加藤換約完畢〔註131〕，中日交涉乃至此告一段落（見附件二）。

　　袁世凱決定接受最後通牒，二十一條要求事件獲得暫時解決，各界對此事反應莫衷一是。蒙古王公聯合會致函蒙藏院總裁貢桑諾爾布，對於中央政府「將東部內蒙古之種種權利斷送日人」表示強烈不滿，認為蒙古權利損失殆盡，陳請中央政府力謀補救之道〔註132〕。流亡日本之中華革命黨領袖孫中山則仍一本初衷，堅認袁世凱為稱帝而求助於日本，而接受最後通牒則為「以求僭帝位之故，甘心賣國而不辭」，藉機宣傳倒袁救國重要性〔註133〕。上海國

〔註125〕〈大正4年5月21日在中國日置公使ヨリ加藤外務大臣宛（電報）〉，日本外務省編《日本外交文書・大正四年第三卷上冊》，第467號文書，頁478。
〔註126〕條約及附屬換文中、英、日文本，參見〈大正4年5月25日在中國日置公使ヨリ加藤外務大臣宛（電報）〉，日本外務省編《日本外交文書・大正四年第三卷上冊》，第473號文書，頁484-528。中文本亦見《政府公報》第一千一百十號，民國4年6月10日，頁357-374。
〔註127〕〈大正4年5月27日在中國日置公使ヨリ加藤外務大臣宛（電報）〉，日本外務省編《日本外交文書・大正四年第三卷上冊》，第477號文書，頁529-531。報告內容見王芸生，前引書，頁356-365。
〔註128〕〈大正4年5月26日加藤外務大臣ヨリ在中國日置公使宛（電報）〉，日本外務省編《日本外交文書・大正四年第三卷上冊》，第474號文書，頁528。
〔註129〕〈總長會晤日本公使問答〉，1915年6月3日，《外交檔案》03-33/95-（1）。
〔註130〕《政府公報》第一千一百三號，民國4年6月3日，頁85-86；外交部呈文見《政府公報》第一千一百五號，民國4年6月5日，頁173。
〔註131〕〈大正4年6月7日在中國日置公使ヨリ加藤外務大臣宛（電報）〉，日本外務省編《日本外交文書・大正四年第三卷上冊》，第480號文書，頁533。
〔註132〕對於蒙古王公不滿聲浪，袁世凱批示外交部向貢桑諾爾布解釋條約及換文中與東部內蒙古相關部分，希望蒙古王公信任中央政府。見〈收政事堂鈔交蒙古王公聯合會致蒙藏院總裁函〉，1915年5月24日，《外交檔案》03-33/94-（1）。
〔註133〕〈復北京學生書〉，1915年5月，中國社會科學院近代史研究所中華民國史

民大會則表示希望政府決心與日本一戰〔註134〕。以華文報紙而言,北京主要報紙如《國是報》、《亞細亞日報》等均攻擊政府承認最後通牒爲賣國行爲,使中國國權蒙受重大損失,而《民視報》、《國權報》、《平報》等則持同情態度,認爲政府已盡最大努力,實不應過於苛責〔註135〕,外文報紙如《華德日報》則認爲日本最後通牒已將第五號除福建一款外撤回,中國已經成功運用守勢抵抗力戰勝日本〔註136〕,大體而言,華文報紙多不能認同政府接受最後通牒之舉,外國報紙則傾向於讚揚中國此舉實爲明智〔註137〕。然不論對中國外交努力持肯定或否定態度,舉國各界皆將日本迫中國接受最後通牒引爲奇恥大辱〔註138〕,商界如北京商務總會即致函各地商會,要求各地商民勿忘國恥〔註139〕,學界如北京中國公學大學部學生發起「學界國恥自勵實踐會」〔註140〕,3月間發起於上海之救國儲金亦推行至北京,甚至袁世凱本人亦有意贊助〔註141〕,北京商務總會於5月11日在中央公園舉行成立大會,當日即募得十餘萬元〔註142〕。外交部唯恐節外生枝,面對中國各界反日聲浪仍保持沈默,僅於5月13日公布中日交涉始末,陸徵祥於5月26日赴參政院報告中日交涉情形時,表示中國政府迫於日本兵威,不得不於南滿洲做出較多讓步,但仍勉力維持中國內政主權及各國條約權利。面對日本最後通牒威脅,政府衡量南滿洲權利於中國所剩無多,中國國力不足以收回已失權利,各國又不支持中國與日本談判,乃不得不接受最後通牒〔註143〕,此外則不做其他解釋。

研究室、中山大學歷史系孫中山研究室、廣東省社會科學院歷史研究室合編,《孫中山全集》第三卷(北京:中華書局,1964年6月第一版),頁170。

〔註134〕〈收上海國民大會電〉,1915年5月9日,《外交檔案》03-33/92-(2)。

〔註135〕〈大正4年5月12日在中國日置公使ヨリ加藤外務大臣宛〉,日本外務省編《日本外交文書・大正四年第三卷上冊》,第436號文書,頁445-447。

〔註136〕〈日本之退步〉,《申報(上海)》,1915年5月12日第三版。

〔註137〕〈收駐英施公使電〉,1915年5月12日,《外交檔案》03-33/93-(1)。〈譯電〉,《申報(上海)》,1915年5月12日第三版。

〔註138〕〈譯電〉,《申報(上海)》,1915年5月11日第二版。

〔註139〕〈京商會痛心國恥之急電〉,《申報(上海)》,1915年5月12日第六版。〈大正4年5月12日在中國日置公使ヨリ加藤外務大臣宛〉,日本外務省編《日本外交文書・大正四年第三卷上冊》,第436號文書,頁447。

〔註140〕〈京外各界之交涉補救談〉,《申報(上海)》,1915年5月19日第六版。

〔註141〕〈北京對於救國儲金之進行〉,《申報(上海)》,1915年5月12日第六版。

〔註142〕〈專電〉,《申報(上海)》,1915年5月11日第二版。〈譯電〉,《申報(上海)》,1915年5月13日第二版。

〔註143〕石源華,《中華民國外交史》(上海:上海人民出版社,1994年12月第一版),

　　就日置 1 月 18 日所交二十一條原案與 5 月 25 日〈中日條約〉及其附屬換文內容加以分析比較，可以發現其中存在相當差異，今就各款比較如下。

　　第一號原案大體上屬預約性質，須俟歐戰結束後始能決定其實施與否，故日本於談判不成時，並未多加堅持。日本之主要目的在要求中國承認日本繼承德國在山東權利，以防止歐戰結束後中國師法甲午戰爭後三國干涉還遼故智，迫使日本不得不歸還山東，並藉增開商埠及建造鐵路，使日本勢力在歐戰結束前迅速進入山東省內。列強在山東省境內原有德國租借之膠州灣，及英國租借之威海衛，但歐戰開始後英國海軍已撤出威海衛，日本又取得膠澳，則山東沿岸不割讓或租借一款，可防止將來德國在山東向中國要求另一港口作為補償，或其他國家在山東取得海軍基地，除避免日本駐在旅順、大連海軍遭其他國家牽制，亦可防止中國引進其他列強勢力。

　　原案總綱部分雙方均無異議，故維持原案形式通過。

　　原案第一款日本繼承德國在山東權利，係仿自日俄戰後日本繼承俄國在南滿洲權利，中國則以日本宣言歸還膠澳為由，始終堅持膠澳除外原則，雙方談判時並無共識，中國係因最後通牒接受原案。

　　原案第二款山東不割讓，依其內容而言，除含有日本不在此限意味外，由日本要求中國在條約中明訂，不將山東沿海港灣島嶼讓與他國，將使日本無形中在山東享有與中國平行，甚至較中國為高之地位。中日條約改以換文方式由中國對日本宣告，並將範圍修正為不讓與或租與外國，除避免將來於實施對象上起爭執外，亦可避免日本因修建煙濰、或龍濰鐵路，進而要求租借煙台或龍口，同時在形式上亦不損及中國主權。

　　原案第三款許日本建造煙濰或龍濰鐵路，但並未聲明該路線由日本政府或民間資本家建造，由於中國始終堅持不可與中德原有合約相衝突，本款於談判時並無共識。中日條約明訂建造權歸於中國，僅在德國願拋棄煙濰鐵路借款權時，始向日本資本家借款造路，實質上為日本承建該路設下兩重限制外，即使日本順利取得造路權，形式上亦非日本政府所有，中國於此款亦無違反成約之虞。

　　原案第四款中國政府與日本商議後自開山東省主要城市為商埠，本款配合日本建造煙濰或龍濰鐵路一款，一方面日本可要求中國將日本所造鐵路沿線城市，以主要城市為由開為商埠，一方面可按日本實際需要指定開埠地點，

頁 108。答覆參政院內容參見王芸生，前引書，頁 356-365。

中國將難以阻止日本勢力進入山東。中日條約將開埠地點由主要城市改爲合宜地方，另以換文方式約定，由中國自行決定開埠地點及章程後，與日本公使協商決定。與原案相較，雖然中國仍須與日本協商開埠事宜，但可以發展該處商務爲由，將應開埠地點決定於山東省內非主要城市，或與日本爭執應開埠地點，相當程度上可減緩日本勢力擴張至山東省境內其他重要城市速度。

此外，中日兩國以換文方式約定膠澳歸還辦法，日本於歐戰結束、日本可自由處分膠澳、膠澳開放爲商港、設日本專管租界、可設置共同租界、日本政府與中國政府於交還德人財產先行協定時，須將膠澳交還中國。日本雖於出兵膠澳時曾宣言於將來交還中國，但始終將歸還膠澳視爲中日談判籌碼，中日條約中則以換文形式明確規定歸還條件，可降低進行歸還交涉困難。依歸還條件而言，將來中國收回膠澳後僅能做爲商港，無法使用於軍事用途，實際上雖仍有損及主權之處，但至少可免除日本以膠澳爲海軍基地、與旅順共同控制渤海灣之危險。

第二號部分，由原案觀之，日本意圖在南滿、東蒙藉雜居權使日本移民由商埠深入各地、藉採礦權及土地所有權使日本移民可在南滿、東蒙依日本政策需求發展工商業，久而久之，日本移民在南滿、東蒙各地日益增加，中國又因領事裁判權之故無法擁有完整司法管轄權，南滿、東蒙將實質上成爲日本殖民地。戰略設計方面，配合 1915 年滿蒙五路秘密換文中所列鐵路，日本可藉安奉鐵路連接朝鮮與南滿鐵路、便於將兵力及物資直接由朝鮮運往南滿洲，吉長鐵路與開原至海龍城鐵路二線則可成爲將吉林省南部物資經南滿鐵路轉運至奉天之重要幹線，東部內蒙古物資則可藉由洮南府至長春鐵路運送至奉天，形成完整鐵路運輸網，再配合旅大租借地延期歸還，日本可以奉天爲中心，南向由旅順控制渤海灣，西向循京奉鐵路由陸路直接控制北京，再配合第一號所要求之煙濰或龍濰鐵路，對北京形成海陸夾擊之勢。此外，爲避免中國引外力進入南滿、東蒙，日本可藉抵押借款同意權及顧問聘用權杜絕列強進入南滿、東蒙機會，以確立日本在該地區居於獨佔地位。

原案總綱爲中國承認日本在南滿及東蒙有優越地位，同時又未規定雙方權利產生衝突時以何國爲主，則日本可藉優越地位排除中國在南滿、東蒙行使主權，使該地區實質上成爲日本殖民地，中日條約則將訂約目的改爲兩國共同發展在南滿、東蒙經濟關係，將日本優越地位部分刪去，除避免中國因此失去南滿、東蒙主權，同時又可使日本在該地區進行活動時相當程度上仍

受中國司法管轄權約束。

原案第一款延長旅大租借地及南滿、安奉兩鐵路租約至 99 年，中日條約係依日本原案通過，但日本原意爲各約收買期限及歸還期限，於到期日後再各展 99 年，中日條約則另以換文規定，各約將原有歸還期限延展爲 99 年，南滿鐵路收買期限則予以取消。中國以南滿鐵路給價收回權利，換取日本減輕原案所設年限，雖使中國喪失提前收回南滿鐵路機會，但在實質上較原案而言則損失已有所減輕。

原案第二款日本人可在南滿或東蒙，租用或購買土地經營農工商業，用意在使日人在南滿、東蒙可自由取得土地使用權或所有權。中日條約則規定日人僅能在南滿洲商租土地，且另以換文約定租期不得超過 30 年，但可無條件續租，將日人權利限制爲僅能取得土地使用權，而不能取得所有權。

原案第三款日本人可在南滿、東蒙任便居住往來及經營生計，配合日本在華領事裁判權後，日人在南滿居住營生將不受中國法律約束，南滿、東蒙地位將無異於日本殖民地。中日條約則將範圍限制在南滿，並規定農業及其附屬工業須中日合辦，在南滿雜居日本人須持護照向當地地方官註冊，服從中國警察法令及課稅，民刑訴訟日本人爲被告時歸日本領事官審理、中國派員旁聽、涉及土地訴訟則由中日兩國共同審理，中國司法改良完成時即收回司法管轄權，另以換文方式約定，日人所服從之警察法令及課稅，由中國官員與日本領事官接洽後實施。中日條約將東蒙排除在外、限制日人不得單獨經營農業、且在當時各國在華領事裁判權尚未廢除情形下，爭得部分司法管轄權，使日人在上述地區雜居營生並非漫無限制。

原案第四款將南滿、東蒙各礦開採權許與日本一節，日置提出南滿九處、東蒙四處礦區，配合原案第二、三兩款規定，日人可在上述地區取得礦區土地所有權，並在東蒙尚未開發以前在礦區以開礦爲名行殖民之實。中日條約則以換文方式，約定日人僅得探勘或開採南滿九處礦區，在中國礦業條例確定前先以現行辦法辦理。與原案相較，中日條約將東蒙礦區排除在外，且明文規定將來須服從中國礦業條例，可在相當程度上延緩日人進入東蒙、將東蒙納入勢力範圍速度。

原案第五款要求中國於許他國人或借他國款在南滿東蒙建造鐵路，或以南滿東蒙稅課做抵向他國借款時，須由日本同意一款，因袁世凱曾於日俄戰爭結束，日本確定繼承俄國在南滿洲權利後，企圖在東三省引進英、美勢力，

避免日本獨佔南滿洲，故日本可藉此款阻止中國日後在南滿洲，以借債築路或其他方式引進其他國家勢力，保障日本在南滿、東蒙地位。同時由於中國以南滿、東蒙利權向外國借款時須經日本同意，此款含有日本在此區域地位超越中國主權意味。中日條約明確表示日本並無優越地位，以換文方式約定由中國自行造路，且將借款條件限制為中國無力自行籌款時始向日本資本家借款造路或以稅課做抵借款。

原案第六款在南滿、東蒙聘用政治、財政、軍事各顧問教習時，須先與日本商議，由於並未明確規定所聘顧問國籍，則日本屆時可解釋為，中國政府欲聘中國人為顧問時，亦須經日本同意，此款無異於使日本可藉顧問一職，實際控制南滿、東蒙，且隱含日本地位凌駕於中國之上意味。中日條約改以換文方式約定在南滿聘用政治、財政、軍事、警察外國顧問教官時，可先聘用日本人，相較於原約雖增加警察一項，但以南滿聘用警察顧問或教官，換取日本撤回第五號中日合辦警察一款，亦排除原案所含強制意味，將條件限制為中國欲聘用外國人時始考慮先聘日本人，則中國尚可自由選擇是否聘用外籍顧問，在相當程度上可預防日本藉顧問職權在該地區擴大影響力。

原案第七款將吉長鐵路經營權委託日本 99 年。按 1909 年簽訂之〈吉長鐵路借款細目合同〉規定借款期限為 25 年，借款成數為五成，但鐵路本身屬於中國產業，僅於中國不能按期償付借款時，始交由日本經營管理，依合約規定日本經營該路期限將於 1934 年到期，距二十一條提出年代僅餘 19 年，故日本希望取得吉長鐵路 99 年經營權。中國於談判時堅不讓步，甚至願以全數借用日款作為交換，故中日條約僅約定以中外現存鐵路成約為藍本，改訂借款合同，並在將來中國許與他國較有利條件時，再依日本希望改訂，但經營權仍歸中國。雖然中國同意將來可以較佳條件改訂，不無損失利權之虞，但至少維持吉長鐵路由中國經營狀態。

此外，中日條約亦規定中國在南滿、東蒙自開合宜地方為商埠，另以換文方式約定，開埠地點及章程由中國政府自訂，與日本公使協商後決定。日本於 3 月 16 日第十一次會議時，要求中國開放指定之 27 處城市為商埠，有侵犯中國主權之嫌，中日條約則明確規定中國有權決定開埠地點，雖然中國仍須與日本協商相關事宜，但可以發展該處商務為由，將應開埠地點設於南滿、東蒙非主要城市，或與日本爭執應開埠地點，相當程度上可減緩日本勢力於南滿、東蒙地區擴張速度。

此外，中國以法令不完備爲由，努力爭得南滿、東蒙部份延後三個月，實施爲在開放日人於南滿雜居、營生前先擬定相關法令，以使中國損失達於最小程度。

三號漢冶萍公司部分，長江流域自清季以來即成爲英國勢力範圍，亦爲英國主要利益所在，漢口則是長江中游交通以及工業中心。漢冶萍公司改由中日合辦後，可使日本藉由控制該公司而直接進入長江中游、取得發展工業所需之煤、鐵等礦產；既改爲中日合辦，復不許公司以外之人開採公司名下各礦附近礦山，因該公司所屬產業散處長江中游，則屆時可以該公司日本股東希望爲名排除日本以外國家在長江中游採礦，意即使日本控制長江中游各礦區，日本將來甚至可以對該公司有影響爲名，阻止包含中國政府在內之各國政府進入長江中游興辦各種事業，無形中日本可藉漢冶萍公司控制長江中游各項事務。

原案第一款漢冶萍公司改爲中日合辦，中日條約則以換文方式，約定中國政府於將來該公司與日本資本家商定合辦時可准許，不將該公司充公或收歸國有，不借用日本以外外國資本。原案以政府力量決定漢漢冶萍公司經營方式，無形中擴大日本政府對該公司擁有相當影響力，中國換文內容可在相當程度上維持漢冶萍公司商辦地位，降低日本政府對該公司影響力。

原案第二款漢冶萍公司獨佔長江中游礦權，不列爲條約或換文。

原案第四號中國約定不將港灣島嶼租與或讓與他國，依原案文字內容而言，由日本要求中國在條約中訂定不將港灣島嶼讓與他國，除含有日本不在此限意味外，日本無形中可以指導中國對外事務。中國初以損及主權爲由拒議，後雖讓步，惟仍堅持自行宣布原則，中日雙方始約定由中國政府自行宣布不租讓他國，而不列爲條約或換文，除避免將來於實施範圍上起爭執外，在形式上亦不損及中國主權。

原案第五號實施範圍遍及中國全境，日本可藉由聘用顧問一節將勢力延伸至中央政府，在相當程度上可影響政府決策，再配合合辦警察及採辦軍械兩款，將使日本能令中國軍事力量處於日本所能接受狀態，中國將難以建立足以與日本相抗衡之軍隊。許日本公益事業土地所有權，配合日本在華領事裁判權及許日人布教權一款，則日人可以布教爲名在中國各地居住、置產，不受中國政府約束。中國在福建籌借外資須先與日本商議，除含有日本在福建享有部分優先權之意外，因福建與台灣隔海相望，屆時日本可以維護台灣

安全為由拒絕外國勢力進入福建，可以台灣遙制中國東南沿海。日本所要求鐵路係由杭州、潮州等華南一帶海港連接長江中下游，配合中日合辦軍械廠、福建優先權、及第三號漢冶萍公司條款，將使日本得以藉武昌至南潯線就近利用漢冶萍公司所屬礦藏在長江中游發展軍事工業，除可藉由南昌至杭州、南昌至潮州兩線運送兵力及物資至東南各省、進而控制長江中游外，亦可以台灣為基地，由潮州、杭州等海口藉鐵路運兵至中國內地。再配合前四號諸條款，日本在中國可分別以南滿、山東、、漢冶萍公司、台灣為基地控制北京、武昌、漢口、上海、、杭州、廣州等中國東半部多數工商業中心。

　　原案第一款在中國中央政府聘請日人為政治、軍事、財政等顧問，不列為條約或換文。

　　原案第二款允日本病院、寺院、學校土地所有權，不列為條約或換文。

　　原案第三款原案中日合辦警察，日本政府於中國同意在南滿聘用警察顧問教官後自行取消。

　　原案第四款中日合辦軍械或中國向日本採購軍械，不列為條約或換文。

　　原案第五款華中、華南鐵路建造權，不列為條約或換文。

　　原案第六款福建省內借外資籌辦鐵路、礦山、或整頓海口時，先與日本商議，改以換文方式，由中國政府備文向日本政府答覆，聲明中國無意在福建允外國或借外資建築軍事設施。中日條約則改為由中國回覆日本所提照會，此舉並不損及中國主權。

　　原案第七款允日人在中國布教，不列為條約或換文。

　　由原案與中日條約約文比較中，可以發現中國完全接受者僅第一號總綱及第一款日本繼承德國在山東權利一條，其餘各款或由日本自行撤回，或改以換文方式約定，或將原案修正語氣、限制範圍，中國雖於南滿、東蒙部分損失甚多，然迫使日本將於中國主權損害最重之第五號條文除福建一款外全數撤回，使中國損失相較於原案而言盡可能減至最低程度（見附件三）。

第四節　「中日滿蒙條約善後會議」的召開

　　對中國而言，中日條約及換文已成定局，中國所能為者亦在於將盡量將條約所造成之損失減至最少程度。中國於 1915 年 2 月 12 日所提第一次修正案中，有要求日本賠償山東戰事損失及拆除軍用鐵路、電線，以及恢復青島

稅關、郵政、電報等一款要求，雖因日本反對而未能列入條約，但中國仍於 5 月 25 日中日條約及附屬換文簽約當日照會日置，以青島戰事早經結束為由，除正式提出上述要求外，亦要求日本撤退膠澳租界以外日本軍隊，以暫時牽制日本在山東擴張。

中日條約簽約完成後，袁世凱曾表示擬頒佈一懲辦國賊條例，凡未經政府許可私賣土地與外人者即嚴加懲處 ，參政院乃呈請袁世凱制訂懲辦國賊專條，經袁世凱同意後，參政院於 6 月 11、19 兩日會議中討論制訂《懲辦國賊條例》事宜，並於 6 月 22 日正式公佈實施 。該條例第二條第二款規定「私與外國人訂立契約，損害本國之國家權利者」處賣國罪，第三條規定「犯賣國罪之國賊，處死刑」，欲以法律規定嚇阻人民與外國人訂立契約。

此外，由於條約中除關於南滿、東蒙條約及附屬換文外皆為預約性質，則中國目前所應積極辦理者，尚有善用極力爭取所得之三個月延期實施期間，以確立東部內蒙古範圍，並預先規劃相關配套法令及措施，以便將日本在南滿、東蒙所得權利盡可能限制於最小範圍，使中國損失達到最小程度。

為此，大總統府、政事堂、外交部分別與奉天、吉林、黑龍江三省及熱河道軍政長官交換意見，以籌畫南滿、東蒙亟需辦理事項。外交部駐長春交涉員郭宗熙曾於 5 月 14 日針對南滿土地商租與吉長鐵路經營事宜向政事堂提供意見，隨後又於 19 日再針對商租地畝、東蒙合辦農工業、警察法令與課稅以及滿蒙界限等問題致函政事堂，承德上將軍姜桂題亦電請政事堂注意日人雜居及南滿東蒙界限問題。袁世凱則透過政事堂與外界交換意見，如政事堂同意外交部所請，邀請奉天政務廳長史紀常進京接洽有關南滿即將實施新約問題，史紀常於 5 月 19 日進京， 將奉天政務應辦理事項、南滿東蒙應商榷事項、以及南滿東蒙界限問題等新約實施問題詳細開列後呈報政事堂後，即經袁世凱審閱後轉交外交部討論辦理，而政事堂所擬關於南滿、東蒙界限問題說帖亦在袁世凱指示下送外交部討論；外交部方面，於 5 月 11 日將二十一條交涉歷次議案秘密知會奉天、吉林、黑龍江三省將軍、巡按使，並請其預先籌畫相關事宜。吉林巡按使孟憲彝於接獲外交部指示後，除一方面命令特派交涉員傅彊與政務廳廳長高翔等人，針對中日草約內容中牽涉南滿及東蒙之各事項逐條研究、規劃應對方案外，亦與奉天巡按使張元奇保持聯繫，預備於奉吉兩省意見彙整後提報外交部，以備參考。除此之外，孟憲彝亦派遣中立辦事處顧問員顧次英會同傅彊、高翔研究約文、並要求轄區各機關主要

人員針對課稅、警章、以民刑訴訟等一切與條約有關事項提供意見，同時命令地方官員調查吉林地方情形及各礦區現狀，以收集思廣益之效。吉林省準備工作於 6 月 6 日完成，除將研究結果集結成《中日條約吉林善後條議》一冊之外，並命令傅彊進京向外交部報告詳細經過、以及接洽相關事宜。

外交部彙整各界意見之後，袁世凱即令國務卿徐世昌指示外交部，邀集相關部會共同討論新約實施準備事宜，外交部乃邀集內務、司法、財政、農商、教育、交通等部總、次長及參事、司長等，商討新約實行辦法，會傅彊適於 6 月 19 日抵達北京，外交部乃訂於 6 月 24 日在外交部新大樓舉行會議，獲得各部會先後覆函同意派員參加，一連串以因應南滿、東蒙新局勢為目的之中日滿蒙條約善後會議於焉召開。

一、會議的進行

6 月 24 日下午三時，中日滿蒙條約善後會議第一次會議如期於外交部大樓開議，外交部、內務部、財政部、司法部、教育部、農商部、交通部等相關部會人員均出席，東三省則由外交部駐吉林特派交涉員傅彊代表參加，外交部次長曹汝霖擔任會議主席。〔註 144〕

（1）程序問題

會議首先討論程序性問題。除關於山東之條約、換文須至歐戰結束後再議獲得共識外，各部與會人員對於會議應討論事項存在相當歧見。以外交部

〔註 144〕因會議共舉行十三次，每次議題均有所不同，故各部會出席人員亦有所變動。總結十三次會議錄，中央機構曾參與會議人員為：外交部次長曹汝霖、參事顧維鈞、參事夏詒霆、政務司長王繼曾、界務科長長福、私法科主事周易通、總務廳秘書施履本；內務部次長沈銘昌、民治司長于寶軒、警政司長陳時利、職方司長呂鑄、民治司第三科主事陳彥彬；財政部次長張壽齡、參事項驤、參事李士熙、參事虞熙正、賦稅司長姚詒慶、會計司長金兆蕃；司法部次長江庸、參事林志鈞；教育部次長梁善濟、參事湯中；農商部次長金邦平、農林司長陶昌善、礦政司長張軼歐；交通部次長麥信堅、參事權量、路政司長袁齡。地方機構方面則有吉林交涉署特派交涉員傅彊、奉天高等審判聽廳長沈家彝，以及奉天財政廳委員兩人、吉林財政廳委員一人、吉林交涉署魏科員等人與會（以上四人姓名無考）。歷次會議議事錄參見《外交檔案》03-33/1-（1），出席人員銜名參見印鑄局刊行，《職員錄》（北京：印鑄局，1923 年），中華民國 4 年第 2 期。此外，財政部原擬添派參事上行走李景銘前往列席，惟議事錄中不見其人出席記錄，參見〈收財政部函〉，1915 年 7 月 1 日，《外交檔案》03-33/2-（1）。

立場而言，內地雜居一項又包含商租、護照、警察法令、賦稅、以及司法審判等五節，情形較為複雜，且即將於 8 月 25 日開始實施，具有急迫性，應優先討論，惟其他部會則認為會議準備不足，應交由各部會內部先行研究、劃分事權後再行討論。在外交部與吉林特派員堅持下，與會眾人始達成共識，決定以吉林所擬條議為會議討論綱目，並由商租地畝一項開始討論。〔註145〕

（2）商租地畝

中日新約規定土地商租期限最長為三十年，期滿可無條件續租。吉林所擬條議中開列中國先期準備事項包含由中國自擬農業租地章程與商工業租地章程，並將可承租地面範圍限制為無特殊性質之農耕用地，且不論所租土地屬官地、公地、或民地，均須經中國地方官核准後送交日本領事官註冊始為有效。至於租期則分為短期（至多十年、面積不得超過百畝）與長期（至多三十年、面積不得超過二百畝）兩種，地上建物則於租期屆滿後劃歸地主或拆除。〔註146〕第一次會議時，外交部首先解釋中日新約相關規定，認為應進一步限制土地不得以出售或典押方式讓與日人、租地限制範圍應以中國人是否曾經租用為限、以及租地章程應參酌的中國舊有習慣統一規定。為避免日本反對，會中初步決定不明文規定租地章程，亦不將其列入警察章程中，而以佈告形式頒行於東三省，由內務部與吉林特派員共同草擬內容。此外則先在東三省針對土地之買賣、典抵、租用同時頒佈定型化契約，未經官方許可、未採用官方契約形式、以及填寫契約格式不合者均以無效論。承租人不限於日本人，租地不及於商埠，且不得轉典或轉賣。承租期以三十年為限，不得強迫地主續租，亦不得令中國人代耕，承租面積則視情形決定。〔註147〕財政部於 7 月 3 日第五次會議時提出契稅條例修正案，除將租借一項列入外，另擬收當押租額百分之四，惟不獲支持，乃決定取消契稅。此外，亦決定刪去租期不過三十年之限制，使租地條例成為通行全國之普通辦法，以規避與日人接洽一環。〔註148〕

〔註145〕〈中日滿蒙條約善後會議第一次會議錄〉，1915 年 6 月 24 日，《外交檔案》03-33/1-（1）。此外，外交部仍持續邀請張元奇、孟憲彝於條陳之外隨時補充意見，以便交會討論，參見〈發奉天巡按使、吉林巡按使電〉，1915 年 6 月 30 日，《外交檔案》03-33/95-（3）。

〔註146〕〈收吉林巡按使呈〉，1915 年 6 月 7 日，《外交檔案》03-33/2-（1）。

〔註147〕〈中日滿蒙條約善後會議第一次議決案〉，1915 年 6 月 24 日，《外交檔案》03-33/1-（2）。

〔註148〕〈中日滿蒙條約善後會議第五次會議錄〉，1915 年 7 月 3 日，《外交檔案》03-33/1-

內務部次長沈銘昌於7月6日第六次會議時提出〈商租地畝須知〉，並逐條解釋其理由，在外交部建議下，地主與承租人之租稅負擔劃分一項，改爲明白規定一切稅課由承租人完全負擔，內務部與吉林特派員並建議商租期滿後，地主如失蹤或絕戶時，土地即收歸國有。同時爲免日人因無法雇用華人代耕而引發移民東三省風潮，亦在內務部與吉林特派員建議下刪除此項規定。〔註149〕爲防範日人藉口擁有地上建物所有權，而於租期屆滿後拒絕讓出土地，亦規定地上建物於期滿後以拆除爲原則。〔註150〕財政部認爲商租地畝恐實行後與購買土地無異，爲避免承租人產生短納稅捐情形，由於7月15日第九次會議時提出商租辦法草案，內容與第六次會議通過事項頗有出入，〔註151〕適奉天所擬〈租用地畝規程〉於會後送抵外交部，〔註152〕與會代表乃於7月17日舉行第十次會議時公決以奉天所擬章程爲據，採納財政部關於商租期限之意見，經內務部修正後實施。〔註153〕此外，奉天省所擬定之〈奉天省租用土地登記規則〉亦於7月29日第十二次會議中獲得通過。〔註154〕

（3）任便居住、往來、營生

依吉林所擬條議，關於居住地點方面，日人不得居於中國法令禁止人民居住地區、以及中國地方官認爲不宜居住地區；關於營生方面，過去中日條約所訂禁止項目、以及中國中央與地方法規所禁止之違例營業仍然禁止經營，此外，郵政、電信、電話、電燈、電車、自來水等事業禁止日人經營，

（1）。
〔註149〕〈中日滿蒙條約善後會議第六次會議錄〉，1915年7月6日，《外交檔案》03-33/1-（1）。
〔註150〕〈中日滿蒙條約善後會議第六次議決案〉，1915年7月6日，《外交檔案》03-33/1-（2）。
〔註151〕〈中日滿蒙條約善後會議第九次會議錄〉，1915年7月15日，《外交檔案》03-33/1-（2）。
〔註152〕〈收奉天巡按使咨〉，1915年7月15日，《外交檔案》03-33/7-（2）。
〔註153〕〈中日滿蒙條約善後會議第十次會議錄〉，1915年7月17日，《外交檔案》03-33/1-（2）。內務部修正後公佈之〈商租地畝須知〉參見滿鐵太平洋問題調查準備會編，前引書，頁6-8。
〔註154〕司法部於會中建議將其中第二條承租官地部分，修改爲需由承租人向登記衙門聲請登記，以外交部次長曹汝霖並未出席之故，僅聲明備案，參見〈中日滿蒙條約善後會議第十二次會議錄〉，1915年7月29日，《外交檔案》03-33/1-（2）。奉天所擬規則見〈收政事堂交大總統批令〉，1915年7月19日，《外交檔案》03-33/7-（2）。

汽車、輕便鐵道、學校、病院等則允許有條件開放。〔註155〕6月26日首次討
論此問題時，與會代表對於吉林所擬條議大體上持贊成態度，除公決由內務
部草擬一市政條例，將電話、電燈、電車、自來水等屬市政範圍內之公共事
業限制外人經營之外，亦同意將不正當行業（如販賣鴉片、彩票等）列入警
察章程中加以取締，令日本人一律服從，至於現行法令中規定由政府專賣、
公賣、或特許行業、貨物等事項，日本人亦應一律遵守。〔註156〕內務部對於
擬定規則一事並不贊成，認為頗有窒礙難行之處，司法部亦認為既已限制外
人不得經營公共事業，中國人一時間又無力興辦，則徒然妨礙公共事業發展，
外交部乃同意不訂立章程，授權地方自行決定實施辦法，惟需嚴加監督，以
防流弊。〔註157〕至於擴充郵電方面，亦同意由地方官隨時斟酌情形，呈報交
通部查核屬實後處理。〔註158〕

　　輕便鐵道管理方面，僅開放以便利農、鑛業產品運輸為目的而設置之輕
便鐵路，但僅准許修築至就近鐵路或河道為止，不許相互連接，並由交通部
負責起草輕便鐵路章程加以管理。其他方面，另行規定雜居日人不許設立公
學堂等類學校教授中國人民，專教日人之專門學校則需官廳核准始得設立；
以服務日僑為目的之病院則可由地方官決定是否准許設立；至於佛教寺院則
不准設立，日本僧侶可進入東三省，但不許傳教。〔註159〕

（4）中日在東蒙合辦農工業

　　吉林所擬條議中，提出應限制合辦地點、不得由日人發起後再招募中資、
公司股本與用人監督應雙方平等、公司設立須經該管官員、蒙古王公、農商
部同意後始得辦理、農業僅限於耕作、不得合辦獨立之工業與農業以外之附
屬工業。〔註160〕本項初次於6月29日第三次會議中討論時，外交部認為吉林
條議大致可行，但仍須進一步排除以個人名義合辦事業，在吉林特派員要求

〔註155〕〈收吉林巡按使呈〉，1915年6月7日，《外交檔案》03-33/2-（1）。
〔註156〕〈中日滿蒙條約善後會議第二次會議錄〉，1915年6月26日，《外交檔案》
　　　　03-33/1-（2）。
〔註157〕〈中日滿蒙條約善後會議第八次會議錄〉，1915年7月13日，《外交檔案》
　　　　03-33/1-（2）。
〔註158〕〈中日滿蒙條約善後會議第十三次會議錄〉，1915年7月31日，《外交檔案》
　　　　03-33/1-（2）。
〔註159〕〈中日滿蒙條約善後會議第二次會議錄〉，1915年6月26日，《外交檔案》
　　　　03-33/1-（2）。
〔註160〕〈收吉林巡按使呈〉，1915年6月7日，《外交檔案》03-33/2-（1）。

下，公決由農商部起草合辦農業章程。此外，與會代表對於應如何限制日人
經營鹽、烟、酒等公賣事業頗費躊躇。外交部與吉林特派員均認為事實既無
法禁止日人在內地製造，「與其限制太嚴，而章程無法訂出，毋寧稍微放寬，
俾得早日施行」，要求日人與中國人民一律遵守政府公賣章程即可。〔註 161〕
農商部擬定〈東部內蒙古合辦農業規則〉後，內務部與外交部均認為如不進
一步限制以土地做為資本之合辦農工業，將來恐使日人得以藉此掌握土地所
有權，且易與南滿之商租地畝產生混淆，如一時無法加以限制，可由限制土
地所有權著手，至於細節方面則可採中美在黑龍江合辦之東益公司條例方式
辦理。〔註 162〕會奉天所擬合辦農業規則亦送達北京，以其較為完備之故，農
商部乃決定折衷採用。〔註 163〕

（5）雜居日人須向地方官註冊其護照

吉林所擬條議中，建議護照應由外交部特派員或交涉員加簽始生效、護
照文字需為漢文、需詳細將民四條約及換文相關規定以及持照人詳細資料與
此行目的詳細開列、有效期限為一年、除家屬外不得合用、抵達目的地後須
向就近警察機關繳驗註冊、出境時需赴註冊之原區辦理註銷等。〔註 164〕本項
初次於 6 月 29 日第三次會議中討論時，則決定仍仿照舊例，由領事發給、交
涉員蓋印、期限十三個月，願往內地居留者須向目的地縣署註冊並繳費，離
開註冊地點時需繳銷。細節方面則限制日人僅能前往中國已經設治之地、由
縣知事受理註冊事宜，成年兄弟須分持護照，至於新條約相關規定及持照人
目的則可不必開列，亦不限制其攜入槍械，但須限制其不得發行漢文報紙；
此外亦公決應擬定章程以對外說明一切手續、須知以對內規定辦事程序。〔註
165〕內務部草擬完成護照註冊章程後，外交部建議應增列警察署為註冊受理機
關，以便離縣治較遠地區日人仍能就近註冊，持照人眷屬身份亦不必詳列，

〔註161〕〈中日滿蒙條約善後會議第三次會議錄〉，1915 年 6 月 29 日，《外交檔案》
　　　　03-33/1-（1）。
〔註162〕〈中日滿蒙條約善後會議第六次會議錄〉，1915 年 7 月 6 日，《外交檔案》03-33/1-
　　　　（1）。
〔註163〕〈中日滿蒙條約善後會議第十二次會議錄〉，1915 年 7 月 29 日，《外交檔案》
　　　　03-33/1-（2）。奉天所擬規則，見〈收奉天巡按使咨陳〉，1915 年 7 月 19 日，
　　　　《外交檔案》03-33/3-（1）。
〔註164〕〈收吉林巡按使呈〉，1915 年 6 月 7 日，《外交檔案》03-33/2-（1）。
〔註165〕〈中日滿蒙條約善後會議第三次會議錄〉，1915 年 6 月 29 日，《外交檔案》
　　　　03-33/1-（1）。

而以家族統稱即可；〔註166〕吉林特派員復建議持照人註冊後由受理機構一面會報該管道尹轉報巡按使、一面巡報特派員備案，獲得通過，〈護照註冊章程〉及辦法乃照案通過。〔註167〕

（6）警察法令及課稅

以吉林條議所擬，首先應整理中國現行警察、課稅章程，應修正部分則盡量修正，再由奉、吉兩省特派交涉員將兩省現行法令章程送請駐省之日本各領事查照，同時聲明必須於換文規定之三個月期限內接洽完畢，以免日本藉故拖延。〔註168〕7月1日第四次會議首次討論此問題時，由於中國警察制度並不完善，且警察制度完備與否為中國是否有能力切實執行會議擬定之種種法令章程重要關鍵，因此與會代表對於應首先改良警察編制均有共識。吉林特派員建議中央認定東三省為特別區域，將軍備經費優先用於布置警察，所需經費由內務部商明財政部籌撥，獲與會代表支持，亦決定由警察學生或北京、天津、保定抽調警力擔任東三省警察訓練工作，同時公決由內務部編列、審定現行警察法令目錄，以便與日使接洽，而所定法規經中央公佈實施後僅知照日本領事，不能任其修改。〔註169〕內務部於7月15日第九次會議時將警察法令目錄交會討論，以司法警察一項恐招致日本反對之故，內務部同意於將來與日本接洽時另行編列目錄。此外，內務部亦提出籌擬東三省統一警政辦法大綱，建議各省增設警務處以指揮全省警察，獲得與會代表同意，並公決由內務部呈請實施。〔註170〕至於財政部所提出之課稅目錄方面，在外交部建議下，決定海關常稅等無須與日本接洽，應接洽者則只須將條文交到，無須再行討論。〔註171〕內務部與財政部於7月31日第十三次會議時分別提交

〔註166〕〈中日滿蒙條約善後會議第八次會議錄〉，1915年7月13日，《外交檔案》03-33/1-（2）。

〔註167〕〈中日滿蒙條約善後會議第九次會議錄〉，1915年7月15日，《外交檔案》03-33/1-（2）。護照註冊章程見〈中日滿蒙條約善後會議第九次議決案〉，1915年7月15日，《外交檔案》03-33/1-（2）。

〔註168〕〈收吉林巡按使呈〉，1915年6月7日，《外交檔案》03-33/2-（1）。

〔註169〕〈中日滿蒙條約善後會議第四次會議錄〉，1915年7月1日，《外交檔案》03-33/1-（1）。

〔註170〕〈中日滿蒙條約善後會議第九次會議錄〉，1915年7月15日，《外交檔案》03-33/1-（2）。

〔註171〕〈中日滿蒙條約善後會議第十一次會議錄〉，1915年7月27日，《外交檔案》03-33/1-（2）。〈南滿課稅條規目錄〉見〈中日滿蒙條約善後會議第五次會議錄〉附件，1915年7月3日，《外交檔案》03-33/1-（1）。

警察法令及南滿課稅條規，由外交部與吉林特派員向相關部會逐一研究接洽通過後，警察法令與課稅問題至此議結。〔註172〕

（7）司法管轄權問題

司法管轄權關係中國主權最爲密切，因此吉林條議於此一問題亦特別詳盡。民刑訴訟各歸各審一節，建議經中國地方官審判者向特派交涉員署上訴、經日領審判者向日總領事上訴；派員旁聽一節，建議事先通知、另設旁聽席、旁聽時不得發言或有不敬舉動、以及缺席不候；土地訴訟一節，建議將因土地所衍生之一切權利義務糾紛盡皆納入；適用法令一節，建議儘早修訂民律及民事訴訟律，並優先規定不動產登記法；採納地方慣習一節，建議以中國一般人民承認者爲準、以良善爲限；派員一節，建議爭取以中國官員佔多數、任用外交、法律專才專任其事，開審前預先通知，開審時未出席者視爲默認審判結果；共同審判一節，權限方面建議爭取事務監督分配權、審判主席裁判權、書吏員役任用權；受理機關方面建議以日人所在地之縣公署爲公審機關，上訴機關限於特派交涉員署與其所屬道尹公署，日人僅得派遣審判員；判決效力方面建議不服者可上訴，上訴判決確定後即定讞，不得再起交涉；指派律師方面，以中國律師程度不及日人，建議審判時不設律師，或由訴訟機關指派，以去流弊。〔註173〕

7月8日第七次會議初次討論此問題時，與會代表對於吉林所擬條議大致贊同，惟於審級制度方面，主張一審制者與主張三審制者相持不下，前者重在維護中國人利益，後者則著眼於尊重司法制度，後以多數主張之故，議決採取一審制。〔註174〕此外亦決定採取司法部建議，以法庭爲審判機關，同時決定共同審判法庭不准使用外語及聘用外國律師、旁聽座位設置於特別旁聽席、以及旁聽時依照審判廳旁聽規則辦理。〔註175〕司法部次長江庸於東三省考察回京後，於7月13日第八次會議出席報告考察結果，同時提出共同審判辦法，因與會議結果並無太大出入，因此議決通過，僅於審級部分改爲由司

〔註172〕〈中日滿蒙條約善後會議第十三次會議錄〉，1915年7月31日，《外交檔案》03-33/1-（2）。

〔註173〕〈收吉林巡按使呈〉，1915年6月7日，《外交檔案》03-33/2-（1）。

〔註174〕〈中日滿蒙條約善後會議第七次會議錄〉，1915年7月8日，《外交檔案》03-33/1-（2）。

〔註175〕〈中日滿蒙條約善後會議第七次議決案〉，1915年7月8日，《外交檔案》03-33/1-（2）。

法部自行酌定，以及共審日員以領事官爲限。〔註176〕

（8）日人開鑛問題

　　吉林所擬條議中，建議鑛區土地須人民自願始得租予日人、限制日人僅得開採條約所定該鑛鑛種、調查鑛場時間以三個月爲限、採行中國現行鑛業條例、必要時以國內各鑛辦法對中國最有利者爲現行辦法。〔註177〕7月8日第七次會議時，與會代表公決日本選鑛時間可仿美孚石油公司之例，以一年爲期；已經中國人開採之況，仍由中國人優先開採；〔註178〕已開採或探勘鑛區標準則採行事實認定，不論有無執照，並指定採用現行之鑛業條例。〔註179〕農商部乃於7月13日第八次會議時提出〈核辦日本臣民在滿洲辦鑛案須知〉，其中除選鑛時間限十二個月改爲原則，不提出確定條文，其餘則獲得通過。〔註180〕

（9）南滿、東蒙界限問題

　　依吉林條議所擬，南滿洲區域應以南滿鐵路北端之長春車站爲限，即北緯43度46分以南區域，但因以緯度分別界限可能牽涉一縣分屬南北滿所可能產生之一縣兩制問題，因此亦可將橫跨界限之縣分全部劃入南滿區域。東蒙方面，則可以舊哲里木盟區域爲限，但包含長春、德惠、農安、長嶺四縣；如日本不允，則以該盟已設治、位於北緯43度46分以南縣分屬南滿，其餘未設治之地則悉屬東蒙。〔註181〕

　　南滿、東蒙界限問題牽涉日人在華北、東北勢力範圍，以及雜居、商租地畝等權利之實施範圍，故此問題甚受中國官方重視，大總統府、政事堂、外交部、以及東三省之間於滿蒙善後會議召開前後不斷交換意見。〔註182〕7

〔註176〕〈中日滿蒙條約善後會議第八次會議錄〉，1915年7月13日，《外交檔案》03-33/1-（2）。

〔註177〕〈收吉林巡按使呈〉，1915年6月7日，《外交檔案》03-33/2-（1）。

〔註178〕〈中日滿蒙條約善後會議第七次會議錄〉，1915年7月8日，《外交檔案》03-33/1-（2）。

〔註179〕〈中日滿蒙條約善後會議第七次議決案〉，1915年7月8日，《外交檔案》03-33/1-（2）。此處係指1914 3月11日公布之鑛業條例，參見〈鑛業條例〉，1914年3月11日，《外交檔案》03-33/3-（4）。

〔註180〕〈中日滿蒙條約善後會議第八次會議錄〉，1915年7月13日，《外交檔案》03-33/1-（2）。

〔註181〕〈收吉林巡按使呈〉，1915年6月7日，《外交檔案》03-33/2-（1）。

〔註182〕參見〈發吉林將軍、巡按使、奉天將軍、巡按使函〉，1915年6月4日；〈發奉天將軍、巡按使、吉林將軍、巡按使函〉，1915年6月4日；〈發奉天將軍、

月27日第十一次會議首次討論此問題時，吉林特派員建議應放寬南滿、縮小東蒙界限，以避免日人將來進一步擴張，亦要求外交部於南滿區域劃定後，向日本交涉遷出已居住於域外之日本人，同時建議訂定一自開商埠章程，以釐定商埠界址。外交部則認為南滿區域一經擴充，則俄人亦必要求擴張北滿範圍，將致後患無窮，而要求已定居日人遷出亦有所困難，故僅同意由內務部負責統籌各相關部會意見，起草自開商埠章程。〔註 183〕外交部於 7 月 29 日第十二次會議中，提出滿蒙界限意見書，南滿界限方面建議將吉林省東境、與朝鮮相接壤之汪清、延吉、和龍三縣畫出南滿界限，南北滿以長春為界；至於東蒙方面則建議劃入哲里木盟、卓索圖盟、昭烏達盟，但限於已設治部分。與會代表對東蒙問題較無爭議，僅建議向日使聲明，熱河道東北部僅已設治之赤峰等縣屬東蒙範圍。南滿問題則爭議較大，吉林特派員建議將琿春一併畫出以解決邊界韓民問題，以及將遼河以西之商埠、鑛區與南滿界限分為兩事，以避免日人要求將遼西劃入南滿界限中。〔註 184〕

中日滿蒙條約善後會議舉行期間，袁世凱仍透過政事堂與奉天巡按使張元奇、吉林巡按使孟憲彝保持密切聯繫，審閱由奉、吉兩使擬定之善後策略，其善者則或指示外交部交會討論、或直接交辦。如張元奇密呈袁世凱關於南滿區域一事，即由袁世凱直接命令外交部查照；〔註 185〕而日人商租地畝規則方面，奉天所擬 35 條於第九次會議後送抵外交部〔註 186〕，以袁世凱認為奉天所擬〈租用地畝規程〉與內務部所訂商租地畝須知「主義大致相符，而辦法尤為完備」之故，與會代表即於 7 月 17 日舉行第十次會議時公決以奉天所擬章程為據，採納財政部關於商租期限之意見，經內務部修正後實施，〔註 187〕

巡按使、吉林將軍、巡按使函〉，1915 年 6 月 12 日；〈收黑龍江將軍電〉，1915 年 6 月 13 日；〈發黑龍江將軍函〉，1915 年 6 月 15 日；〈收奉天巡按使咨陳〉，1915 年 7 月 1 日，以上收入中央研究院近代史研究所編，前引書，頁 366-370、401-403、407-408、458-460。

〔註 183〕〈中日滿蒙條約善後會議第十一次會議錄〉，1915 年 7 月 27 日，《外交檔案》03-33/1-（2）。

〔註 184〕〈中日滿蒙條約善後會議第十二次會議錄〉，1915 年 7 月 29 日，《外交檔案》03-33/1-（2）。

〔註 185〕〈收政事堂交奉天巡按使呈〉，1915 年 7 月 3 日；〈收政事堂交大總統批令〉，1915 年 7 月 3 日，收入《外交檔案》03-33/5-（1）。

〔註 186〕〈收奉天巡按使咨〉，1915 年 7 月 15 日，《外交檔案》03-33/7-（2）。

〔註 187〕〈中日滿蒙條約善後會議第十次會議錄〉，1915 年 7 月 17 日，《外交檔案》03-33/1-（2）。內務部修正後公佈之〈商租地畝須知〉參見滿鐵太平洋問題調

而奉天省所另行擬定之〈奉天省租用土地登記規則〉亦經袁世凱審閱後令外交、財政、內務、司法四部議核，於 7 月 29 日第十二次會議中獲得通過。〔註188〕此外，袁世凱亦准張元奇所請，命令蒙藏院分赴各蒙旗宣示中日締結條約情形、並於合辦農工一事分別曉諭蒙人，善加勸導。〔註189〕此外奉天巡按使公署所擬之南滿、東蒙宜籌畫事項與辦法，〔註190〕以及吉林巡按使公署所擬定之各項善後計畫，〔註191〕亦分別呈送袁世凱，或經由政事堂代呈。

　　自 6 月 24 日至 7 月 31 日，中日滿蒙條約善後會議經歷十三次會議討論，將吉林省所開各項條議大致商議完畢，外交部認為各部會所提意見與所獲共識已極為詳盡，乃決定開始與日使從事接洽工作，期於 8 月 25 日新約實施之前即能接洽完畢，至於未盡事宜則由外交部隨時與主管部會商酌辦理，會議至此告一段落。〔註192〕

二、中日滿蒙條約善後會議決議內容的實施

　　據民四條約及換文之規定，〈關於南滿洲及東部內蒙古之條約〉第二條至第五條等四款，自條約簽約日起，延期三個月實施，而期限即將於 8 月 25 日屆滿，故自 7 月 31 日滿蒙條約善後會議結束後，外交部即依據會中所做成之各項決議，加緊籌備新約實施工作。在商租土地方面，司法部將第十二次會議時未議決之修改官地租用登記條文正式咨請外交部同意，〔註193〕財政部亦

査準備會編，前引書，頁 6-8。

〔註188〕司法部於會中建議將其中第二條承租官地部分修改為需由承租人向登記衙門聲請登記，以外交部次長曹汝霖並未出席之故，僅聲明備案，參見〈中日滿蒙條約善後會議第十二次會議錄〉，1915 年 7 月 29 日，《外交檔案》03-33/1-（2）。奉天所擬規則見〈收政事堂交大總統批令〉，1915 年 7 月 19 日，《外交檔案》03-33/7-（2）。

〔註189〕〈收政事堂交奉天張巡按使電〉、〈收政事堂交發奉天張巡按使電〉1915 年 7 月 28 日，《外交檔案》03-96/7-（1）。

〔註190〕張元奇共呈上五道咨文，參見〈收奉天巡按使咨陳〉，1915 年 7 月 19 日，《外交檔案》03-33/2-（1）。

〔註191〕孟憲彝共呈上七道咨文，參見〈收政事堂交孟憲彝呈〉（內含五道），1915 年 7 月 31 日，《外交檔案》03-33/96-（1）。〈收政事堂交吉林巡按使呈〉，1915 年 8 月 3 日，《外交檔案》03-33/3-（1）。〈收公府交吉林巡按使呈〉，1915 年 8 月 20 日，《外交檔案》03-33/2-（1）。

〔註192〕〈中日滿蒙條約善後會議第十三次會議錄〉，1915 年 7 月 31 日，《外交檔案》03-33/1-（2）。

〔註193〕〈收司法部咨〉，1915 年 7 月 30 日；〈發司法部咨〉，1915 年 8 月 7 日，《外交檔案》03-33/7-（2）。

認為〈奉天省租用土地登記規則〉中應明白規定由租用人聲請登記蓋造房屋及建築物等事項，〔註194〕獲外交部同意、並轉知司法部後，即由財政、外交、內務、司法四部會呈袁世凱後實施，〔註195〕〈商租地畝須知〉、租契用紙格式、以及〈奉天省租用土地登記規則〉即通飭屬於南滿各縣遵行，此後則僅進行文字細部修正而已。〔註196〕

在東蒙合辦農工業方面，農商部於 8 月 6 日將部擬規則參酌奉天所擬之合辦農業規則，審訂完成〈中日合辦東部內蒙古農業及附隨工業規則〉以及〈中日合辦東部內蒙古農業及附隨工業須知〉，函送外交部查核，〔註197〕外交部對於其中權責不清部分頗有疑問，要求農商部修改或逕行刪除，〔註198〕農商部研究過後認為並無修改必要，並表示將俟外交部將東三省善後問題相關規則呈報大總統府核准後，再咨行東三省辦理，〔註199〕外交部則認為可由農商部自行呈報後，不必經由大總統府公布，即可由外交部咨行東三省作為試辦，將來如有窒礙難行之處再行修正即可，〔註200〕奉天、吉林兩省巡按使公署分別將相關規定知會當地屬東蒙區域內各盟旗王公及民眾後，該項規則及

〔註194〕〈收財政部咨〉，1915 年 8 月 4 日，《外交檔案》03-33/7-（2）。
〔註195〕〈收司法部咨〉，1915 年 8 月 18 日；〈發內務部咨〉，1915 年 8 月 19 日；〈發司法部部咨〉，1915 年 8 月 19 日，《外交檔案》03-33/7-（2）。
〔註196〕奉、吉兩省對於部頒條文詳加研究後，均認為〈商租地畝須知〉中第十三條第一款規定「租地造房，應先商明地主，得其同意。期滿時，其自造之房屋與租地購屋者之房屋，均從地方習慣，歸地主承受」，與「商租」兩字之精神形式有所衝突，吉林巡按使公署另針對各條文字欠妥之處提出意見，內務部表示該項係衍文，亦對吉林修正意見提出答覆。參見〈收奉天巡按使咨陳〉，1915 年 11 月 25 日；〈收吉林巡按使咨陳〉，1915 年 11 月 27 日，《外交檔案》03-33/7-（4）。〈收內務部咨〉，1916 年 1 月 18 日，《外交檔案》03-33/3-（3）。此外，該須知第八條原訂課稅應由地主繳納，新任奉天巡按使張作霖復參酌奉、吉兩省情形，提出應由土地承租人繳納賦稅之修正意見，內務部亦表示同意。原文及擬修正文字參見〈收奉天巡按使咨〉，1916 年 5 月 26 日；〈收內務部咨〉，1916 年 6 月 24 日，《外交檔案》03-33/3-（3）。
〔註197〕〈收農商部函〉，1915 年 8 月 6 日，《外交檔案》03-33/3-（1）。
〔註198〕外交部認為〈須知〉第八條規定向各盟旗王公申請合辦事業者，須由各王公稟告蒙藏院、再轉呈農商部辦理一款，與〈規則〉第三條規定合辦事業由該管地方官署稟告巡按使轉呈農商部、及第一條合辦農工業限於東蒙已設治地方等規定相抵觸，參見〈發農商部函〉，1915 年 8 月 11 日，《外交檔案》03-33/3-（1）。
〔註199〕〈收農商部函〉，1915 年 8 月 26 日，《外交檔案》03-33/3-（1）。
〔註200〕〈發農商部函〉，1915 年 8 月 30 日，《外交檔案》03-33/3-（1）。

須知即在東三省開始實施。〔註201〕

　　在護照註冊辦法方面，外交部將〈護照註冊章程〉通知奉天交涉員馬廷亮後，由於牽涉日人權益，馬廷亮乃向外交部詢問是否應將相關規定照會日本駐奉天各領事，〔註202〕外交部認為正式照會後易引起紛爭，表示僅須將護照收費辦法函告日人，至於規則條文則隨時發給註冊人遵辦即可。〔註203〕馬廷亮對於境內現居於南滿區域外日人之處置問題、註冊規則有否通知日本領事必要、護照款式修正、註冊費用、以及加蓋關防印格式等問題提出質疑與建議，〔註204〕外交部對於護照費用及關防印問題並無意見，惟對於日人是否遵守中國所定之南滿界限並無把握，僅表示於將來隨時視情形應付，另決定將註冊規則相機面告日本領事，以資接洽，同時護照格式亦需與日領當面接洽清楚，以避免日後產生爭端。〔註205〕此外，吉林政事討論會對於章程中部分條文亦提出修正意見，〔註206〕經外交部轉知內務部、獲得同意後轉告奉天省比照辦理，〔註207〕同時〈護照註冊章程〉亦在奉天巡按使公署建議下改稱〈護照註冊規則〉，馬廷亮乃將修訂後之規則分送南滿、東蒙各相關單位，〔註208〕同時向外交部備案後開始實施。〔註209〕

　　日人服從中國警察法令及課稅問題方面，滿蒙善後會議於討論時即決定僅能通知日本領事，而不能任其修改，因此外交部於8月11日將內務部咨送

〔註201〕外交部咨行東三省後，奉天巡按使公署對於〈規則〉准許各盟旗王公直陳蒙藏院之規定提出質疑，認為與各盟旗慣例不合，已將該項但書刪除後始將其餘規定轉知各盟旗，咨陳外交部請求追認，經外交部與農商部同意，參見〈收奉天巡按使咨陳〉，1915年9月24日；〈發農商部咨〉，1915年9月30日；〈發農商部咨〉，1915年9月30日，均收入《外交檔案》03-33/3-（1）。此外，吉林巡按使公署亦比照辦理，另將其中關於契約效力部分略做修改後公布，亦獲得外交部追認，參見〈收吉林巡按使咨陳〉，1915年10月25日；〈發農商部咨〉，1915年10月26日；〈收農商部密咨〉，1915年11月2日，均收入《外交檔案》03-33/3-（1）。

〔註202〕〈收奉天特派員電〉，1915年9月27日，《外交檔案》03-33/3-（2）。

〔註203〕〈發奉天特派員電〉，1915年9月28日，《外交檔案》03-33/3-（2）。

〔註204〕〈收奉天特派員電〉，1915年10月4日，《外交檔案》03-33/3-（2）。

〔註205〕〈發奉天特派員電〉，1915年10月9日，《外交檔案》03-33/3-（2）。

〔註206〕〈收吉林巡按使密咨〉，1915年10月14日，《外交檔案》03-33/3-（2）。吉林政事討論會。

〔註207〕〈發內務部咨〉，1915年10月21日；〈收內務部咨〉，1915年10月29日，《外交檔案》03-33/3-（2）。

〔註208〕〈收奉天特派員詳〉，1915年12月20日，《外交檔案》03-33/3-（2）。

〔註209〕〈發奉天特派員批〉，1915年12月22日，《外交檔案》03-33/3-（2）。

之警察法令相關條文，以及財政部咨送之奉天、吉林兩省現行稅課等條文送交日本使館後，〔註210〕乃咨行財政部，要求財政部令奉、吉兩省於 8 月 26 日起照約執行各項稅課。〔註211〕以日使對於中國所定各項規章仍有疑義，乃於警察法令部分將違警律以及奉、吉兩省單行警察章程以外法令悉數撤回，〔註212〕至於課稅條規部分則撤回所得稅、特種營業執照稅兩項。〔註213〕

司法管轄權問題方面，外交部於 8 月 7 日咨行司法部，希望司法部將議決之旁聽及共同審判辦法飭行各該省遵辦，並將辦理情形隨時告知外交部，〔註214〕司法部即將會議所通過之〈南滿中日人民土地訴訟辦法〉通知各該省巡按使，並命令各該審判廳遵照辦理。〔註215〕奉天高等審判廳對於辦法中規定相關訴訟開庭前，應由受理地方廳知照日本領事官之規定提出疑問，認為司法機構與外國外交機構交涉一事與國際慣例不合，建議應修正為由外交特派員知會日本領事，再由該廳密飭各地方廳妥善辦理，以免節外生枝，〔註216〕外交部乃決定於設有交涉員地方由交涉員通知，另由交涉員向日本領事聲明，其餘未設交涉員地方則由法庭直接通知，經司法部同意後，〔註217〕即知會奉天、吉林兩省相關官員，〔註218〕並要求開始實施相關規定，〔註219〕然奉天、吉林交涉員接獲外交部指示後，為免將來日僑逕向各地方法院交涉、致使交涉署對於涉外訴訟案件產生隔閡起見，聯名上書建議外交部仍應採納奉天高

〔註210〕〈次長會晤日本館小幡、高尾參贊問答〉，1915 年 8 月 18 日，《外交檔案》03-33/2-（2）。此外，因黑龍江省及熱河道部分屬於東蒙範圍，因此外交部亦令兩地將警察法令及課稅章程送部備查，參見〈發黑龍江將軍、熱河都統電〉，1915 年 8 月 3 日，《外交檔案》03-33/2-（2）。咨送日館之詳細文本目錄，參見〈發駐日本陸公使函〉，1915 年 9 月 9 日，《外交檔案》03-33/2-（2）。

〔註211〕〈發財政部咨〉，1915 年 8 月 20 日，《外交檔案》03-33/2-（2）。此外，由外交部於 9 月 9 日發陸宗輿函中，可知警察法令亦同步實施。

〔註212〕〈發內務部函〉，1915 年 9 月 3 日，《外交檔案》03-33/2-（2）。

〔註213〕〈發財政部函〉，1915 年 9 月 4 日，《外交檔案》03-33/2-（2）。

〔註214〕〈發司法部咨〉，1915 年 8 月 7 日，《外交檔案》03-33/6-（1）。

〔註215〕〈收司法部咨〉，1915 年 8 月 24 日，《外交檔案》03-33/6-（1）。

〔註216〕〈收奉天巡按使咨陳〉，1915 年 9 月 20 日，《外交檔案》03-33/6-（1）。

〔註217〕〈發司法部咨〉，1915 年 9 月 27 日；〈收司法部咨〉，1915 年 11 月 1 日，《外交檔案》03-33/6-（1）。

〔註218〕〈發奉天巡按使密咨〉，1915 年 10 月 4 日；〈發特派奉天、吉林交涉員密飭〉，1915 年 10 月 4 日；〈發吉林巡按使密咨〉，1915 年 10 月 6 日，《外交檔案》03-33/6-（1）。

〔註219〕〈發奉天、吉林特派員飭〉，1915 年 10 月 6 日；〈發奉天、吉林巡按使咨〉，1915 年 10 月 6 日，《外交檔案》03-33/6-（1）。

等審判廳建議爲宜，〔註 220〕外交部與司法部重新考量後決定採納，〔註 221〕隨即通知奉、吉兩省高等審判廳與交涉員遵照辦理，〔註 222〕至於與土地無關之經常訴訟項目，則除外人自願赴法院投訴之外，仍由地方行政官受理。〔註 223〕此外，奉天高等審判廳另對於條文細節問題提出建議，經司法部同意後，土地訴訟辦法及須知即照章實行。〔註 224〕

其他問題方面，滿蒙界限問題視與日本交涉結果如何始能決定；〔註 225〕日人在南滿洲任便居住往來營生一節則決定授權各地方官自行決定實施辦法；至於日人在滿蒙開鑛問題，則因會議時已決定按照農商部所提出之〈核辦日本臣民在滿洲辦鑛案須知〉辦理，日本亦曾於中日會議二十一條款時同意照向來辦法辦理，因此並無問題。

依中日新約規定，警察法令及課稅規條需由中國官吏與日本領事官接洽後方可實施。會議尚在進行之時，外交部即與日本使館約定將來在北京接洽新約實施事宜。〔註 226〕外交部亦瞭解會議所定條規「能否實行限制，全視警察之執行如何爲斷，警政如能辦好，則各項章程自不難實施」，〔註 227〕因此對於與日本接洽一事甚爲重視，俟滿蒙善後會議結束後，隨即向日館表示希望能於三星期之內接洽完畢，日館則表示須請示本國政府後始能決定接受與否，〔註 228〕後則先稱審閱手續繁雜，復以 1915 年 11 月 8 日內務部呈請公布〈違警罰法〉、取

〔註 220〕〈收奉天、吉林交涉員會詳〉，1915 年 11 月 8 日，《外交檔案》03-33/6-（1）。

〔註 221〕〈發司法部咨〉，1915 年 11 月 9 日；〈收司法部密咨〉，1915 年 11 月 13 日；〈發司法部咨〉，1915 年 11 月 20 日，《外交檔案》03-33/6-（1）。

〔註 222〕〈發特派奉天、吉林交涉員批〉，1915 年 11 月 22 日，《外交檔案》03-33/6-（1）。

〔註 223〕〈收司法部密咨〉，1915 年 12 月 7 日；〈發司法部咨〉，1915 年 12 月 10 日，《外交檔案》03-33/6-（1）。

〔註 224〕〈收奉天巡按使咨陳〉，1915 年 10 月 8 日；〈發司法部密咨〉，1915 年 10 月 11 日；〈收司法總長咨〉，1915 年 1 月 27 日，《外交檔案》03-33/6-（1）。

〔註 225〕例如日本質問中國何以妨礙日人在錦州居住時，外交部即以遵西不屬南滿洲範圍答之，參見〈次長會晤日本小幡代使問答〉，1915 年 11 月 16 日，《外交檔案》03-33/5-（1）。

〔註 226〕〈總長會晤日本日置使問答〉，1915 年 7 月 14 日、7 月 26 日，《外交檔案》03-33/2-（2）。

〔註 227〕〈中日滿蒙條約善後會議第九次會議錄〉，1915 年 7 月 15 日，《外交檔案》03-33/1-（2）。

〔註 228〕〈次長會晤日本館小幡、高尾參贊問答〉，1915 年 8 月 4 日，《外交檔案》03-33/2-（2）。

代違警律之故，要求中國應向日本接洽，日本政府始能決定，〔註229〕直至1916年7月底始要求中國政府對於日本不能瞭解之處提出答覆。〔註230〕

日人在東三省不耐久候，早已有破壞條約規定情形發生，地方官亦屢次要求外交部將所定〈商租地畝須知〉等相關規定照會日領，〔註231〕然就外交部立場而言，〈商租地畝須知〉係做為地方官參考之用，不便照會日領，只能由地方官按照條約，隨時相機辦理而已。〔註232〕日本領事以護照註冊規則、商租地畝須知等項未經正式照會，遲至1916年仍不肯轉飭日本商人遵行，〔註233〕應施行之各項辦法則多藉詞拒不承認，如司法管轄權方面，日人即不承認由法院直接通知，奉天交涉員數次照會日本領事，均無正面回應，〔註234〕僅表示須接獲正式照會始能請示外務省施行。〔註235〕外交部鑑於日人依新約赴南滿者日多，地方官對於違反條約規定之日人卻仍無法可管，〔註236〕曾於1916年5月30日照會日本，希望於警察法令與課稅問題議定前，先照南滿現行規則辦理；日本則認為依中日新約規定，日本臣民所應服從之中國警察法令與課稅係指經中日兩國會商後施行者，因此以「無論如何遷延，對於未經協議實施者，斷無強令帝國臣民服從之權利」為由加以拒絕，〔註237〕此問題乃始終無法解決；〔註238〕即如條約規定不須與日本接洽即可實施之東蒙合辦農業

〔註229〕〈次長會晤日本館小幡參贊問答〉，1916年4月15日，《外交檔案》03-33/4-（1）。

〔註230〕〈收日本館交詢問事項表〉，1916年7月17日，《外交檔案》03-33/4-（1）。

〔註231〕如雜居遼西、東蒙，典押、買賣土地，抗稅不納，私設警察派出所等，參見〈收奉天將軍函〉，1915年11月27日；〈收營口交涉員詳〉，1915年12月1日，《外交檔案》03-33/7-（4）。

〔註232〕〈發奉天將軍函〉，1915年12月2日，《外交檔案》03-33/7-（4）。

〔註233〕〈收奉天特派員電〉，1916年2月23日，《外交檔案》03-33/3-（2）。日本使館甚至函告外交部，表示護照註冊規則關係日人權利地位，「縱令該規則為貴國官憲內部之規則，……公布之時，須與帝國方面協議，自不待言」，後始決定毋須正式照會，僅預先彼此非正式接洽即可。參見〈收日本館函〉，1916年7月14日；〈收奉天特派員函〉，1916年7月31日，《外交檔案》03-33/3-（2）。

〔註234〕〈收奉天交涉員函〉，1916年7月5日，《外交檔案》03-33/6-（1）。

〔註235〕〈收奉天特派員電〉，1916年7月19日，《外交檔案》03-33/3-（2）。

〔註236〕〈施秘書往晤日本館出淵、高尾參贊問答〉，1916年2月23日，《外交檔案》03-33/4-（1）。

〔註237〕〈收日本館照會〉，1916年11月27日，《外交檔案》03-33/4-（1）。

〔註238〕遲-1918年，外交部仍持續要求日本同意中國警察課稅法規，參見張忠紱，前引書，頁170。

事宜，日本亦認爲中國所發佈之〈中日合辦東部內蒙古農業及附隨工業規則〉與條約不符。〔註239〕至於其他章程方面，外交部雖以條約爲規定須與日本接洽，而令地方官照章實施，仍因日領始終堅持需得正式照會始能接受爲由而致延宕無解。〔註240〕南滿、東蒙地方官爲限制日人擴張起見，乃各自視實際需要訂定辦法以爲補救。〔註241〕

小　結

英國所著重者除維持在華利益不受侵犯外，亦著力於防止日本獨佔在華利益或中日合作可能，以免損及英國在華發展機會，雖日本最後修正案中執意令中國接受長江流域鐵路要求，顯然無視英國在華鐵路權利，然英國政府隨即瞭解支持中國之後果可能導致中日發生戰爭，仍決定暫緩對日本發出措辭強硬之相關備忘錄。及至得知日本願撤回第五號要求，對英國利益已無重大影響，同時對中國而言亦已獲得相當勝利，爲免中日間因中國拒絕接受最後通牒而引發戰爭，損及英國在華商務，甚至導致中國因對日戰爭而由中立轉而支持德國，對歐戰局勢造成不利影響，英國乃一方面拒絕美國所提共同勸告建議，一方面勸日本冷靜從事，一方面向中國施壓，要求中國接受最後通牒，以避免中日兩國爆發戰爭，對英國而言，中國接受除第五號以外之其他要求已爲當時情勢下最佳解決之道。

俄國與日本之間因對德作戰而形成同盟關係，又積極向日本採購軍械以因應戰爭所需，因此並不願開罪日本，僅希望能維持在北滿利益不受侵犯。對俄國而言，中日兩國若談判破裂而導致戰爭，則日本內閣將可能因此拒絕對俄國提供武器，以應付中日戰爭所需，若中日談判和平解決，則俄國將叫可能順利自日本購得所需軍械〔註242〕，因此俄國政府對於美國要求俄國共同勸告中日兩國再行談判之舉並不感興趣，而以俄日間存在同盟關係爲詞拒絕

〔註239〕〈次長會晤日本小幡參贊問答〉，1915 年 12 月 17 日，《外交檔案》03-33/3-（1）。
〔註240〕同上註，頁 172。
〔註241〕如奉天督軍張作霖即擬於日人接受商租辦法前，自行擬定簡便辦法以爲補救。參見〈收國務院函〉，1916 年 10 月 30 日；〈收奉天督軍電〉，1916 年 11 月 2 日，《外交檔案》03-33/7-（5）。
〔註242〕〈駐東京大使致外交大臣電〉，1915 年 5 月 4 日，第 682 號文書，轉引自中國社會科學院近代史研究所編，前引書，頁 876-878。

〔註243〕。儘管俄國於談判初起時表現甚爲積極，亦主動向中日兩國探詢交涉情形，但俄國仍因現實因素考量，決定對中日交涉採取觀望態度，並不積極介入。

衡諸美國於中日談判期間所做種種努力與所獲成果，在在顯示美國以維護在華商業機會爲主要目的。對美國政府而言，中國領土主權完整有助於美國在中國各地推展商務，因此於確認二十一條內容之後即積極與日本就其中損害美國條約權益最甚之第五號條款展開磋商。中日談判曠日廢時，加藤認爲中國因美國支持而堅不讓步，中國發現最後通牒較最後修正案內容爲輕，英國不願見中日因協商失敗而走向戰爭，俄國正與日本商議購買軍械，不能開罪日本，各國均有意以日本之最後通牒爲途徑解決此次中日交涉，美國卻仍擔心保留至日後協商之第五號要求仍可能損害美國利益，因此希望促成各國共同勸告中日重開談判，藉以壓迫日本再行讓步，惟各國均不以爲然，美國調處終無所成，而美國所發之「不承認聲明」甚至引起日本厭惡〔註244〕。

中國所制訂之談判策略係以拖延戰術爲主，配合新聞政策的運用、與英美俄等直接相關國保持密切聯繫、以及與日本內閣總理、元老等政界秘密接觸等數項輔助策略，採取多頭並進方式，以加強中國政府抗拒二十一條要求之立場。主要策略的執行頗爲成功，中日雙方歷經二十四度正式會議及甚多會外折衝，中國堅持要求不得損及中國主權，以及不得違反成約與門戶開放、機會均等原則之立場並無改變，使日本不得不以最後通牒做爲解決中日交涉途徑，此時袁世凱所採行策略之一──以元老牽制加藤──則發生效果，在元老介入之下，加藤不得不軟化其強硬態度，於最後通牒中將第五號除福建一款以外要求撤回，而袁世凱則於探知最後通牒內容較日本4月26日最後修正案爲輕後，決心等待日本提出最後通牒，惟預期中的國際干涉並未能產生效果，在內無實力、外無奧援的情形下，袁世凱雖決心接受最後通牒，惟對於條約及換文文字運用仍頗爲謹愼，防止日本藉約文語意不明爲由對日本權利進行擴大解釋。對中國而言，權利方面的損失已成定局，乃積極謀求事後的補救，於是乎有賠償山東戰事損失要求的提出、「懲辦國賊條例」的頒佈、以及滿蒙善後會議的召開等，在相當範圍內盡量限制日本權利之一連串措施。

〔註243〕〈外交大臣致駐東京大使馬列夫斯基電〉，1915年5月10日，第725號文書，轉引自中國社會科學院近代史研究所編，前引書，頁883。

〔註244〕 Greene to Grey,28May1915, FO371/2324[68139/15]。

第五章　結　論

　　日本自甲午戰爭以來即加入列強在華競逐行列，在華權利日重一日，而中日之間懸而未決事件亦日甚一日。日本外相加藤高明素以解決中日懸案爲己志，乃乘歐戰發生之際，向中國提出二十一條要求，欲一舉解決中日懸案，使日本在華利益獲得進一步落實。以當時形勢而論，歐戰發生後列強注意力集中於歐洲，在遠東駐軍多已撤回，即便英國亦將遠東防務託付日本；而日本又以英日同盟名義與英國共同出兵攻取山東，控制膠澳租借地、膠濟鐵路等原屬德國勢力範圍，並因此而得在華增加駐軍。對中國而言，天時、地利均已失去，袁世凱所能運用者唯有「人和」，即運用袁氏自晚清以來所累積之人際關係與外交經驗，作爲對日交涉助力。故袁世凱於接獲二十一條要求後不久，即決定採取拖延戰術，以爭取從容部署時間。

　　袁世凱於清季擔任駐韓委員時，即與一心希望吞併朝鮮的日本有所接觸，努力以種種方式強化中國宗主權，迫使日本不得不以武力挽回受制於袁局面〔註1〕。日俄戰爭結束後，袁世凱又以直隸總督兼北洋通商大臣身份實際負責中日北京會議談判，其後並積極支持唐紹儀在東三省採取「開放政策」，引進英、美力量以牽制日本〔註2〕，對日交涉素有經驗。因此日本雖於出兵山

〔註1〕 林明德，《袁世凱與朝鮮》（台北：中央研究院近代史研究所，民國73年12月再版），頁397。

〔註2〕 中國雖由慶親王奕劻領銜參加中日東三省善後會議，實際由袁世凱與唐紹儀負責此次交涉，雖未能達到限制日本依據日俄樸斯茅次條約所繼承俄國在南滿權利，但日本除獲得經營安奉線十五年具體權利外，並無法依原訂計畫大舉擴張在南滿洲利益，所有涉及東北主權部分條文亦全被改爲對中國有利，其他如鐵路權利、日本護路兵等問題亦均得以朝對中國有利方向修正。參見

東時宣言將來交還膠澳，然袁世凱則瞭解日本甚有可能循日俄戰爭舊例，對中國提出相當條件，故於山東戰事結束後即對日本是否提出新要求頗為關心。接獲二十一條要求後，袁世凱即以其本身對日交涉豐富經驗為本，以大總統身份、透過外交總長實際指導對日交涉。

　　袁世凱為舊官僚出身〔註3〕，曾追隨李鴻章多年。李鴻章處理朝鮮問題時採取傳統「以夷制夷」策略，希望利用列強之間的矛盾維持中國對朝鮮宗主權，袁世凱駐韓期間行事作風甚為強硬，凡事以強化中國宗主權為先，與李鴻章漸進式外交策略之間雖有相當距離〔註4〕，但在相當程度上仍受李鴻章「以夷制夷」外交思想所影響。李鴻章對於朝鮮問題採「聯俄制日」、「依靠外國調停」策略，但最終仍歸失敗〔註5〕，而袁世凱所支持之東北開放政策亦因日本屢次向英、美抗議而未能成功，袁世凱因此瞭解「以夷制夷」策略並不足以成事。袁世凱雖於辛亥革命期間成功獲得英國支持〔註6〕，然英日同盟會攻青島使其心生顧忌，懷疑英國與日本之間是否已經有某種默契存在因此，因此袁世凱雖仍重視英國意見，但並不樂觀相信單靠英國力量即能制止日本，故雖與英國駐華公使朱爾典私交甚篤，亦瞭解日本要求中有多款涉及英國利益，仍選擇將相關消息先告知美國駐華公使芮恩施，希望引起美國注意。但袁世凱並不完全依賴「聯英制日」、「聯美制日」策略，而採取多頭並進方式，嘗試各種可能管道。

　　袁世凱本身雖有豐富外交經驗，但仍必須透過外交總長對日交涉，則外交總長人選除資歷、經驗、能力外，能否切實執行拖延戰術、爭取談判空間，亦為重要考慮因素。孫寶琦於談判方針尚未確定前即將政府內部意見告知日置，此舉可能使中國談判空間受到拘束，令中國處於不利地位，處置顯然失當。再加上孫寶琦被日本視為親德派，對日交涉有所不便，袁世凱乃決心撤換外交總長。陸徵祥外交資歷相當完整，於中俄外蒙談判中始終不輕易讓步、表現相當稱職，又不諳日文，可因語言轉譯問題延長談判時間，產生拖延談

　　　　李恩涵，〈唐紹儀與晚清外交〉，《近代中國史事研究論集》（台北：台灣商務印書館，民國71年8月初版），470-473。
〔註3〕張朋園，《梁啟超與民國政治》（台北：漢生出版社，民國81年11月3版），頁64。
〔註4〕林明德，《袁世凱與朝鮮》（台北：中央研究院近代史研究所，民國73年12月再版），頁391。
〔註5〕王承仁、劉鐵君著，《李鴻章思想體系研究》（武昌：武漢大學出版社，1998年1月第一版），172-179。
〔註6〕林明德，《近代中日關係史》（台北：三民書局，民國73年8月初版），頁27-41。

判進度的作用，種種條件均顯示陸徵祥相當適合主持此次對日交涉，因此袁世凱選擇由陸徵祥接任外交總長。陸徵祥亦不負袁世凱所託，於歷次會議中始終堅持中外成約與中國主權，即使面臨日本增兵威脅仍不輕易讓步，努力執行拖延戰術，成功為袁世凱的外交部署爭取到極為寶貴的時間。

除政府層面外，袁世凱亦以新聞政策製造舉國一致氣氛，加強政府對日交涉立場。國內方面包含消極放任報紙言論、以及鼓動中國各界反日風潮三方向。日本政府於提出要求時，曾嚴厲警告袁世凱不得洩密，亦於會議進行期間數度指責袁世凱未盡保密義務，但袁世凱仍持續運用新聞媒體刊登相關新聞。袁世凱對於報紙言論管制甚嚴，而民國 3 年公佈實施之〈報紙條例〉亦明確規定不得登載「外交、軍事之機密，及其他政務經該管官署禁止登載者」，否則將「停止其發行，科發行人、編輯人以五等有期徒刑」，然中日交涉期間刊登相關新聞之華文報紙，如《申報（上海）》、《大公報（天津）》、《時事新報》、《北京日報》、《民視報》、《天民報》、《國權報》、《黃鐘日報》、《國是報》、《亞細亞日報》、《平報》等，或刊登歷次會議內容摘要、或刊登激進反日言論，並無一因違反報紙條例規定而遭取締，且各報所刊載會議內容摘要亦甚正確，則可知袁世凱將消息洩漏與新聞媒體之後，即採取因勢利導態度，希望激起民意以為交涉後盾。報紙對中日交涉相關新聞的刊載成功引起國內各界關心，除紛紛通電要求政府儘速公佈日本要求全文、希望政府能以堅定態度拒絕、並表示不惜與日本一戰外，亦激起海內外華人抵制日貨風潮。袁世凱對民間活動或加鼓勵、或加容忍，影響所及，除以孫中山為首之革命黨人仍堅持反袁立場外〔註7〕，國內已成功營造出舉國一致對日氣氛，中國拒絕日本要求地位因而增強。

袁世凱之新聞政策目的除引起國人注意外，亦在試探日本朝野是否真對二十一條態度一致，同時亦藉此瞭解各國反應，以便視各國態度調整策略，因此袁世凱除消極放任國內言論外，亦積極在國外報紙製造親華輿論。列強之中，英國在中國擁有最大利益，與日本又有同盟關係；俄國以東三省北部及西部內蒙古為勢力範圍，與第二號要求所包含之南滿、東蒙地區有直接利害關係；美國始終致力於維持中國門戶開放、列強在華機會均等，亦為當時唯一尚未參加歐戰之大國，對中國而言，英、美、俄三國的支持將有助於加

〔註 7〕俞辛錞編，《黃興在日活動密錄》（天津：天津人民出版社，1998 年 6 月第 1版），頁 50-53。

強中國政府抗拒日本要求立場。袁世凱為避日本耳目,無法循正常管道將消息告知外國駐華人員,乃透過蔡廷幹與外籍顧問莫理循互通訊息,並令農商總長周自齊與外籍記者端納,並經由莫理循將相關消息輾轉告知端納,同時又令外交部參事顧維鈞與英國駐華公使朱爾典、美國駐華公使芮恩施保持聯繫,除藉輿論徐徐誘導列強注意中日交涉外,亦期望使英、美同情中國處境、共同干涉以扭轉局勢。

由於二十一條交涉結果將直接影響英、美、俄等國勢力在遠東的消長,故三國對於交涉情形頗為關心。論者或以為英國外相格雷當時處理中日二十一條交涉方式甚為精明,英國因歐戰之故而不能與日本反目,但坐視二十一條要求獲得實現亦屬不智,遠東地區維持現狀始能保護英國利益,但如此則勢必與日益增強的日本力量相協調,因此格雷選擇採取消極態度,直到中日戰爭危機出現時始對日本提出明確警告。格雷剛柔並濟的外交策略成功保護英國在遠東地區的利益,令小心翼翼且缺乏決心的元老決心避免與中國開戰〔註8〕,認為英國在中日二十一條交涉中扮演一個重要的穩定力量,並對結果造成決定性的影響。對英國而言,日本關於長江流域鐵路要求確有損及英國在華利益之虞,但英國於日本提出最後通牒前從未就二十一條內容公開表示意見,僅於3月10日針對此點向日本提出備忘錄,希望日本顧及英國利益與英日同盟精神,惟日本於4月26日所提最後修正案中仍保留此款,但改為先與相關國家(即英國)商議後始實施,顯見加藤雖對英國遲遲不肯表態雖頗為顧忌〔註9〕,但對於取得英國諒解仍具相當信心,並未因此而放鬆對華態度。英國顧慮層面除維持在華利益外,全球戰略局勢亦為其關心,雖不樂見日本因要求獲得實現而在亞洲造成日本對華門羅主義,或中日兩國因緊密合作而使黃禍成真,然中日間因談判破裂而致開戰,可能促使中國支持德國,如此則更不符合英國利益,日本既已承諾先與英國商議,則日後尚有挽回餘地。權衡輕重之下,英國政府即傾向於勸告中國接受。待日本致送最後通牒,英國一方面勸告日本鎮定,一方面強烈建議中國接受,以避免中日兩國間即將發生的戰爭。由此可知,英國並未如袁世凱所希望般支持中國,以對日本發揮制衡作用。

對俄國而言,日本在南滿、東蒙要求可能直接衝擊俄國在北滿、外蒙利

〔註 8〕 參見 Peter Lowe, Ibid, pp. 238-258.
〔註 9〕 Madeleine Chi, *Ibid*, p50.

益，俄國對於蒐集相關消息甚爲積極，然因陷身歐戰，亦未給予中國實質協助，僅希望日後與日本達成協議，互相約定不將所得權利推行於另一國勢力範圍而已。另一方面，俄國正與日本洽談採購軍械以因應歐戰所需，並不願見中日決裂，以免日本因中日戰爭而無法向俄國供應武器，因此俄國亦希望中國接受最後通牒，以便中日談判早日結束。

　　過去學者於研究二十一條交涉期間美國政府態度及作用時，傾向於認爲由於美國對第五號表示不滿，因而使日本有所顧忌〔註10〕；或認爲美國總統威爾遜雖尊重日本有在東亞擴張的需要，但面對日本過度的要求時，則致力於美國傳統之「門戶開放」政策，以維護中國主權獨立與領土完整爲職志。美國於交涉期間不與日本正面衝突，亦不向日本堅持美國在南滿、東蒙、山東等地所擁有的條約權利，而選擇於交涉結束後向中國提出聲明，保留美國所應享有之條約利益。在歐洲列強捲入戰爭、美國在遠東實力不足情形下，美國的策略成功避免中日之間爆發戰爭、亦成功促使日本撤回第五號要求〔註11〕。筆者認爲，美國在華並無勢力範圍，故相當注重門戶開放及機會均等原則，以維護美國在華公平競爭機會，因此美國對於日本要求中漢冶萍公司、合辦警察、聘用顧問、採辦軍械、以及福建優先權等要求甚爲重視，乃積極與日本交涉，促使日本同意將條件修改爲中國不引外力在福建構築海軍設施。對美國而言，最後通牒中聲明將第五號保留至日後協商仍有可能對美國利益產生威脅，因此希望列強共同勸告中日續開談判，惟不獲支持，乃以發表不承認聲明方式預作防範，並表示美國希望援引最惠國待遇享有日本所得之特別權益。美國一心希望以協商方式促使日本放棄或減輕第五號中與美國利益相抵觸條款，以保障美國條約利益，然而加藤並不以爲意，僅以福建一款相敷衍，並未因美國態度而減輕對華要求，日本最後修正案中仍保留美國所關心之漢冶萍公司、合辦警察、聘用顧問、採辦軍械等各款，加藤甚至於交涉後期對美國干涉中日談判行爲感到厭惡。由此可知，二十一條交涉期間美國策略乃以維持美國在華既有條約利益與公平競爭機會爲重心，雖有心積極介入，但對於中日兩國所發生之作用並不算大。

　　袁世凱有效促使英、美、俄三國注意中日交涉情形，但三國各自以本國利

〔註10〕張玉法，《中華民國史稿》（台北：聯經出版公司，1998年6月初版），頁95。
〔註11〕Roy Watson Curry, Woordow Wilson and Far Eastern Policy, 1913-1921, New York, Bookman Associates, 1957, p129.

益為中心採取應對措施，由日本最後修正案中仍保留第五號一事，即可看出三國並未能對日本產生中國所期待之牽制作用，英、俄兩國甚至支持以最後通牒為中日交涉解決方案，美國調處亦未成功，故袁世凱引外力為援效果並不明顯。筆者認為，日本最後撤回第五號除福建一款外要求，關鍵當在元老態度。袁世凱人脈的運用除針對英、美等國外，對於日本國內亦下過一番功夫。交涉初期，袁世凱即派遣金邦平赴日連結政界要人，並協助駐日公使陸宗輿辦理交涉，但效果不彰，其後乃商請日籍顧問有賀長雄返國，向元老表達中國政府為難情形。加藤強硬作風素為元老所不喜，進行對華交涉時未知會元老亦令元老心生不滿，而其「英日同盟第一」政策又與元老所抱持之「多角國際協調」觀念格格不入〔註12〕，有賀在四元老間輾轉疏通，向元老提倡妥協方案，謀求軟化日本政府內部強硬立場，順利促使元老山縣有朋決心介入，承諾盡力維持中日交涉和平解決，並聯合其他三位元老與加藤進行協商，加藤主導談判立場乃因而削弱。元老的介入使加藤於制訂策略時產生相當顧忌，最後修正案提出前即事先徵得元老同意，最後通牒內容更因元老反對而將第五號除福建換文外悉數撤回。

由談判過程來看，袁世凱始終以「堅持成約」及「不損及中國主權」為談判指導原則，對於各款有礙上述原則者均堅持不允讓步，同時又運用其人際關係將相關消息逐步洩漏，努力促使各國轉而同情中國甚至透過有賀長雄與日本政界元老接觸，利用日本內部不合削弱加藤立場。袁世凱對於「人和」的充分運用，配合拖延戰術的成功，兩者相輔相成之下，中國政府自交涉初期即掌握談判節奏，並一步步誘使日本陷入逐條談判陷阱中。然而袁世凱雖能充分運用人際關係及新聞政策，使英、美、俄等國逐漸發現事實真相，但列強則各自以本國利益為主要評估重點，均不願出面干涉，美國雖與日本就第五號部分問題交換意見，其出發點亦為維持美國在華商業機會均等，並非真心相助中國，亦未發揮袁世凱所希望、牽制日本作用。筆者認為，加藤對外雖能堅持日本政府立場，但元老的介入使得加藤不得不與之妥協，甚至於最後通牒中撤回第五號。英國3月10日照會固然對加藤產生影響，但其作用僅止於令加藤更謹慎處理長江流域鐵路問題，元老與加藤之間積久而成之心結、以及元老不支持第五號態度，對加藤的牽制力較英國更大〔註13〕。

〔註12〕 林明德，前引書，頁69。

〔註13〕 據英國晨報日本訪員所記，日本輿論對於元老對中國採取溫和態度，以致日本政府不能對中國採取強硬立場甚為不滿，參見〈收駐英施公使電〉，1915

　　論者或以爲袁世凱以對二十一條要求的讓步，做爲交換日本支持帝制的條件，而袁世凱於交涉完畢、「中日條約及附屬換文」簽訂後，即開始緊密籌畫帝制事宜等舉動，時程上甚爲巧合，則似更令此一疑慮獲得證實。衡諸各國現存檔案，並無證據證實二十一條要求事件與洪憲帝制之間確有直接關係〔註14〕。筆者以爲，袁世凱於二十一條要求交涉中，發現英、俄、美三國之遠東政策重心均因歐戰之故，而著重於維持既有地位，然推行帝制對於列強在華條約利益與地位並無妨礙。至於日本方面，袁世凱於辛亥革命事件中與英國合作，成功阻止日本在華擴張意圖，二十一條交涉時又能以諸般策略交互運作，使日本所得較原案爲少，同時促使日本政府撤回第五號除福建一款之要求，袁世凱對於加藤之外交手段並不覺得如何高明〔註15〕，因而令袁世凱產生輕視日本之心，認爲日本並不足慮。而中日交涉完成後，袁世凱認爲日本既已擴張在華權利，而短期內尙無可明顯引發爭端之誘因，則日本應可暫告滿意〔註16〕，同時日本又於辛亥革命時反對中國實行共和，因而令袁世凱認爲日本方面當不致對帝制表示反對。總之，大環境對推行帝制並未明顯不利，再加之以袁克定的推波助瀾〔註17〕，遂使袁世凱於二十一條交涉結束後不久即開始進行帝制運動。

　　日本向中國所提出的二十一條要求，是對前此在中國已獲權益要求肯定，以及未獲權益的進一步擴張〔註18〕。然而中日交涉結束後，對日本而言，中日條約及附屬換文所帶給日本的利益，除旅大租借地以及南滿、安奉兩鐵路歸還期限延長外，對於日本在華地位並無太大幫助，反而刺激中國民族主義對抗日本〔註19〕，中日關係因此受到相當損害〔註20〕，日本移民也並未因在東三省南

　　年 6 月 11 日，《外交檔案》03-33/95-（1）。

〔註14〕戚世皓，〈袁世凱稱帝前後（一九一四至一九一六年）日本、英國、美國檔案之分析與利用〉，《漢學研究》第 7 卷第 2 期（台北：漢學研究中心，民國 78 年 12 月），頁 205-223。

〔註15〕Madeleine Chi, *China Diplomacy, 1914-1918*, p. 60. 當時日本政界對於加藤外交頗不諒解，在野團體咸認爲是重大失敗，以致於產生「大隈內閣改造運動」，加藤甚至因此去職。

〔註16〕張忠紱，《中華民國外交史》（台北：正中書局，民國 73 年 10 月台初版第五次印刷），頁 175。

〔註17〕李劍農，《中國近百年政治史》（台北：台灣商務印書館，民國 81 年 9 月台一版第 19 次印刷），頁 418。

〔註18〕張玉法，《中華民國史稿》（台北：聯經出版公司，1998 年 6 月初版），頁 95。

〔註19〕林明德，前引書，頁 77。

〔註20〕山根幸夫，〈二十一箇條交涉と日本人の對應〉，《佐久間重男教授退休紀念中

部取得雜居權及土地租借權而大量增加〔註21〕，而大隈內閣則因此引起國內外責難，除在內部招致攻擊外〔註22〕，對外亦導致日本國際信用受損，引起英、美等國猜忌〔註23〕，英國亦因此而加重對日本疑心，令英日雙方對彼此同盟關係的信心產生動搖〔註24〕。日本雖暫時在中國取得優勢，但在歐戰結束後、於1919年舉行之巴黎和會、乃至1921年舉行之華盛頓會議對中國問題的討論，則使日本勢力再度受到壓制〔註25〕，甚至間接導致英日同盟關係結束。對日本而言，「顯然是取得了一個代價過於高昂的勝利」〔註26〕。

　　以當時中國所面臨之內外環境與壓力而言，自日本提出二十一條要求之時起，幾已注定讓出部分權力爲無可避免之事，中國所能著力者僅爲當時之力爭與事後之補救。以當時之力爭而言，袁世凱曾於4月7日向朱爾典表示，其談判原則爲拒絕商議有礙中國主權及中外成約之條款〔註27〕，檢視中日歷次會議談判過程與中日條約及附屬換文內容，可以發現袁世凱確實於此方面努力甚多，將日本勢力擴張範圍盡可能限制於山東及南滿。縱然談判結果於第一號山東問題、第二號關於南滿問題部分等事實上已爲日本勢力範圍地區之權利讓步較多，然對於第三號漢冶萍公司條款涉及長江中游利益及第四號、第五號等涉及中國主權獨立之條款則始終不允讓步。以中國當時國力及可運用資源而言，日本提出二十一條要求之時，中國既無法以實力與日本相抗，唯有盡可能拖延時間以等待國際干涉，袁世凱拖延戰術運用得相當成功，

國史‧陶磁史論集》（東京都：燎原株式會社，1983年），頁325。

〔註21〕 Ian Nish, *Japan's Struggle with intetnationalism: Japan, China, and the League of Nations, 1931-1933*, London, 1993, pp. 244-246.

〔註22〕 當時日本政友會高橋是清即在日本《國民新聞》刊登〈可憂之外交〉專文，認爲大隈內閣之外交「有春蠶自縛之苦」，而「對德開戰、對華交涉，有害盟國之感情，有招列強之猜疑」。而犬養毅則在第三十六次帝國會議對內閣提出彈劾演說。參見〈收駐日本陸公使電〉，1915年6月21日，《外交檔案》03-33/95-（2）。渡邊幾治郎，《大隈研究》（東京市：早稻田大學大隈研究室，昭和27年），頁224-225。

〔註23〕 石田榮雄，〈二十一箇條問題と列國的の抵抗─米國との關係〉，《日本外交史研究：大正時代》（東京都：日本國際政治學會，昭和33年），頁50-51。

〔註24〕 Ian H. Nish, *Alliance in Decline, a study in Anglo-Japanese relations, 1908-23*, University of London, The Athlone Press, 1972, p.155.

〔註25〕 堀川武夫，《極東國際政治史序說──二十一箇條要求の研究》（東京：有斐閣，昭和33年），頁401-402。

〔註26〕 費正清主編、章建剛等譯，《劍橋中華民國史》第二部（上海：上海人民出版社，1992年9月第1版），頁112-113。

〔註27〕 Jordan to Grey, Apr 7, 1915, FO371/2324 [54621/15]。

為中國爭取時間以引起列強同情與介入，也令日本內部意見產生分歧，促使加藤態度軟化，撤回第五號中除福建問題外其餘條款，並迫使日本以最後通牒形式要求中國接受要求，而最後通牒較日本原案已減輕甚多，袁氏所獲致成果已屬難能可貴。

以事後之補救而言，1915 年 5 月 25 日《中日條約及附屬換文》簽訂後，中國政府除要求日本撤退除膠澳租借地以外所有駐軍，以及公布〈懲辦國賊條例〉，以嚇阻人民將土地租予日人外，由於條約中除關於南滿、東蒙條約及附屬換文外皆為預約性質，中國政府利用爭取而來之關於商租地畝、任便居住往來營生、東蒙合辦農工業、日人服從中國警察法令及課稅等四款條文延期三個月實行之規定，在袁世凱指示下，於 6 月 24 日起至 7 月 31 日由外交部次長曹汝霖召集各相關部會次長及人員，共舉行十三次「中日滿蒙條約善後會議」，對於日人在華居住權、土地商租權、稅捐課徵辦法、日人管理辦法、中日合辦農業及附屬工業範圍與辦法、以及中日共同審判方式、南滿、東蒙區域界定問題等各事項進行廣泛討論，同時依據袁世凱意見、參酌奉天、吉林兩省地方官意見，擬定〈商租地畝須知〉、〈租用土地登記規則〉、〈核辦日本臣民在南滿洲辦鑛須知〉、〈護照註冊章程〉、〈中日合辦東部內蒙古農業及附隨工業規則〉、〈中日合辦東部內蒙古農業及附隨工業須知〉、〈南滿中日人民土地訴訟辦法〉等新訂規章，並整理南滿現行警察法令及稅課條文，至於難以明確界定範圍之日人在華雜居營生項目則授權地方官自行決定實施辦法，努力於最大範圍內限制日本人民在華權利，使中國人民權利受到最大保障。

日本原本期待中日新約的簽訂與實施能徹底解決中日現存問題，使日本在南滿、東蒙取得優越地位，得以穩定發展，但中國所籌擬之對策使日本人不唯不能享受特權，反而處處受限 。因日本始終不肯承認中國所發佈之相關法令，而日人又不斷來華，東三省地方官乃不得不另謀他法，自行訂定相關規則以限制日人權利，然以日本立場而言，中國所擬之警察法令與課稅須與日本協議後始為有效 ，因此在中國為限制日人以保障中國人民權利之法令與條例，在日本則視為中國無誠意履行新約之排日、不友好舉動，中日雙方各行其是，心結積久不化。中日間懸案難以解決，關係日益緊張，終促使日本以出兵攻佔東三省做為解決之道，則恐為袁世凱始料所未及。

附件一　二十一條譯漢文原案

（1915 年 1 月 18 日）

第一號譯漢文

日本國政府及中國政府，互願維持東亞全局之平和，並期將現存兩國友好善鄰之關係，益加鞏固，茲議定條款如下：

第一款、中國政府允諾，日後日本國政府擬向德國政府協定之所有德國關於山東省依據條約或其他關係，對中國政府享有一切權利利益讓與等項處分，概行承認。

第二款、中國政府允諾，凡山東省內並其沿海一帶土地及各島嶼，無論何項名目，概不讓與或租予他國。

第三款、中國政府允准日本國建造由煙台或龍口連接膠濟路線之鐵路。

第四款、中國政府允諾，為外國人居住貿易起見，從速自開山東省內各主要城市作為商埠，其應開地方另行協定。

第二號譯漢文

日本國政府及中國政府，因中國向認日本國在南滿州及東部內蒙古享有優越地位，茲議定條款如下：

第一款、兩訂約國相互約定，將旅順、大連租借期限，並南滿州及安奉兩鐵路期限，均展至九十九年為期。

第二款、日本國臣民，在南滿州及東部內蒙古為蓋造商工業應用房廠，或為耕作，可得其需要土地之租借權或所有權。

第三款、日本國臣民得在南滿州及東部內蒙古任便居住往來，並經營商工業
　　　　等各項生意。

第四款、中國政府允將在南滿州及東部內蒙古各礦開採權，許與日本國臣民，
　　　　至於擬開各礦另行商定。

第五款、中國政府應允，關於左開各項，先經日本國政府同意而後辦理
　　　　（1）在南滿州及東部內蒙古，允准他國人建造鐵路，或爲建造鐵路
　　　　　　　向他國借用款項之時。
　　　　（2）將南滿州及東部內蒙古各項稅課作抵，由他國借款之時。

第六款、中國政府允諾，如中國政府在南滿州及東部內蒙古，聘用政治財政
　　　　軍事各顧問教習，必須先向日本國政府商議。

第七款、中國政府，允將吉長鐵路管理經營事宜，委任日本國政府，其年限
　　　　自本約畫押之日起，以九十九年爲期。

第三號譯漢文

　　日本國政府及中國政府，顧於日本國資本家與漢冶萍公司現有密接關
係，且願兩國共通利益，茲議定條款如下

　　第一款、兩締約國相互約定，俟將來相當機會，將漢冶萍公司作爲兩國
合辦事業，並允如未經日本國政府之同意，所有屬於該公司一切權利產業，
中國政府不得自行處分，亦不得使該公司任意處分。

　　第二款、中國政府允准，所有屬於漢冶萍公司各礦之附近礦山，如未經
該公司同意，一概不准該公司以外之人開採，並允以外凡欲措辦無論直接間
接對該公司恐有影響之舉，必須先經該公司同意。

第四號譯漢文

　　日本國政府及中國政府，爲切實保全中國領土之目的，茲訂立專條如下：
中國政府允准，所有中國沿岸港灣及島嶼，概不讓與或租與他國。

第五號譯漢文

一、在中國中央政府，需聘用有力之日本人，充爲政治財政軍事等各顧問。

二、所有在中國內地所設日本病院寺院學校等，概允其土地所有權。

三、向來日中兩國，屢起警察案件，以致釀成轇轕之事不少，因此需將必要
　　地方之警察作爲中日合辦，或在此等地方之警察官署，需聘用多數日本

　　人，以資一面籌畫改良中國警察機關。

四、由日本採辦一定數量之軍械（譬如在中國政府所需軍械之半數以上），或在中國設立中日合辦之軍械廠，聘用日本技師，並採買日本材料。

五、允將連接武昌與九江南昌路線之鐵路，及南昌杭州、南昌潮州各路線鐵路之建造權，許與日本國。

六、福建省內籌辦鐵路礦山及整頓海口（船廠在內），如需外國資本之時，先向日本國協議。

七、允認日本國人在中國有布教之權。

資料來源：日置於 1 月 18 日致送者爲所用文字爲日文，此處係採用《外交檔案》所藏〈日置益補送二十一條譯漢文原件及信封〉，原檔今不見於中央研究院近代史研究所檔案館所藏《外交檔案》，轉引自李毓澍，《中日二十一條交涉》上冊（台北：中央研究院近代史研究所，民國 71 年 5 月再版），圖片一。

附件二　中日條約及附屬換文

（1915 年 5 月 25 日）

關於山東省之條約（1915 年 5 月 25 日）

　　　大中華民國

　　大總統閣下及

　　　大日本國大皇帝陛下，爲維持極東全局之平和，並期將現存兩國友好善鄰之關係益加鞏固起見，決定締結條約。爲此，

　　　大中華民國

　　大總統閣下任命中卿、一等嘉禾勳章外交總長陸徵祥，

　　　大日本國

　　大皇帝陛下任命特命全權公使、從四位、勳二等、日置益爲全權委員，各全權委員互示其全權委任狀，認爲良好妥當，議定條項如下：

第　一　條　中國政府允諾，日後日本國政府擬向德國政府協定之所有德國關於山東省依據條約或其他關係，對中國政府享有一切權利利益讓與等項處分，概行承認。

第　二　條　中國政府允諾自行建造由煙台或龍口連接於膠濟路線之鐵路，如德國拋棄煙濰鐵路借款權之時，可向日本國資本家商議借款。

第　三　條　中國政府允諾，爲外國人居住貿易起見，從速自開山東省內合宜地方爲商埠。

第　四　條　本約由蓋印之日起即生效力

本條約應由

　　大中華民國

　大總統閣下

　　大日本國

　大皇帝陛下批准，其批准書從速在東京互換。

　　爲次，兩國全權委員繕成中文、日本文各二份，彼此於此約內簽名蓋印，
以昭信守。

　　中華民國四年五月二十五日

　　　　　　　　　　　作於北京

　　大正四年五月二十五日

關於南滿洲、東部內蒙古之條約（1915 年 5 月 25 日）

　　　大中華民國

　　大總統閣下及

　　　大日本國大皇帝陛下，爲發展在南滿洲及東部內蒙古兩國間之經濟關
係起見，決定締結條約。爲此，

　　　大中華民國

　　大總統閣下任命中卿、一等嘉禾勳章　外交總長陸徵祥，

　　　大日本國

　　大皇帝陛下任命特命全權公使、從四位、勳二等、日置益爲全權委員，
各全權委員互示其全權委任狀，認爲良好妥當，議定條項如下：

　　第　五　條　兩締約國相互約定，將旅順、大連租借期限，並南滿洲及安
　　　　　　　　奉兩鐵路之期限，均展至九十九年爲期。

　　第　六　條　日本國臣民在南滿洲及東部內蒙古爲蓋造商工業應用之房
　　　　　　　　廠，或爲經營農業，得商租其需用地畝。

　　第　七　條　日本國臣民得在南滿洲任便居住往來，並經營商工業等各項
　　　　　　　　生意。

　　第　八　條　如有日本國臣民及中國人民，院在東部內蒙古合辦農業及隨
　　　　　　　　附工業時，中國政府可允准之。

　　第　九　條　前三條所載之日本國臣民，除須將照例所領之護照，向地方
　　　　　　　　官註冊外，應服從中國警察法令及課稅。

民刑訴訟，日本國臣民爲被告時，歸日本國領事官；又中國人民爲被告時，歸中國官吏審判，彼此均得派員到堂旁聽，但關於土地之日本國臣民與中國人民之民事訴訟，按照中國法律及地方慣習，由兩國派員共同審判。

將來該地方司法制度完全改良時，所有關於日本國臣民之民刑一切訴訟，即完全由中國法庭審判。

第　十　條　中國政府允諾，爲外國人居住貿易起見，從速自開東部內蒙古合宜地方爲商埠。

第十一條　中國政府允諾，以向來中國與各外國資本家所訂之鐵路借款合同規定事項爲標準，速行從根本上改訂吉長鐵路借款合同。

將來中國政府關於鐵路借款事項，將較現在各鐵路借款合同爲有利之條件，給予外國資本家時，依日本國之希望，再行改訂前項合同。

第十二條　關於東三省中日現行各條約，除本條約另有規定外，一概仍舊實行。

第十三條　本約由蓋印之日起即生效力。

本條約應由

　　大中華民國

大總統閣下，

　　大日本國

大皇帝陛下批准，其批准書從速在東京互換。

　爲次，兩國全權委員繕成中文、日本文各二份，彼此於此約內簽名蓋印，以昭信守。

中華民國四年五月二十五日

　　　　　　　　作於北京

大正四年五月二十五日

關於山東事項之換文（照會）（1915 年 5 月 25 日）

爲照會事：本總長以中國政府名義，對貴國政府聲明，將山東省內或其沿海一帶之地或島嶼，無論以何項名目，概不租與或讓與外國。相應照會，即希查照，須至照會者。

中華民國四年五月二十五日

中華民國外交總長
日本國公使

（同照覆）
為照覆事：接准本日照會，
貴總長以貴國政府名義，聲明將山東省內或其沿海一帶之地或島嶼，無論以
何項名目，概不租與或讓與外國等語，業經閱悉。相應照覆，即希查照，須
至照覆者。

大正四年五月二十五日

日本國公使
中華民國外交總長

關於山東開埠事項之換文（照會）（1915 年 5 月 25 日）

為照會事：本日畫押之關於山東省條約內第三條所規定、應行自開商埠之地
點及章程，由中國政府自行擬定，與日本國公使協商後決定之。
相應照會，即希查照，須至照會者。

中華民國四年五月二十五日

中華民國外交總長
日本國公使

（同照覆）
為照覆事：接准本日照稱，
本日畫押之關於山東省條約內第三條所規定、應行自開商埠之地點及章程，
由中國政府自行擬定，與日本國公使協商後決定之等語，業經閱悉。相應照

覆，即希查照，須至照覆者。

大正四年五月二十五日

日本國公使
中華民國外交總長

關於旅大租借地、南滿安奉兩鐵路期限之換文（照會）

（1915 年 5 月 25 日）

為照會事：本日畫押之關於南滿洲及東部內蒙古條約內第一條所規定，旅順、
　　　　　大連租借期限展至民國八十六年，即西歷千九百九十七年為滿期。
　　　　　南滿鐵路交還期限展至民國九十一年，即西歷二千零二年為滿期，
　　　　　其原合同第十二所載，開車之日起三十六年後，中國政府可給價收
　　　　　回一節，毋庸置議。又安奉鐵路期限展至民國九十六年，即西歷二
　　　　　千零七年為滿期。相應照會，即希查照，須至照會者。

中華民國四年五月二十五日

中華民國外交總長
日本國公使

（同照覆）

為照覆事：接准本日照稱，本日畫押之關於南滿洲及東部內蒙古條約內第一
　　　　　條所規定，旅順、大連租借期限展至民國八十六年，即西歷千九
　　　　　百九十七年為滿期。南滿鐵路交還期限展至民國九十一年，即西
　　　　　歷二千零二年為滿期，其原合同第十二所載，自開車之日起三十
　　　　　六年後，中國政府可給價收回一節，毋庸置議。又安奉鐵路期限
　　　　　展至民國九十六年，即西歷二千零七年為滿期等語，業經閱悉。
　　　　　相應照覆，即希查照，須至照覆者。

大正四年五月二十五日

日本國公使
中華民國外交總長

關於東部內蒙古開埠事項之換文（照會）（1915 年 5 月 25 日）

為照會事：本日畫押之關於南滿洲及東部內蒙古條約內第六條所規定，中國
應行自開商埠之地點及章程，由中國政府自行擬定，與日本國公
使協商後決定之。相應照會，即希查照，須至照會者。

中華民國四年五月二十五日

中華民國外交總長
日本國公使

（同照覆）

為照覆事：接准本日照稱，本日畫押之關於南滿洲及東部內蒙古條約內第六
條所規定，中國應行自開商埠之地點及章程，由中國政府自行擬
定，與日本國公使協商後決定之等語，業經閱悉。相應照覆，即
希查照，須至照覆者。

大正四年五月二十五日

日本國公使
中華民國外交總長

關於南滿洲開礦事項之換文（照會）（1915 年 5 月 25 日）

為照會事：日本國臣民在南滿洲左開各礦，除業已探勘或開採各礦區外，速
行調查選定，即准其探勘或開採，但在礦業條例確定以前，應仿
照現行辦法辦理。相應照會，即希查照，須至照會者。

中華民國四年五月二十五日

中華民國外交總長
日本國公使

一奉天省

所在地	縣　名	礦　種
一牛心台	本溪	煤
二田什付溝	本溪	煤
三杉松岡	海龍	煤
四鐵廠	通化	煤
五暖池塘	錦	煤
六鞍山站一	帶遼陽縣起至本溪縣	鐵

二吉林省南部

所在地	縣　名	礦　種
一杉松岡	和龍	煤　鐵
二缸窯	吉林	煤
三夾皮溝	樺甸	金

（同照覆）

為照覆事：接准本日照稱，日本國臣民在南滿洲左開各礦，除業已探勘或開
採各礦區外，速行調查選定，即准其探勘或開採，但在礦業條例
確定以前，應仿照現行辦法辦理等語，業經閱悉。相應照覆，即
希查照，須至照覆者。

大正四年五月二十五日

日本國公使
中華民國外交總長

一奉天省

所在地	縣　名	礦　種
一牛心台	本溪	煤

二田什付溝	本溪	煤
三杉松岡	海龍	煤
四鐵廠	通化	煤
五暖池塘	錦	煤
六鞍山站一帶	遼陽縣起至本溪縣	鐵

二吉林省南部

所在地	縣　名	礦　種
一杉松岡	和龍	煤　鐵
二缸窯	吉林	煤
三夾皮溝	樺甸	金

關於南滿洲、東部內蒙古鐵路、課稅事項之換文（照會）
（1915 年 5 月 25 日）

為照會事：本總長以中國政府名義，對貴國政府聲明，嗣後在南滿洲及東部
內蒙古需造鐵路，由中國自行籌款建造，如需外資，可先向日本
國資本家商借。又中國政府嗣後以前開地方之各種稅課（除中國
中央政府業經為借款作押之關稅及鹽稅等類外）作抵，由外國借
款時，可先向日本資本家商借。相應照會，即希查照，須至照會
者。

中華民國四年五月二十五日

中華民國外交總長
日本國公使

（同照覆）

為照覆事：接准本日照會，貴總長以貴國政府名義聲明，中國政府嗣後在南
滿洲及東部內蒙古需造鐵路，由中國自行籌款建造，如需外資，
可先向日本國資本家商借。又中國政府嗣後以前開地方之各種稅
課（除中國中央政府業經為借款作押之關稅及鹽稅等類外）作抵，

由外國借款時，可先向日本資本家商借等語，業經閱悉。相應照
覆，即希查照，須至照覆者。

大正四年五月二十五日

日本國公使
中華民國外交總長

關於南滿洲聘用顧問事項之換文（照會）（1915 年 5 月 25 日）

爲照會事：本總長以中國政府名義，對貴國政府聲明，嗣後如在南滿洲聘用
　　　　　政治、財政、軍事、警察外國顧問、教官時，可儘先聘用日本人。
　　　　　相應照會，即希查照，須至照會者。

中華民國四年五月二十五日

中華民國外交總長
日本國公使

（同照覆）

爲照覆事：接准本日照會，貴總長以貴國政府名義聲明，中國政府嗣後如在
　　　　　南滿洲聘用政治、財政、軍事、警察外國顧問、教官時，可儘先
　　　　　聘用日本人等語，業經閱悉。相應照覆，即希查照，須至照覆者。

大正四年五月二十五日

日本國公使
中華民國外交總長

關於南滿洲商租解釋之換文（照會）（1915 年 5 月 25 日）

爲照會事：本日畫押之關於南滿洲及東部內蒙古條約內第二條所載「商租」
　　　　　二字，需瞭解含有不過三十年之長期限，及無條件而得續租之意。
　　　　　相應照會，即希查照，須至照會者。

中華民國四年五月二十五日

中華民國外交總長
日本國公使

（同照覆）
為照覆事：接准本日照稱，本日畫押之關於南滿洲及東部內蒙古條約內第二
　　　　　條所載之「商租」二字，需瞭解含有不過三十年之長期限，及無
　　　　　條件而得續租之意等語，業經閱悉。相應照覆，即希查照，須至
　　　　　照覆者。

大正四年五月二十五日

日本國公使
中華民國外交總長

關於南滿洲、東部內蒙古接洽警察法令、課稅之換文（照會）
（1915 年 5 月 25 日）
為照會事：依本日畫押之關於南滿洲及東部內蒙古條約內第五條之規定，日
　　　　　本國臣民應服從中國之警察法令及課稅，由中國官吏與日本國領
　　　　　事官接洽後施行。相應照會，即希查照，須至照會者。

中華民國四年五月二十五日

中華民國外交總長
日本國公使

（同照覆）
為照覆事：接准本日照稱，依本日畫押之關於南滿洲及東部內蒙古條約內第
　　　　　五條之規定，日本國臣民應服從中國之警察法令及課稅，由中國

官吏與日本國領事官接洽後施行等語，業已閱悉。相應照覆，即
希查照，須至照覆者。

大正四年五月二十五日

日本國公使
中華民國外交總長

關於南滿洲、東部內蒙古條約第二至第五條延期實行之換文（照會）（1915 年 5 月 25 日）

為照會事：本日畫押之關於南滿洲及東部內蒙古條約內第二條、第三條、第
　　　　　四條、及第五條，中國政府因須準備一切，擬自本條約畫押之日
　　　　　起，延期三箇月實行，應請貴國政府同意。相應照會，即希查照，
　　　　　須至照會者。

中華民國四年五月二十五日

中華民國外交總長
日本國公使

（同照覆）

為照覆事：准本日照稱，本日畫押之關於南滿洲及東部內蒙古條約內第二條、
　　　　　第三條、第四條、及第五條，中國政府因須準備一切，擬自本條
　　　　　約畫押之日起，延期三箇月實行等語，業已閱悉。相應照覆，即
　　　　　希查照，須至照覆者。

大正四年五月二十五日

日本國公使
中華民國外交總長

關於漢冶萍事項之換文（照會）（1915 年 5 月 25 日）

為照會事：中國政府因日本國資本家與漢冶萍公司有密接之之關係，如將來該公司與日本國資本家商定合辦時，可即允准。又不將該公司充公。又無日本國資本家之同意，不將該公司歸為國有。又不使該公司借用日本國以外之外國資本。相應照會，即希查照，須至照會者。

中華民國四年五月二十五日

中華民國外交總長
日本國公使

（同照覆）

為照覆事：准本日照稱，中國政府因日本國資本家與漢冶萍公司有密接之之關係，如將來該公司與日本國資本家商定合辦時，可即允准。又不將該公司充公。又無日本國資本家之同意，不將該公司歸為國有。又不使該公司借用日本國以外之外國資本等語，業已閱悉。相應照覆，即希查照，須至照覆者。

大正四年五月二十五日

日本國公使
中華民國外交總長

關於福建問題之換文（照會）（1915 年 5 月 25 日）

為照會事：聞中國政府有在福建省沿岸地方，允許外國設造船所、軍用貯煤所、海軍根據地，或為其他一切軍事上之設施，並自借外資為前項各施設之意思。中國政府果否有此意思，請即見覆。相應照會，即希查照，須至照會者。

大正四年五月二十五日

日本國公使

中華民國外交總長

（同照覆）

為照覆事：接准本日照稱各節，業已閱悉。中國政府茲特聲明，並無在福建
省沿岸地方，允許外國設造船所、軍用貯煤所、海軍根據地，及
其他一切軍事上設施之事，又無借外資欲為前項施設之意思。相
應照覆，即希查照，須至照覆者。

中華民國四年五月二十五日

中華民國外交總長

日本國公使

關於交還膠澳之換文（照會）（1915 年 5 月 25 日）

為照會事：本公使以帝國政府名義，對貴國政府聲明，日本國政府於現下之
戰役終結後、膠洲灣租借地全然歸日本國自由處分之時，於左開
條件之下，將該租借地交還中國：

一、以膠洲灣全部開放為商港。

二、在日本國政府指定之地區設置日本專管租借

三、如列國希望共同租界，可另行設置

四、此外，關於德國之贏造物及財產之處分，並其他之條件、手
續等，於實行交還之先，日本國政府與中國政府應行協定。

相應照會，即希查照，須至照會者。

大正四年五月二十五日

日本國公使

中華民國外交總長

（同照覆）

爲照覆事：接准本日照會，貴公使以貴國政府名義聲明，日本國政府於現下
　　　　之戰役終結後、膠洲灣租借地全然歸日本國自由處分之時，於左
　　　　開條件之下，將該租借地交還中國等語，業經閱悉。
　　　　一、以膠洲灣全部開放爲商港。
　　　　二、在日本國政府指定之地區設置日本專管租借
　　　　三、如列國希望共同租界，可另行設置
　　　　四、此外，關於德國之贏造物及財產之處分，並其他之條件、手
　　　　　　續等，於實行交還之先，日本國政府與中國政府應行協定。
相應照覆，即希查照，須至照覆者。

中華民國四年五月二十五日

中華民國外交總長
日本國公使

資料來源：〈條約〉，1915 年 6 月 10 日，《政府公報》第一千一百十號，頁 357-374。

附件三　歷次議案比較表

第一號總綱比較表

提案日期	提　案　國	
	日　本	中　國
1915.01.18	日本國政府及中國政府，互願維持東亞全局之平和，並期將現存兩國友好善鄰之關係，益加鞏固，茲議定條款如下	
1915.02.12		同意日本1月18日原案。
1915.02.16	照日本原案通過。	
1915.04.26	照日本原案通過。	
1915.05.01		照日本原案通過。 （另加一款） 以上各款，將來日德政府協商讓與等項，倘或未能確定，此項預約作爲無效。
1915.05.07	照日本原案通過。 刪除中國5月1日修正案所加條款。 附加解釋：「正約及其他一切支付屬文書，以日本文爲正文，或可以中日兩文皆爲正文」。	
1915.05.25	大中華民國大總統閣下及大日本國大皇帝陛下，爲維持極東全局之平和，並期將現存兩國友好善鄰之關係益加鞏固起見，決定締結條約。爲此，大中華民國大總統閣下任命中卿、一等嘉禾勳章　外交總長陸徵祥，大日本國大皇帝陛下任命特命全權公使、從四位、勳二等、日置益爲全權委員，各全權委員互示其全權委任狀，認爲良好妥當，議定條項如下：	

第一號第一款比較表

提案日期	提 案 國	
	日　本	中　國
1915.01.18	中國政府允諾，日後日本國政府擬向德國政府協定之所有德國*關於山東省，依據條約或其他關係*，對中國政府享有一切權利利益讓與等項處分，*概行承認*。	
1915.02.12		中國政府聲明，日後日德兩國政府彼此協定，關於德國在*山東省內，依據條約及成案辦法*，除德租膠澳專條第一端外，對於中國政府享有一切利益等項處分，屆時概行承認。 日本國政府聲明，中國政府承認前項利益時，*日本應將膠澳交還中國*，並承認日後日德政府上項協議之時，*中國政府有權加入會議*。
1915.02.16	維持 1 月 18 日所提原案。	
1915.04.26	維持 1 月 18 日所提原案。	
1915.05.01		中國政府聲明，日後日德兩國政府彼此協定，關於德國在*山東省內，依據條約及成案辦法*，對於中國政府享有一切利益等項處分，屆時概行承認。 日本國政府聲明，中國政府承認前項利益時，*日本應將膠澳交還中國*，並承認日後日、德兩政府上項協商之時，*中國政府有權加入會議*。
1915.05.07	維持 1 月 18 日所提原案。 附加解釋：「以此次最後通牒要求之各項，中國政府倘能承認時，四月二十六日對於中國政府交還膠洲灣之聲明，依然有效」。	
1915.05.25	（關於山東省之條約第一款） 中國政府允諾，日後日本國政府擬向德國政府協定之所有德國關於山東省依據條約或其他關係，對中國政府享有一切權利利益讓與等項處分，概行承認。 關於交還膠澳之換文（照會） 為照會事：本公使以帝國政府名義，對貴國政府聲明，日本國政府於現下之戰	

1915.05.25	役終結後、膠洲灣租借地全然歸日本國自由處分之時，於左開條件之下，將該租借地交還中國： 一、以膠洲灣全部開放爲商港。 二、在日本國政府指定之地區設置日本專管租借 三、如列國希望共同租界，可另行設置 四、此外，關於德國之贏造物及財產之處分，並其他之條件、手續等，於

第一號第二款比較表

提案日期	提 案 國	
	日 本	中 國
1915.01.18	中國政府允諾，凡山東省內並其沿海一帶土地及各島嶼，無論何項名目，*概不讓與或租予他國。*	
1915.02.12		*原案刪除。* 另行提出「此次日本用兵膠澳所生各項損失之賠償，日本政府概允擔任。膠澳內之稅關、電報、郵政等各事，在膠澳交還以前，應暫照向來辦法辦理，其因用兵添設之軍用鐵路電線等，即行撤。膠澳舊有租界以外留餘日本軍隊，先行撤回，膠澳交還中國時，所有租界內留兵一律撤回」。
1915.02.16	山東省不割讓可不必形成條約，*改用換文形式。* 中國 2 月 12 日修正案刪除。	
1915.04.26	（改爲換文） 中國政府聲明，凡在山東省內並其沿海一帶之地及各島嶼，無論何項名目，*概不讓與或租予別國。*	
1915.05.01		（改爲換文） 中國政府聲明，凡在山東省內並其沿海一帶之地及各島嶼，無論何項名目，*概不讓與或租與他國。* 「此次日本用兵膠澳所生各項損失之賠償，日本政府概允擔任。膠澳內之稅關、電報、郵政等各事，在膠澳交還以前，應暫照向來辦法辦理，其因用兵添

1915.05.01		設之軍用鐵路、電線等，即行撤廢。膠澳舊有租界以外留餘日本軍隊，先行撤回，膠澳交還中國時，所有租界內留兵一律撤回」。
1915.05.07	維持日本 4 月 26 日修正案。	
1915.05.25	關於山東事項之換文（照會） 為照會事：本總長以中國政府名義，對貴國政府聲明，將山東省內或其沿海一帶之地或島嶼，無論以何項名目，*概不租與或讓與外國*。相應照會，即希查照，須至照會者。	

第一號第三款比較表

提案日期	提　案　國	
	日　　本	中　　國
1915.01.18	中國政府*允准日本國建造*由煙台或龍口連接膠濟路線之鐵路。	
1915.02.12		中國政府允准*自行建造*由煙台或龍口連接膠濟路線之鐵路，*如需借用外款，德國願拋棄煙濰鐵路借款權之時，可先儘日本資本家商議*。
1915.02.16	可*中日合辦、或借日資*修築煙台或龍口連接膠濟線鐵路。本約可作為*密約*，俟日德協議後再實施。	
1915.04.26	中國政府允准*自行建造*由煙台或龍口連接膠濟路線之鐵路，*如德國願拋棄煙濰鐵路借款權之時，可向日本國資本家商議借款*。	
1915.05.01		中國政府允准，自行建造由煙台或龍口連接膠濟路線之鐵路，*如德國願拋棄煙濰鐵路借款權之時，可向日本國資本家商議借款*。
1915.05.07	維持日本 4 月 26 日修正案。	
1915.05.25	（關於山東省之條約第二款） 中國政府允諾*自行建造*由煙台或龍口連接於膠濟路線之鐵路，*如德國拋棄煙濰鐵路借款權之時，可向日本國資本家商議借款*。	

第一號第四款比較表

提案日期	提　案　國	
	日　本	中　國
1915.01.18	中國政府允諾，爲外國人居住貿易起見，*從速自開山東省內各主要城市作爲*商埠，其*應開地方另行協定*。	
1915.02.12		中國政府允諾，爲外國人*通商*起見，將山東省內*自擇合宜地方*開作商埠，所有開埠*章程應由中國自訂*。
1915.02.16	可接受中國修正案，但開埠地點及章程需與日本商議。	
1915.04.26	（條約） 中國政府允諾，爲外國人*居住貿易起*見，從速*自開*山東省內*合宜地方爲商*埠。 （換文） 所有應開地點及章程，由*中國政府自擬，與日本國公使預先妥商決定*。	
1915.05.01		（條約） 中國政府允諾，爲外國人*居住貿易起*見，從速*自開*山東省內*合宜地方爲商*埠。 （附屬換文） 所有應開地點及章程，由*中國政府自擬，與日本國公使預先妥商決定*。
1915.05.07	維持日本4月26日修正案。	
1915.05.25	（關於山東省之條約第三條） 中國政府允諾，爲外國人居住貿易起見，從速*自開*山東省內*合宜地方爲商埠*。 關於山東開埠事項之換文（照會） 爲照會事：本日畫押之關於山東省條約內第三條所規定、應行自開商埠之地點及章程，*由中國政府自行擬定，與日本國公使協商後決定*之。相應照會，即希查照，須至照會者。	

第二號總綱比較表

提案日期	提　案　國	
	日　本	中　國
1915.01.18	日本國政府及中國政府，因*中國向認日本國在南滿洲及東部內蒙古享有優越地位*，茲議定條款如下……	
1915.02.12		日本國政府聲明，*始終尊重中國在東三省之完全領土主權*，茲因中國日本兩政府爲發達彼此在東三省南部之商務起見，議定條款如下…… （條約） 關于東三省中日現行各條約，除本協約另有規定外，一概仍舊實行。
1915.02.16	前言須修正爲「*日本國政府尊重中國在南滿洲及東部內蒙古之完全領土主權，中國政府承認日本在南滿洲及東部內蒙古之優越地位*，茲議定條款如下」 中國修正案中所有刪去東部內蒙古部分，無論維持原案或有所改正，皆須向中國強調*滿蒙有不可分割之密切關係*。 （條約） 同意中國 2 月 12 日所提各約照舊實行修正案。	
1915.04.26	日本國政府及中國政府，爲發展彼此在*南滿洲及東部內蒙古之經濟關係*起見，議定條款如下…… （條約） 關於東三省中日現行各條約，*除本協約另有規定外，一概仍舊實行*。	
1915.05.01		日本國政府及中國政府，爲發展彼此在*南滿洲兩國間之經濟關係*起見，議定條款如下…… 刪除日本 4 月 26 日各約照舊實行修正案。
1915.05.07	維持日本 4 月 26 日修正案。	

1915.05.25	大中華民國大總統閣下及大日本國大皇帝陛下，*為發展在南滿洲及東部內蒙古兩國間之經濟關係起見*，決定締結條約。為此，大中華民國大總統閣下任命中卿、一等嘉禾勳章　外交總長陸徵祥，大日本國大皇帝陛下任命特命全權公使、從四位、勳二等、日置益為全權委員，各全權委員互示其全權委任狀，認為良好妥當，議定條項如下…… （關於南滿洲及東部內蒙古條約第八條） 關於東三省中日現行各條約，*除本條約另有規定外*，一概仍舊實行。

第二號第一款比較表

	提　案　國	
提案日期	日　本	中　國
1915.01.18	兩訂約國相互約定，將*旅順、大連租借期限，並南滿洲及安奉兩鐵路期限*，均展至九十九年為期。	
1915.02.12		中國政府允將*旅順、大連租借期限展至九十九年，至民國八十六年、即西曆一千九百九十七年為滿期。南滿鐵路退還中國期限展至九十九年，至民國九十年、即西曆二千零一年為滿期。餘均照各該原約*辦理。 中國政府允許日本*經營安奉鐵路，期滿時可商議展限辦法，其餘各節仍照中日會議東三省事宜附約之第六款，繼續實行。*
1915.02.16	旅順、大連租借期限及南滿鐵路*退還中國期限可照中國修正案*，南滿鐵路*收買期限則需於現有期限滿期後再延長三十六年。* 安奉鐵路期限與南滿鐵路歸還期限一律。	
1915.04.26	（條約） 兩訂約國相互約定，將旅順、大連租借期限，並南滿洲及安奉兩鐵路期限，*均展至九十九年為期。* （換文） *旅順、大連租借期至民國八十六年，即西曆一千九百九十七年為滿期。南*	

	滿鐵路交還期至民國九十一年,即西歷二千零二年為滿期,其原合同第十二所載,開車之日起三十六年後,中國政府可給價收回一節,無庸置議。安奉鐵路期限至民國九十六年,即西歷二千零七年為滿期。	
1915.05.01		同意日本 4 月 26 日修正案
1915.05.07	維持日本 4 月 26 日修正案。	
1915.05.25	(關於南滿洲及東部內蒙古之條約第一條) 兩締約國相互約定,將旅順、大連租借期限,並南滿洲及安奉兩鐵路之期限,均展至九十九年為期。 關於旅大租借地、南滿安奉兩鐵路期限之換文(照會) 為照會事:本日畫押之關於南滿洲及東部內蒙古條約內第一條所規定,旅順、大連租借期限展至民國八十六年,即西歷千九百九十七年為滿期。南滿鐵路交還期限展至民國九十一年,即西歷二千零二年為滿期,其原合同第十二所載,開車之日起三十六年後,中國政府 可給價收回一節,毋庸置議。又安奉鐵路期限展至民國九十六年,即西歷二千零七年為滿期。相應照會,即希查照,須至照會者。	

第二號第二、第三款比較表

	提　案　國	
提案日期	日　本	中　國
1915.01.18	(第二條) 日本國臣民,在南滿洲及東部內蒙古為蓋造商工業應用房廠,或為耕作,可得其需要土地之租借權或所有權。 (第三條) 日本國臣民得在南滿洲及東部內蒙古任便居住往來,並經營商工業等各項生意。	
1915.02.12		(刪除日本原案,另提新款) 中國政府允於現在東三省已開商埠外,再行酌定地點,自行開埠通商,劃定界線,准日本及各國商民任便居住貿易,並經營商工業等各項生意,並准日本及各國商民為蓋造商工業應用之房廠,向業主公平商租地基,惟須一律完納各項稅捐。

1915.02.16	中國修正案刪除，採取日本原案第二、三兩條。	
1915.04.26	（條約） 日本國臣民，在*南滿洲及東部內蒙古*爲蓋造商工業應用之房廠，或爲經營農業，可得租*賃或購買*其需用地畝。 （條約） 日本國臣民得在*南滿洲及東部內蒙古任便居住往來*，並經營商工業等各項生意。 （條約） 前兩款所載之日本國臣民，除須將照例所領護照相地方官註冊外，*應服從由日本國領事官承認之警察法令及課稅*。至民刑訴訟，其*日本人被告者，歸日本國領事官，其中國人被告者，歸中國官吏，各審判彼此均得派員到堂旁聽，但關于土地之日本人與中國人民事訴訟，按照中國法律或地方慣習，由兩國派員共同審判*。俟將來該地方司法制度完全改良之時，所有日本國臣民之民刑一切訴訟即完全由中國法廷審判。 （條約） 中國政府允諾，爲外國人居住貿易起見，從速*自開東部內蒙古內合宜地方爲商埠。其應開地點及章程，由中國政府自擬，與日本國公使預先妥商決定*。 （條約） 如有日本人及中國人，願在*東部內蒙古合辦農業及隨附工業*時，中國政府應行允准。	
1915.05.01		（條約） 日本國臣民在*南滿洲*爲蓋造商工業應用之房廠，或爲農業，可向業主*商租*需用之地畝。 （條約） 日本國臣民可在*南滿洲任便居住貿*

1915.05.01		易，並經營商工業等各項生意。 （條約） 前二項所載之日本國臣民，除須將照例所領護照相地方官註冊外，應服從中國違警律及違警章程，完納一切賦稅，與中國人一律。至民刑訴訟，各歸被告之本國官審判，彼此均得派員旁聽，但日本人與日本人之訴訟、及日本人與中國人之訴訟關於土地或租契之爭執，均歸中國官審判，日本國領事官亦得派員旁聽。俟將來該省司法制度完全改良之時，所有日本國臣民之民刑訴訟，即完全由中國法庭審理。
1915.05.07	維持日本4月26日修正案。 附加說明：「第二號第二條土地租賃或購買，改為暫租或永租，亦無不可。如能明白了解可以*長期年限且無條件而續租*之意，即用*商租二字*，亦可」。 附加說明：「又第二號第四款警察法令及課稅承認之件，做為*密約*，亦無不可」。 附加說明：「又東部內蒙古事項中商埠一項、地點及章程之事，雖擬規定於條約，亦可仿照山東省所定之辦法，*用公文互換*」。	
1915.05.25	（關於南滿洲及東部內蒙古條約第二條） 日本國臣民在*南滿洲及東部內蒙古*為蓋造商工業應用之房廠，或為經營農業，得*商租*其需用地畝。 （關於南滿洲及東部內蒙古條約第三條） 日本國臣民得在*南滿洲任便居住往來*，並經營商工業等各項生意。 （關於南滿洲及東部內蒙古條約第四條） 如有日本國臣民及中國人民，願在*東部內蒙古合辦農業及隨附工業*時，中國政府可允准之。 （關於南滿洲及東部內蒙古條約第五條） 前三條所載之日本國臣民，除須將照例所領之護照，*向地方官註冊外，應服從中國警察法令及課稅*。 *民刑訴訟，日本國臣民為被告時，歸日本國領事官；又中國人民為被告時，歸中國官吏審判，彼此均得派員到堂旁聽，但關於土地之日本國臣民與中國人民之民事訴訟，按照中國法律及地方慣習，由兩國派員共同審判*。將來該地方司	

	法制度完全改良時，所有關於日本國臣民之民刑一切訴訟，即完全由中國法庭審判。 （關於南滿洲及東部內蒙古條約第六條） 中國政府允諾，爲外國人居住貿易起見，從速*自開東部內蒙古合宜地方爲商埠*。 關於南滿洲商租解釋之換文（照會） 爲照會事：本日畫押之關於南滿洲及東部內蒙古條約內第二條所載「*商租*」二字，需瞭解含有*不過三十年之長期限*，及*無條件而得續租*之意。相應照會，即希查照，須至照會者。
1915.05.25	關於南滿洲、東部內蒙古接洽警察法令、課稅之換文（照會） 爲照會事：依本日畫押之關於南滿洲及東部內蒙古條約內第五條之規定，日本國臣民*應服從中國之警察法令及課稅，由中國官吏與日本國領事官接洽後施行*。相應照會，即希查照，須至照會者。 關於東部內蒙古開埠事項之換文（照會） 爲照會事：本日畫押之關於南滿洲及東部內蒙古條約內第六條所規定，中國應行自開商埠之地點及章程，由*中國政府自行擬定，與日本國公使協商後決定*之。相應照會，即希查照，須至照會者。 關於南滿洲、東部內蒙古條約第二至第五條延期實行之換文（照會） 爲照會事：本日畫押之關於南滿洲及東部內蒙古條約內*第二條、第三條、第四條、及第五條*，中國政府因須準備一切，擬自本條約畫押之日起，*延期三箇月實行*，應請貴國政府同意。相應照會，即希查照，須至照會者。

第二號第四款比較表

提案日期	提　案　國	
	日　　本	中　　國
1915.01.18	（條約） 中國政府允將*在南滿洲及東部內蒙古各礦開採權*，許與日本國臣民，至於擬開各礦*另行商定*。	
1915.02.12		（條約） 於本協約簽字之日起一年以內，如日本資本團願在*東三省南部辦礦，除業已採勘或開採各礦外*，中國政府允許給予該資本團以該處勘*礦之特權，以一年爲限，所勘之礦准其選擇半數，按照中國礦務條例實行開採*，其餘各礦仍由中國自行處置。

1915.02.16	以*維持原案為宜*,如欲避免違反機會均等原則,可仿美孚石油公司陝西石油借款合同成立辦理。	
1915.04.26	（改為換文） 中國政府允諾日本國臣民在*南滿洲左開各礦,除業已探勘或開採各礦區外,速行調查選定,即准其探勘或開採,在礦業條例確定以前仿照現行辦法辦理* 一奉天省 所在地　　　　縣名　　　礦種 牛心台　　　　本溪　　　石炭 田什付溝　　　本溪　　　同上 杉松岡　　　　海龍　　　同上 鐵廠　　　　　通化　　　同上 暖池塘　　　　錦　　　　同上 鞍山站一帶　　遼陽縣起至本溪縣　鐵 二吉林省南部 杉松岡　　　　和龍　　　石炭、鐵 缸窰　　　　　吉林　　　石炭 夾皮溝　　　　樺甸　　　金	
1915.05.01		刪除日本 4 月 26 日修正案
1915.05.07	維持日本 4 月 26 日修正案。	
1915.05.25	關於南滿洲開礦事項之換文（照會） 為照會事:日本國臣民在*南滿洲左開各礦,除業已探勘或開採各礦區外,速行調查選定,即准其探勘或開採,但在礦業條例確定以前,應仿照現行辦法辦理*。 相應照會,即希查照,須至照會者。 一奉天省 　　所在地　　　　　縣名　　　　　礦種 　　一牛心台　　　　本溪　　　　　煤 　　二田什付溝　　　本溪　　　　　煤 　　三杉松岡　　　　海龍　　　　　煤 　　四鐵廠　　　　　通化　　　　　煤 　　五暖池塘　　　　錦　　　　　　煤 　　六鞍山站一帶　　遼陽縣起至本溪縣　鐵 二吉林省南部 　　所在地　　　　　縣名　　　　　礦種 　　一杉松岡　　　　和龍　　　　　煤、鐵 　　二缸窰　　　　　吉林　　　　　煤 　　三夾皮溝　　　　樺甸　　　　　金	

第二號第五款比較表

提案日期	提　案　國	
	日　本	中　國
1915.01.18	中國政府應允，關於左開各項，先經日本國政府同意而後辦理： （1）在南滿洲及東部內蒙古，允准他國人建造鐵路，或為建造鐵路向他國借用款項之時。 （2）將南滿洲及東部內蒙古各項稅課作抵，由他國借款之時。	
1915.02.12		中國政府聲明，嗣後在東三省南部需造鐵路，由中國自行籌款建造，如需外款，中國政府允許先向日本國資本家商借。
1915.02.16	建造鐵路，及以關、鹽以外稅課作抵借外款時，須預先得日本同意，東部內蒙古亦同，需注意日本優先權。	
1915.04.26	（換文） 中國政府聲明，嗣後在東三省南部需造鐵路，由中國自行籌款建造，如需外款，中國政府允諾先向日本國資本家商借。 （換文） 中國政府聲明，嗣後東三省南部之各種稅課(惟除業已由中央政府借款作押之關稅及鹽稅等類)作抵，由外國借款之時，須先向日本資本家商借。 （條約） 中國政府允諾，嗣後在東部內蒙古之各種稅課作抵，由外國借款之時，須先向日本國政府商議。 （條約） 中國政府允諾，嗣後在東部內蒙古需造鐵路，由中國自行籌款建造，如需外款，須先向日本國政府商議。	
1915.05.01		（換文） 中國政府聲明，嗣後不將南滿洲及熱河

1915.05.01		道所轄之東部內蒙古，除關稅、鹽稅外之各種稅課抵借外債。 （換文） 中國政府聲明，嗣後在南滿洲及熱河道所轄之東部內蒙古需造鐵路，由中國自行籌款建造，如需外款，除與外國成約不相抵觸外，先向日本國資本家商議。
1915.05.07	維持日本4月26日修正案。 附加說明：「東部內蒙古事項中，關於租稅擔保借款之件、及鐵道借款之件，向日本國政府商議一語，因其與在滿洲所定之關於同種之事項相同，皆可改為向日本國資本家商議。」	
1915.05.25	關於南滿洲、東部內蒙古、課稅事項之換文（照會） 為照會事：本總長以中國政府名義，對貴國政府聲明，嗣後在南滿洲及東部內蒙古需造鐵路，由中國自行籌款建造，如需外資，可先向日本國資本家商借。又中國政府嗣後以前開地方之各種稅課（除中國中央政府業經為借款作押之關稅及鹽稅等類外）作抵，由外國借款時，可先向日本資本家商借。相應照會，即希查照，須至照會者。	

第二號第六款比較表

	提　案　國	
提案日期	日　　本	中　　國
1915.01.18	（條約） 中國政府允諾，如中國政府在南滿洲及東部內蒙古，聘用政治、財政、軍事各顧問教習，必須先向日本國政府商議。	
1915.02.12		（條約） 中國政府聲明，嗣後如在東三省南部聘用政治、財政、軍事外國各顧問，儘先聘用日本人。
1915.02.16	刪除中國2月12日修正案中「儘先」字樣，政治、財政、軍事之外加入「警察」，顧問之下加入「教官」。	
1915.04.26	（換文） 中國政府聲明，嗣後如在東三省南部聘用政治、財政、軍事、警察各顧問教官，儘先聘用日本人。	

1915.05.01		刪除日本 4 月 26 日修正案。
1915.05.07	維持日本 4 月 26 日修正案。	
1915.05.25	關於南滿洲聘用顧問事項之換文（照會） 爲照會事：本總長以中國政府名義，對貴國政府聲明，嗣後如在南滿洲聘用政治、財政、軍事、警察外國顧問、教官時，可儘先聘用日本人。相應照會，即希查照，須至照會者。	

第二號第七款比較表

	提　案　國	
提案日期	日　本	中　國
1915.01.18	（條約） 中國政府，允將吉長鐵路*管理經營事宜，委任日本國政府，其年限自本約畫押之日起，以九十九年爲期*。	
1915.02.12		刪除日本 1 月 18 日原案。
1915.02.16	聲明日本對吉長鐵路現狀極不滿足，附加*對該路借款合同從根本進行改訂之約定*。	
1915.04.26	（條約） 中國政府允諾，以向來中國與各外國資本家所訂之鐵路借款合同規定事項爲標準，速行*從根本上改訂吉長鐵路借款合同*。 將來中國政府關於鐵路借款，*附與外國資本家以較現在鐵路借款合同事項爲有利之條件時*，依日本之希望再行改訂前項合同。	
1915.05.01		刪除日本 4 月 26 日修正案。
1915.05.07	維持日本 4 月 26 日修正案。	
1915.05.25	（關於南滿洲及東部內蒙古條約第七款） 中國政府允諾，以*向來中國與各外國資本家所訂之鐵路借款合同規定事項爲標準，速行*從根本上改訂吉長鐵路借款合同。 將來中國政府關於鐵路借款事項，將較現在各鐵路借款合同爲有利之條件，給予外國資本家時，依日本國之希望，再行改訂前項合同。	

第三號比較表

提案日期	提 案 國	
	日　本	中　國
1915.01.18	（前文） 日本國政府及中國政府，*顧於日本國資本家與漢冶萍公司現有密接關係，且顧兩國共通利益*，茲議定條款如下 （第一款） 兩締約國相互約定，俟將來相當機會，*將漢冶萍公司作為兩國合辦事業*，並允*如未經日本國政府之同意，所有屬於該公司一切權利產業，中國政府不得自行處分，亦不得使該公司任意處分。* （第二款） 中國政府允准，所有屬於漢冶萍公司各礦之附近礦山，*如未經該公司同意，一概不准該公司以外之人開採*，並允以外*凡欲措辦無論直接間接對該公司恐有影響之舉，必須先經該公司同意。*	
1915.02.12		（換文） 查漢冶萍公司係中國商辦公司，按照中國法律，原有保全財產營業管理之權，*政府未與該公司商定，不使逕自代為處置。*惟該公司如將來遇有機會，就現有事業*願與日本國商人商定合意之辦法，與本國法律不相違背*，中國政府屆時自可允准。
1915.02.16	維持日本原案，但可改以換文為之。	
1915.04.26	（條約） 日本國與漢冶萍公司之關係極為密接，如將來*該公司關係人與日本國資本家商訂合辦，中國政府應即允准。又中國政府允諾，如未經日本國資本家同意，將該公司不歸為國有，又不充公，又不准使該公司借用日本國以外之外國資本。*	

		(條約) 日本國與漢冶萍公司之關係極爲密接，如將來該公司與日本國資本家商定合辦，中國政府應即允准。又中國政府聲明該公司不歸爲國有，又不充公，又不准使該公司借用日本國以外之外國資本。
1915.05.01		
1915.05.07	維持日本 4 月 26 日修正案。 附加說明：「日本最後修正案第三號中之『該公司關係人』，刪除『關係人』三字，亦無不可」。	
1915.05.25	關於漢冶萍事項之換文（照會） 爲照會事：中國政府因日本國資本家與漢冶萍公司有密接之之關係，如將來該公司與日本國資本家商定合辦時，可即允准。又不將該公司充公。又無日本國資本家之同意，不將該公司歸爲國有。又不使該公司借用日本國以外之外國資本。相應照會，即希查照，須至照會者。	

第四號比較表

提案日期	提　案　國	
	日　　本	中　　國
1915.01.18	日本國政府及中國政府，爲切實保全中國領土之目的，茲訂立專條如下： 中國政府允准，所有中國沿岸港灣及島嶼，概不讓與或租與他國。	
1915.02.12		刪除日本 1 月 18 日原案，同意自行宣布。
1915.02.16	採用日本原案，但可採取換文形式。	
1915.04.26	要求中國自行宣布： 所有中國沿岸港灣及島嶼，概不讓與或租與他國。	
1915.05.01		刪除日本 4 月 26 日修正案，同意自行宣布。
1915.05.07	維持日本 4 月 26 日修正案。	
1915.05.13	（中國政府自行宣布） 據參政院呈，爲建議事：前清末季，國事陵夷，海疆多故，沿海要塞，或因故讓與外國，或爲外國所租借，以致險要淪陷，軍防無所憑藉，庶民不得安枕，	

於涉險守國之義，大相背馳。茲特建議呈請政府，於創鉅痛深之後，爲懲前毖後之謀，明令陸海軍部及海疆官吏，注重海防，使沿海居民得以安居樂業，並宣告天下，嗣後中國所有沿海港口灣岸島嶼，無論何國，概不允租借或讓與。務使本國堅固圉之心，而國際共享昇平之福，全國幸甚。資於五月十二日大會提出討論，全員一致決議，謹提出建議，呈請公佈施行等語。查海疆區域，關係國防大計，即應評審綢繆，該院建議，洵屬識慮遠大，特加宣布。*嗣後中國所有沿海港口灣岸島嶼，無論何國，概不允認租借或讓與，並著陸海軍兩部及海疆官吏，力負責任，妥爲籌防，以體鞏固國權之至意。此令。*

第五號第一款比較表

提案日期	提 案 國	
	日 本	中 國
1915.01.18	在中國中央政府，需聘用有力之日本人，充爲政治財政軍事等各顧問。	
1915.02.12		刪除日本1月18日原案。
1915.02.16	政治、財政、軍事各顧問由中國自行聘用，日本政府基於關切，向中國政府以勸告形式聲明。	
1915.04.26	陸外交總長言明如下： 嗣後中國政府認爲必要時，應聘請多數日本人顧問。	
1915.05.01		刪除日本4月26日所提修正案。
1915.05.07	最後通牒內文表示「*可承認與此次交涉脫離，日後另行協商*」。	
1915.05.25	未列入條約或換文，日後另行協商。	

第五號第二款比較表

提案日期	提 案 國	
	日 本	中 國
1915.01.18	所有在中國內地所設日本病院、寺院、學校等，概允其土地所有權。	
1915.02.12		刪除日本1月18日所提原案。
1915.02.16	可約定他日由中國政府作善意的考量。	

1915.04.26	陸外交總長言明如下： 嗣後日本國臣民願在中國內地爲設立學校、病院，租賃或購買地畝，中國政府應即允准。	
1915.05.01		刪除日本 4 月 26 日所提修正案。
1915.05.07	最後通牒內文表示「可承認與此次交涉脫離，日後另行協商」。	
1915.05.25	未列入條約或換文，日後另行協商。	

第五號第三款比較表

提案日期	提　案　國	
	日　本	中　國
1915.01.18	向來日中兩國，屢起警察案件，以致釀成輶轕之事不少，因此需將必要地　方之警察作爲中日合辦，或在此等地方之警察官署，需聘用多數日本人，以資一面籌畫改良中國警察機關。	
1915.02.12		刪除日本 1 月 18 日所提原案。
1915.02.16	中國若覺合辦警察或在警察署聘用日人窒礙難行，可依中國要求撤回，但前提爲中國同意第二號中中日合辦警察，或以顧問、教習名義聘用日本警官，且對司法權問題上有所妥協。	
1915.04.26	中國同意於南滿洲聘用日本警察教官，日本自行撤回此案。	
1915.05.01		刪除第二號第六款同意於南滿洲聘用日本警察教官一案。
1915.05.07	維持日本 4 月 26 日修正案。	
1915.05.25	中國接受第二號第六款同意於南滿洲聘用日本警察教官一案，本款未列入條約或換文。	

第五號第四款比較表

提案日期	提　案　國	
	日　本	中　國
1915.01.18	由日本採辦一定數量之軍械（譬如在中國政府所需軍械之半數以上），或在	

	中國設立中日合辦之軍械廠，聘用日本技師，並採買日本材料。	
1915.02.12		刪除日本 1 月 18 日所提原案。
1915.02.16	盡力要求中國同意在內地之軍械廠改由中日合辦，若中國拒絕，則需在採辦日本軍械上取得約定。	
1915.04.26	陸外交總長言明如下： 中國政府日後在適當機會，派遣陸軍武官至日本與日本國當局協商採買軍械、或設立合辦軍械廠之事。	
1915.05.01		刪除日本 4 月 26 日修正案。
1915.05.07	最後通牒內文表示「*可承認與此次交涉脫離，日後另行協商*」。	
1915.05.25	未列入條約或換文，日後另行協商。	

第五號第五款比較表

	提　案　國	
提案日期	日　　本	中　　國
1915.01.18	允將連接武昌與九江南昌路線之鐵路，及南昌杭洲、南昌潮洲各路線鐵路之建造權，許與日本國。	
1915.02.12		刪除日本 1 月 18 日所提原案。
1915.02.16	第五條所列鐵路，若英國對此項要求有所詰問，日本願負全責。必不得已，亦可同意由中國借日款自行修造。	
1915.04.26	（換文第一案） 對於由武昌聯絡九江南昌路線之鐵路，及南昌至杭洲、及南昌至潮洲之各鐵路之借款權，如經明悉他外國並無異議，應將此權許與日本國。 （換文第二案） 對於由武昌聯絡九江南昌路線之鐵路，及南昌至杭洲、及南昌至潮洲之各鐵路之借款權，由日本國與向有此借款權之他外國直接商妥以前，中國政府應允將此權不許與外國。	

1915.05.01		刪除日本 4 月 26 日所提修正案。
1915.05.07	最後通牒內文表示「可承認與此次交涉脫離，日後另行協商」。	
1915.05.25	未列為條約或換文，日後另行協商。	

第五號第六款比較表

| 提案日期 | 提　案　國 | |
	日　本	中　國
1915.01.18	（條約） 福建省內籌辦鐵路礦山及整頓海口（船廠在內），如需外國資本之時，先向日本國協議。	
1915.02.12		刪除日本 1 月 18 日原案。
1915.02.16	可酌情改以密約形式為之。	
1915.04.26	（換文） 中國政府允諾，凡在在福建省沿岸地方，無論何國，概不允建設造船廠、軍用蓄煤所、海軍根據地，又不准其他一切軍務上設施，並允諾中國政府不以外資自行建設或施設上開各事。	
1915.05.01		（換文） 逕覆者：接准月日來示，悉閱。中國政府可以聲明，並無在福建省沿岸地方，允外國建造船廠、軍用蓄煤所、海軍根據地，及其他一切軍務上設施，又無擬借外資建設或設施上開各事。相應函覆，即希查照。
1915.05.07	維持日本 4 月 26 日修正案。 附加說明：「關於福建省之件，或照四	
1915.05.07	月二十六日日本提出之最後修正案，或照五月一日中國所提出之對案，均無不可。」。	
1915.05.25	為照覆事：接准本日照稱各節，業已閱悉。中國政府茲特聲明，並無在福建省沿岸地方，允許外國設造船所、軍用貯煤所、海軍根據地，及其他一切軍事上設施之事，又無借外資欲為前項施設之意思。相應照覆，即希查照，須至照覆者。	

第五號第七款比較表

提案日期	提　案　國	
	日　　本	中　　國
1915.01.18	允認日本國人在中國有布教之權。	
1915.02.12		刪除日本1月18日原案。
1915.02.16	可約定他日由中國政府作善意的考量。	
1915.04.26	日置公使言明如下： 關於布教權問題，日後應再行協議。	
1915.05.01		刪除日本4月26日修正案。
1915.05.07	最後通牒內文表示「可承認與此次交涉脫離，日後另行協商」。	
1915.05.25	未列為條約或換文，日後另行協商。	

資料來源：

（1）二十一條要求日本原案（1915.01.18）：日置於1月18日致送者為所用文字為日文，此處係採用《外交檔案》所藏〈日置益補送二十一條譯漢文原件及信封〉，原檔今不見於中央研究院近代史研究所檔案館所藏《外交檔案》，轉引自李毓澍，《中日二十一條交涉》上冊（台北：中央研究院近代史研究所，民國71年5月再版），圖片一。

（2）中國第一次修正案（1915.02.12）：〈大正4年2月13日在中國日置公使ヨリ加藤外務大臣宛（電報）〉，《日本外交文書‧大正四年第三卷上冊》，第183號文書，頁155上至158上。

（3）日本閣議新案（1915.02.16）：〈大正4年2月16日加藤外務大臣ヨリ在中國日置公使宛（電報）〉，《日本外交文書‧大正四年第三卷上冊》，第190號文書，頁164-168。

（4）日本最後修正案（1915.04.26）：

①〈大正4年4月28日在中國日置公使ヨリ加藤外務大臣宛（電報）〉，日本外務省編，《日本外交文書‧大正四年第三卷上冊》（東京都：外務省，昭和44年3月20日發行），第353號文書，頁353下至356。

②中文袁世凱批註原檔現存天津市歷史博物館，其中第一號僅存前文及第一款譯漢文部份，第二號僅存前文及第二款、第三款、第三款第二項及關於東部

　　內蒙古事項，第四號不存，原檔影印本見北洋軍閥史料編委會編，《北洋軍閥史料‧袁世凱卷》下冊（天津：天津古籍出版社，1992 年），頁 320-357。

（5）中國最後修正案（1915.05.01）：王芸生，《六十年來中國與日本》，頁 287-290。

（6）日本最後通牒（1915.05.07）：北洋軍閥史料編委會編，《北洋軍閥史料‧袁世凱卷》下冊（天津：天津古籍出版社，1992 年），頁 350-370。

（7）中日條約及附屬換文（1915.05.25）：〈條約〉，1915 年 6 月 10 日，《政府公報》第一千一百十號，頁 357-374。

（8）中國自行宣布沿岸不割讓（1915.05.13）：〈大正 4 年 5 月 14 日在中國日置公使ヨリ加藤外務大臣宛（電報）〉，日本外務省編，前引書，第 443 號文書，頁 452-453。

參考書目

一、中文部份

（一）檔案、史料匯編、報紙、雜誌

1. 《外交檔案》中日關係。
2. 《政府公報》，1915 年 1 月至 6 月。
3. 《大公報》，天津，民國 4 年。
4. 《申報》，上海，民國 4 年。
5. 《順天時報》，民國 4 年。
6. 日本防衛廳戰史室編纂、天津市政協編譯委員會譯校，《日本軍國主義侵華資料長編》（成都：四川人民出版社，1987 年 1 月第 1 版）。
7. 中央研究院近代史研究所編，《中日關係史料・二十一條交涉》（台北：中央研究院近代史研究所，民國 74 年 7 月 30 日初版）。
8. 中央研究院近代史研究所編，《中日關係史料：歐戰與山東問題，民國三年至五年，1914-6》（台北：中央研究院近代史研究所，民國 63 年 8 月 31 日初版）
9. 中國社會科學院近代史研究所編，《北洋軍閥，1912-1928》（武漢市：武漢出版社，1990 年）。
10. 中國第二歷史檔案館編，《中華民國史檔案資料匯編》第三集《外交》（江蘇：江蘇古籍出版社，1991 年 6 月 1 版 1 刷）。
11. 王鐵崖編，《中外舊約章匯編》（北京：生活、讀書、新知三聯書店，1982 年 10 月第 1 版第 2 次印刷）。
12. 北洋軍閥史料編委會編，《北洋軍閥史料・袁世凱卷》（天津：天津古籍出版社，1992 年）。

（二）傳記、回憶錄、書信

1. （澳）駱惠敏編；劉桂梁等譯；嚴四光、俞振基校，《清末民初政情內幕：

泰晤士報，駐北京記者袁世凱政治顧問喬‧厄‧莫理循書信集》（上海：知識出版社，1986 年 5 月第 1 版第 1 次印刷）。

2. 曹汝霖，《曹汝霖一生之回憶》（台北：傳記文學出版社，民國 69 年 6 月 1 日再版）。

3. 曾叔度，〈我所經手二十一條的內幕〉，收入章伯鋒、榮孟源主編，《近代稗海》第三集（成都：四川人民出版社，1985 年第 1 版）。

4. 羅光，《陸徵祥傳》（香港：香港真理學會，1949 年 9 月初版）。

5. 顧維鈞，《顧維鈞回憶錄》第一分冊，（北京：中華書局，1982 年版）。

（三）專書

1. （日）臼井勝美著、陳鵬仁譯，《中日關係史（1912-1926）》（台北：水牛出版社，民國 79 年元月 10 日版）。

2. 王友仁，《日本大陸政策與中國》（台北：德華出版社，民國 70 年 4 月初版）。

3. 王芸生，《六十年來中國與日本》第六卷，（天津：大公報社，民國 22 年 8 月 10 日初版）。

4. 王綱領，《歐戰時期的美國對華政策》（台北：台灣學生書局，民國 77 年 7 月初版）。

5. 石源華，《中華民國外交史》（上海：上海人民出版社，1994 年 12 月第 1 版 第 1 次印刷）。

6. 李毓澍，《中日二十一條交涉》上冊，（台北：中央研究院近代史研究所，民國 71 年 5 月再版）。

7. 李劍農，《中國近百年政治史》（台北：台灣商務印書館，民國 81 年 9 月台一版第 19 次印刷）。

8. 林明德，《近代中日關係史》（台北：三民書局，民國 73 年 8 月初版）。

9. 洪聖斐，《孫文與三井財閥》（台北市：文英堂出版社，1998 年 3 月初版 1 刷）。

10. 黃自進，《吉野作造對近代中國的認識與評價：1906-1932》（台北：中央研究院近代史研究所，民國 84 年 1 月出版）。

11. 黃瑚，《中國近代新聞法制史論》（上海：復旦大學出版社，1999 年 8 月第一版）。

12. 黃德福，《袁世凱政權與英國──從辛亥革命到洪憲帝制》（台北：元氣齋出版社，1994 年 8 月初版）。

13. 陳豐祥，《近代日本的大陸政策》（台北市：金禾出版社，民國 81 年 12 月初版 1 刷）。

14. 張玉法，《中華民國史稿》（台北：聯經出版公司，1998 年 6 月初版）。

15. 張忠紱，《中華民國外交史》（台北：正中書局，民國 73 年 10 月台初版第 5 次印刷）。

16. 張朋園，《梁啓超與民國政治》（台北：漢生出版社，民國 81 年 11 月 3 版）。

17. 張啓雄，《外蒙主權歸屬交涉，1911-1916》（台北：中央研究院近代史研究所，民國 84 年 11 月出版）。

18. 費正清主編、章建剛等譯，《劍橋中華民國史》第二部（上海：上海人民出版社，1992 年 9 月第 1 版）。

（四）期刊論文

1. （日）松本英紀，〈二十一條問題與孫中山〉，《孫中山和他的時代：孫中山研究國　際學術討論會文集》（北京市：中華書局，1989 年）。

2. 王成勉，〈一九一〇年代至一九二〇年代美國對中國反外情緒之調查與研究〉，《現　代中國軍事史評論》第 2 期（高雄：國立中山大學中山學術研究所，民國 76 年 10 月），頁 11-25。

3. 吳天威，〈日本向袁世凱所提「二十一條」與新發現的孫中山「日中盟約」——爲紀念「五九國恥紀念日」七十七周年〉，《傳記文學》第 60 卷第 5 期（台北：傳記文學雜誌社，民國 81 年 5 月）頁 31-34。

4. 郎維成，〈再論日本大陸政策和二十一條要求〉，收入中華民國史料研究中心編《近　百年中日關係論文集》（台北：中華民國史料研究中心，民國 81 年 5 月初版），頁 167-175。

5. 戚世皓，〈袁世凱稱帝前後（1914-1916 年）日本、英國、美國檔案之分析與利用〉，《漢學研究》第 7 卷第 2 期（台北：漢學研究中心，民國 78 年 12 月），頁 205-223。

6. 羅志田，〈「二十一條」時期的反日運動與辛亥五四期間的社會思潮〉，《新史學》

7. 第 3 卷第 3 期（台北：三民書局，民國 81 年 9 月），頁 37-90。

二、英文部份

（一）檔案

1. FO371/2322-2324（1915）。

2. United States. Dept. of State, Papers Relating to the Foreign Relations of the United States,（FRUS），1915.

（二）傳記、回憶錄、文集、書信、年譜

1. Hui-Min, Lo, editor, The correspondence of G. E. Morrison, New York: Cambridge University Press ,1976-1978）.

2. Reinsch, Paul s., An American Diplomat in China, Garden City, N.Y., Doubleday, Page & Company,1922.

（三）專書

1. Chan Lau Kit-Ching, Anglo-Chinese Diplomacy,1906-1920-- in the careers of Sir john Jordan and Yuan Shih-kai, Hong Kong, Hong Kong University Press1978.

2. Chi, Madeleine, China Diplomacy,1914-1918, Cambridge Mass., Harvard University Press,1970.

3. Curry, Roy Watson, Woordow Wilson and Far Eastern Policy,1913-1921, New York, Bookman Associates,1957.

4. Li , Tien-yi , Woodrow Wilson's China policy ,1913-1917, Kansas : Univ. of Kansas City Press ,1952.

5. Lowe, Peter, Great Britain and Japan,1911-15: A Study of British Far East Policy, London,1969.

6. Nish, Ian H., Alliance in Decline, a study in Anglo-Japanese relations, 1908-23, University of London, The Athlone Press,1972.

7. Nish, Ian, Japan's Struggle with internationalism: Japan, China, and the League of Nations,1931-1933, London,1993, pp.244-246.

三、日文部份

（一）檔案、史料彙編

1. 日本外務省編，《日本外交文書・大正四年》第三卷上冊（東京都：外務省，昭和 39-57 年）。

（二）傳記、回憶錄

1. 小幡酉吉傳記刊行會編，《小幡酉吉》（東京都：小幡酉吉傳記刊行會，昭和 32 年 11 月 6 日）。

2. 井上馨侯傳記編纂委員會，《世外井上公傳》（東京都：原書房，1990 年 11 月 30 日第二刷）。

3. 伊藤正德編，《加藤高明》（東京都：加藤伯傳記編纂委員會，昭和 4 年 1 月 28 日）。

4. 若槻禮次郎，《古風菴回顧錄》（東京都：讀賣新聞社，昭和 25 年 3 月 25 日）。

5. 德富豬一郎編，《公爵山縣有朋傳》（東京都：山縣有朋公紀念事業會，昭和 8 年）。

（三）專書

1. 松本忠雄，《日支新交涉に依る帝國の利權》（東京市：清水書店，大正

4 年 9 月 14 日發行）。

2. 堀川武夫，《極東國際政治史序説——二十一箇條要求の研究》（東京：
有斐閣，昭和 33 年）。

3. 渡邊幾治郎，《大隈研究》（東京市：早稻田大學大隈研究室，昭和 27 年）。

（四）期刊論文

1. 山根幸夫，〈二十一箇條交涉と日本人の對應〉，《佐久間重男教授退休紀
念中國史・陶磁史論集》（東京都：燎原株式會社，1983 年），頁 307-329。

2. 石田榮雄，〈二十一箇條問題と列國的の抵抗——米國との關係〉，《日本
外交史研究：大正時代》（東京都：日本國際政治學會，昭和 33 年），頁
39-51。